Franz Georg Strauß

Mein Vater

Franz Georg Strauß

Mein Vater

Erinnerungen

Mit 85 Abbildungen

Herbig

Meiner Familie in Dankbarkeit gewidmet

Besuchen Sie uns im Internet unter:
www.herbig-verlag.de

© 2008 by F. A. Herbig
Verlagsbuchhandlung GmbH, München
Alle Rechte vorbehalten
Umschlaggestaltung: Wolfgang Heinzel
Umschlagbild: SV-Bilderdienst, München
Redaktion: Peter Dermühl
Lektorat: Dr. Carmen Sippl
Herstellung und Satz: VerlagsService Dr. Helmut Neuberger
& Karl Schaumann GmbH, Heimstetten
Gesetzt aus der 11,5/14,5 Punkt Minion
Druck und Binden: GGP Media GmbH, Pößneck
Printed in Germany
ISBN 978-3-7766-2573-8

Inhalt

Zu diesem Buch

Verschiedene Gründe haben dazu geführt, dass ich mich hingesetzt und ein Buch über meinen Vater geschrieben habe. Grundlage für alles sind das große Interesse und die Zuneigung, die er bis heute erfährt. Er ist in der Erinnerung der Menschen präsenter als alle, die nach ihm aus dem politischen Leben ausgeschieden sind. Auch persönliche Gründe halfen mit, dieses Buch entstehen zu lassen. Zuerst waren da die gemeinsamen Erlebnisse, die wir hatten, die ich oft erzählt habe, um dann zu hören, das müsste man doch alles einmal aufschreiben. Im Laufe der Jahre kamen aber auch viele Berichte in Presse, Fernsehen und Internet dazu, die mich fragen ließen, ob ich im falschen Film sitze, ob hier nicht Leute etwas absichtlich missverstanden haben. So hatte ich den Wunsch, einiges als Sohn von Franz Josef Strauß richtig darzustellen. Das wäre dann eine lockere Abhandlung von Erlebnissen und Anekdoten geworden. Dann stellte ich fest, dass alle Biografien meines Vaters eine Eigenschaft mit seinen aufgrund seines unerwarteten Todes fragmentarischen Erinnerungen gemein haben: Sie haben ihren Schwerpunkt in der Bonner Zeit, in der er als Minister und Oppositionsabgeordneter Geschichte geschrieben hat. Seine Zeit als Ministerpräsident wird dagegen nur als Randnote und damit weit unter Wert abgehandelt. Dies führt dazu, dass ich meine Erinnerungen mit biografischem Blick auf seine letzten zehn Lebensjahre konzentriere und manches, was davor oder danach kam, unter diese Klammer ziehe.

7

Manchem, der das Buch für zu subjektiv hält, halte ich die Frage entgegen, ob nicht er selbst eine zu subjektive Sicht auf Franz Josef Strauß hat. Ich als Sohn darf eine subjektive Meinung haben, zumal ich nichts weggelassen habe, was zu einer anderen Einschätzung seines Wirkens führen könnte. Falls das nicht genügt, will ich den Satz meines Vaters anführen: »Wer Everybody's Darling sein will, wird am Ende Everybody's Depp sein.«

Eine Einleitung durch bestimmte Vorredner mochte mein Vater überhaupt nicht, nämlich wenn diese ihn als umstrittene Persönlichkeit darstellten, an der sich die Geister schieden. Er wollte, dass sich die Leute ein persönliches Bild von ihm und seinen Ansichten machten, bevor sie urteilten. Hierzu will dieses Buch einen Beitrag leisten.

Herzlichen Dank sage ich meiner Familie, meiner Frau und den Kindern, die mich darin bestärkt haben, das Buch zu einem guten Ende zu bringen, ferner Frau Dr. Carmen Sippl, die als Mentorin und Lektorin das Projekt von der ersten Minute an mit charmantem Nachdruck begleitet hat, Herrn Peter Dermühl für seinen Beitrag zum persönlichen Gang durch die bayerische Geschichte, vielen Gesprächspartnern, die meinen Vater begleitet haben, für wertvolle Hinweise. Dankbar zu würdigen ist weiterhin die Zusammenarbeit mit dem Archiv für Christlich Soziale Politik, Frau Dr. Renate Höpfinger und Herrn Dr. Claus Brügmann, die mir mit wertvollen Unterlagen behilflich waren und Wesentliches zur Bewahrung des Andenkens an meinen Vater beitragen.

München, im August 2008 Franz Georg Strauß

I
Macht und Ohnmacht
(1978)

Am 21. September 2003 hatte ich wieder einmal Anlass, über meinen Vater nachzudenken. An diesem Tag holte die CSU 60,1 Prozent der abgegebenen Stimmen. Aber anders als 1974, als 62,1 Prozent erreicht worden waren, fiel ihr auch noch eine Zweidrittelmehrheit der Mandate zu. Ich sah bei den TV-Übertragungen die überbordende Freude. Spontan wurde ich an ein Ereignis im Herbst des Jahres 1978 erinnert.

Wie an jedem Sonntag fuhren unsere Eltern mit uns damals in die Kirche. Der Weg war gesäumt mit Wahlplakaten. Ein Plakat der SPD hatte meinen Unmut erregt, stand da doch: »verhindert die 2/3-Mehrheit, wählt SPD«. Mir kam es recht billig vor, für sich lediglich mit dem Hinweis zu werben, die anderen würden sonst zu viele werden. Ich wies meinen Vater, der am Steuer saß, mit despektierlichem Unterton auf diese Art der Wahlwerbung hin. Zu meiner großen Überraschung schmunzelte Papa vergnügt: »Wenn die Sozis das wüssten! Am liebsten würde ich aussteigen und das Plakat unterschreiben.«

Nun wollte ich doch mehr wissen, und er fügte hinzu: »Wenn man eine so deutliche Mehrheit hat, sitzen in der Fraktion auch Leute, die bei einem ›normalen‹ Wahlsieg gar nicht ins Parlament gekommen wären.« Diese sorgten für ständige Unruhe, da sie nur eines im Sinn hätten: wiedergewählt zu werden. »Folglich wollen sie nur Wohltaten verteilen und jedem nach dem Mund reden.« Mit einer solchen Fraktion werde es schwer, gute Politik zu machen und auch einmal unpopuläre Entscheidungen durchzusetzen. »Mir ist eine Fraktion lieber, die um die Mehrheit kämpfen muss, als eine satte Truppe.« Zudem müsse man sich von jedem Hinterbänkler anhören, er persönlich habe den vergangenen Wahlsieg eingefahren, weshalb er sich jeden Ratschlag von oben verbitte.

Und er ergänzte: Das Haus der Demokratie werde von starken Wänden getragen, eben den Parteien. Wenn nun eine Wand zu schwach werde, beträfe das nicht nur diese Wand, sondern das ganze Haus.

Das klang sehr schlüssig, so ganz überzeugt war ich jedoch nicht. Nach der Landtagswahl 2003 wartete ich, die Probe aufs Exempel zu erleben. Und siehe da: Die Prophezeiung trat ein. Der CSU hatte das rechte Augenmaß gefehlt.

»Strauß spricht«

Am 15. Oktober 1978 trat dann die CSU mit meinem Vater als Spitzenkandidaten an: Man holte vorzügliche 59,1 Prozent, die SPD erzielte 31,4 Prozent und die FDP kam mit 6,1 Prozent knapp ins Parlament. Franz Josef Strauß wurde schließlich am 7. November 1978 zum Bayerischen Ministerpräsidenten gewählt. Karl Hillermeier wurde sein Stellvertreter, er zeichnete sich durch höchste Integrität aus und wurde für meinen Vater zu einer verlässlichen Stütze. Ich saß neben meiner Mutter auf einem Zuschauerplatz im Bayerischen Landtag und verfolgte alles mit großer Spannung. Damals und auch später hat es geheißen, Vater habe den eigentlich noch gar nicht amtsmüden Alfons Goppel aus dem Amt gedrängt. Das Gegenteil war der Fall: Goppel hatte meinen Vater nach der verlorenen Bundestagswahl 1972 gefragt, ob er ab 1974 sein Nachfolger werden wolle. Dessen Antwort: Nur wenn die Bundestagswahl 1976 danebenginge, wolle er sofort nach Bayern wechseln, um dann 1978 mit Amtsbonus in die Wahl gehen zu können.

Im Spätherbst 1976 wollte sich Alfons Goppel an die Abmachung nur mehr ungern erinnern, so vergingen zwei weitere Jahre. Mein Vater wollte nun dieses Amt. Er war ein Mann des Regierens, so kraftvoll er die Rolle des Oppositionspolitikers auch gespielt hatte. In unserer Familie hatte seine Entscheidung große Zustimmung gefunden. Wir Kinder kannten Papa fast nur als einen, der ständig unterwegs war. Unserer Mutter war dies während der ersten 20 Jahre ihrer Ehe gewiss nicht leichtgefallen.

Für den Bundespolitiker Franz Josef Strauß sah die Woche so aus: Montagmorgens Termine in der CSU-Landesleitung, dann Flug nach Bonn zur Sitzung der CSU-Landesgruppe im Bundestag, ab Dienstag parlamentarische Arbeit mit Sitzung der Unionsfrak-

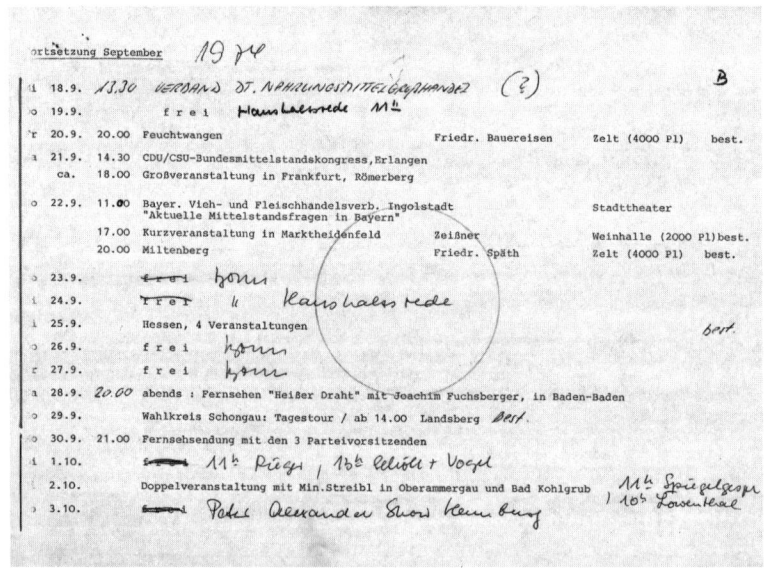

Wahlkampfplanung mit handschriftlichen Eintragungen meiner Mutter – das freie Wochenende wurde durch »Bonn« ersetzt.

12

tion, ab Mittwoch Plenum. Meist kehrte Vater erst samstagnachts zurück, oft auch sonntags, und nicht selten passierte es, dass er überhaupt nicht kam. Letzteres hatte häufig mit dem Wahlkalender zu tun. In den damaligen elf Bundesländern gab es binnen vier Jahren entsprechend viele Wahlen – rein statistisch gesehen waren es drei pro Jahr, die irgendwo im Land stattfanden. Hinzu kamen noch wichtige Kommunalwahlen. Insbesondere die Wahlkampftermine hat unser Vater immer den privaten vorgezogen – ausgenommen alle Geburtstage und die hohen Kirchenfeste. Unsere Mutter hat einmal versucht, wenigstens den Sonntag zum Kinder- und Familientag zu erklären, was bundesweit in der Presse recht positiv vermerkt wurde – aber schon bald wieder mit der Realität nichts mehr gemein hatte. Es gab allerdings auch CDU-Landesverbände, die meinten, es wäre nicht so sinnvoll, wenn Franz Josef Strauß aufträte. Sie wollten ohne ihn auskommen. Waren die Umfragewerte vor dem Wahltermin jedoch im Keller, wurde meist nach dem starken Mann aus Bayern gerufen.

Ich erinnere mich dabei besonders an den letzten Wahlkampf 1987 von Uwe Barschel. Als die CDU in Schleswig-Holstein auf der Kippe war, kam ein in fast unterwürfigem Ton gehaltener Brief von Barschel. Papa ließ ihn mich lesen: »Bitte, bitte, Herr Strauß, kommen Sie, helfen Sie.« Mein Vater meinte: »Zuerst wollen Sie mich nicht haben, dann soll ich den Karren aus dem Dreck ziehen. Beides geht so nicht.« So kam es oft, dass er ein bereits für die Familie verplantes Wochenende doch wieder opferte, um samstags 15 Uhr, 17 Uhr und 20 Uhr irgendwo in der Republik eine Zweier- oder Dreierserie an Veranstaltungen zu bestreiten. Im Bundestagswahlkampf 1980 waren es drei und im Landtagswahlkampf 1978 sogar bis zu fünf Auftritte, er wollte in jedem Wahlkreis eine eigene Veranstaltung halten. Der Plakattext: »Strauß spricht« war längst zu einem Premium-Markenzeichen geworden. Der Zuspruch der Zuhörer war stets gewaltig – mit einer Ausnahme: Er sollte bei Audi in Ingolstadt zu Arbeitern und Angestellten in der Mittagspause sprechen, während die Fertigungsbänder stillstanden. Doch FJS verspätete sich und die Pause ging vorbei. Als er eintraf, war der Hof menschenleer. Der Produktionsplan hatte zwingend den pünktlichen Start der Bänder vorgeschrieben. Es war das einzige Mal, dass eine Strauß-Kundgebung mangels Zuhörer ins Wasser fiel.

Wäre es nach unserer Mutter gegangen, hätte Papa schon 1962 statt Alfons Goppel Bayerischer Ministerpräsident werden sollen. Aber das hatte ihn damals nicht interessiert. Für Bayern und die CSU sollte das zum Glücksfall werden. Alfons Goppel strahlte als Ministerpräsident die nötige Ruhe aus und führte Bayern modern, aber doch wie ein guter Hausvater durch die 16 Jahre seiner Amtszeit. Konrad Adenauer war 1962 auch für einen Wechsel, allerdings in Bonn: Er hatte seinem Verteidigungsminister das Amt des Finanzministers angeboten. Diese Option nicht gezogen zu haben, bezeichnete mein Vater mir gegenüber einmal als einen großen Fehler. Vielleicht war es sein größter. Seine Begründung damals: Er fühle sich Amt und Aufgabe nicht gewachsen. Er habe bei seinem Studium der Neueren Geschichte ab 1936 Volkswirtschaft lediglich im Nebenfach belegt. Dabei hatte er Vorlesungen bei dem großen Adolf Weber gehört, einem Verfechter der Marktwirtschaft. Webers wissenschaftliche Arbeit war Grundlage für Ludwig Erhardt, Fritz Schäffer und Alfred Müller-Armack für deren Entwurf der späteren, legendären Sozialen Marktwirtschaft. Das bei Weber erlangte Wissen erschien meinem Vater als nicht ausreichend. Er sagte mir: »Als ich dann später gesehen habe, wer in Bonn welches Ministerium übernimmt, musste ich feststellen, dass ich an mich selbst viel zu hohe Anforderungen gestellt hatte. Das Finanzministerium hätte ich eigentlich damals schon bewältigen können.«

Strauß statt Goppel

Die Chance, 1978 Bayerischer Ministerpräsident werden zu können, ließ er sich auf jeden Fall nicht entgehen. Der Abschied von Bonn fiel ihm nach 29 Jahren Bundestag trotzdem schwer. Er blieb aber mit einem Bein in Bonn, auch wenn das damals kaum wahrgenommen wurde. Zum einen hatte er als Ministerpräsident eines Bundeslandes zu jeder Zeit sofortiges Rederecht vor dem Bundestag. Und das sollte er reichlich nutzen. Zum anderen blieb er mit Zustimmung der Bundestagsfraktion wirtschaftspolitischer Sprecher der Unionsparteien.

Die Vorbereitungen auf das neue Amt begannen im Sommer 1978 mithilfe des damaligen Leiters der Staatskanzlei, Dr. Rainer Kessler. Der Spitzenbeamte hatte sich das historische Verdienst erworben, meinem Vater 1972 in Bonn rechtzeitig einen Ausreißversuch des bayerischen Kabinetts in München anzukündigen. Was war geschehen?

Die Unionsfraktion hatte sich dazu entschlossen, keine Verfassungsklage gegen Brandts Ostverträge einzureichen. Die letzte Hoffnung der Vertragsgegner unter Führung meines Vaters ruhte auf dem Freistaat Bayern. Die Regierung in München sah eine unerfreuliche Heldenrolle auf sich zukommen und wollte sich dieser durch eine Abstimmung im Kabinett entziehen. Das Votum fiel prompt mit nur zwei Gegenstimmen gegen die Klage aus. Mein Vater hatte zuvor den CSU-Landesvorstand unter größten Mühen von der Klage überzeugt. Und nun sollte all das unterlaufen werden von dem Verfassungsorgan, das sie einreichen sollte! Der Beamte Kessler hatte sich also nicht als Verräter, sondern in den Augen meines Vaters als echter Patriot erwiesen, als er ihn über das Umfallen des bayerischen Kabinetts heimlich informierte. So wusste er über den Sachverhalt bereits Bescheid, als er von Goppel informiert wurde, und hatte sich vorbereitet. Unverzüglich reiste er zur nächsten Kabinettssitzung nach München. Es wurde recht laut. Er drohte sogar mit Rücktritt vom Amt des Parteivorsitzenden. Nach nochmaliger Abstimmung gab es schließlich eine Mehrheit für die Klage. Auf Antrag Bayerns hat das Bundesverfassungsgericht dann mit seinem Urteil für einen engen Rahmen bei der Interpretation der Verträge gesorgt. So wurde die Grenze zur DDR gleichgesetzt mit den Grenzen zwischen Bundesländern. Damit waren die DDR-Bürger rechtlich weiterhin Inländer, was ein überdeutliches Signal darstellte und 1989/90 den Wiedervereinigungsprozess wesentlich erleichterte. Nachdem der Erfolg offenbar wurde, ließen sich manche Kabinettsmitglieder, die ursprünglich gegen die Klage gestimmt hatten, als Helden des Vaterlandes feiern.

Im August 1978 kamen Kessler und CSU-Generalsekretär Gerold Tandler zur Vorbereitung der Regierungsgeschäfte durch meinen Vater in unser Ferienhaus nach Südfrankreich.

Ein phänomenales Gedächtnis

FJS begann, seine künftige bayerische Politik nicht nur inhaltlich, sondern auch von der Verwaltungsseite her anzugehen. Auf dem Tisch lagen Stellenpläne und Organisationsschemata. Ihm ging es nicht darum, die bekanntermaßen vorzügliche bayerische Verwaltung etwa politischer zu machen. Dazu hatte er ein geradezu preußisches Staatsverständnis. Seine persönlichen Referenten suchten ihre Nachfolger aus, das Parteibuch spielte da keine Rolle. Dennoch war ihm wichtig, den Apparat in den Griff zu bekommen. Von Alfons Goppel wusste man, dass er in seiner Anfangszeit zwar tief in die Akten geblickt und scharf nachgefragt hatte. Gegen Ende hin wirkte er dann eher altersmilde präsidial und hielt die Zügel lockerer. Mein Vater wollte das korrigieren und rüstete zunächst die Staatskanzlei technisch auf, zum Beispiel mit Diktiergeräten. Dem Regierungsstil entsprach bis dahin, dass der Ministerpräsident nach seinem Wunsch gefertigte Schreiben unterzeichnete oder der Sekretärin in den Block diktierte. Mein Vater war es gewöhnt, die wichtige Post per Diktiergerät zu erledigen. Dabei legte er großen Wert darauf, einheimische GRUNDIG-Geräte und nicht die Technik der damals aufkommenden japanischen Konkurrenz zu verwenden.

Sein Arbeitspensum, sein Fleiß, seine pedantische Genauigkeit und sein blitzschnelles Denken waren verbunden mit einem phänomenalen Gedächtnis. Unter Letzterem hatten seine politischen Gegner und manchmal auch seine direkte Umgebung zu leiden. Wichtige Passagen seiner Reden hatte er im Wortlaut blockweise im Kopf, die Formulierungen waren bis ins Detail eingeprägt. Jeder normale Mensch würde das, was er soeben gesprochen hat, kurz danach wohl kaum mit genau denselben Worten wiedergeben können. Jeder von uns variiert dabei notgedrungen. Er aber konnte ganze Passagen exakt und identisch wiederholen.

Einmal sprach er beim Diktat eines umfangreichen Briefes so schnell, dass die Sekretärin mit dem damals noch üblichen Stenographieren nicht mehr mitkam. Ihn um ein langsameres Tempo zu bitten, traute sie sich nicht. Später beim Abtippen ergänzte sie die betreffende Briefpassage nach bestem Gewissen inhaltlich aus Unterlagen. Mein Vater merkte bei der Vorlage zur Unterschrift sofort, was los war. »Zur Strafe«, wie sie mir später sagte, diktierte er ihr den ganzen langen Brief aus dem Kopf aufs Neue und sprach dabei noch schneller. »Ich schrieb wie um mein Leben.« Zu ihrer großen Überraschung stellte sie danach fest, dass das Diktat in langen, wesentlichen Passagen wortgleich war.

Das passende Wort

Seine Rednerkunst war legendär. Fritz Zimmermann zog einen schönen Vergleich: FJS einen guten Redner zu nennen sei wie das Taj Mahal als schönes Haus zu bezeichnen. Es passierte auch, dass mein Vater eine Rede anders halten musste als vorgesehen oder plötzlich und für ihn völlig unerwartet ums Wort gebeten wurde. Für mich unvergesslich ist eine Szene in der Thomas-Morus-Kirche in München-Sendling, wo wir am 13. Dezember 1981 den Gottesdienst besucht hatten. Stunden zuvor hatte der polnische General Wojciech Jaruzelski das Kriegsrecht über sein Land verhängt. Pfarrer Erwin Hausladen richtete am Ende der Messe plötzlich das Wort an meinen Vater: »Und nun bitten wir unseren hochverehrten Herrn Ministerpräsidenten, uns zu den Vorgängen in Polen etwas zu sagen.« Mein Vater schaute kurz ein wenig entgeistert, er war als gläubiger Christ zum Gottesdienst gekommen und nicht als Politiker. So stand er auf und ging nach vorne. Dann hielt er eine der prägnantesten Reden, die ich von ihm je gehört habe. Er begann mit den Worten: »Wieder hallen Soldatenstiefel durch Europa« und nahm den Leuten in wenigen Sätzen die Sorge, dass das Eingreifen des Militärs eine Kettenreaktion auslösen könne. Tatsächlich sei das eine innerpolnische Angelegenheit, bei der das kommunistische Regime hoffe, die Macht durch das Militär retten zu können. Aber das Regime sei verloren, die Freiheit werde siegen. »Gehen Sie in Frieden nach Hause, es gibt keinen Anlass zur Besorgnis.« Er sollte Recht behalten.
Ähnliches erlebte ich bei Vaters Rede 1977 auf dem Marienplatz nach der Ermordung des Arbeitgeberpräsidenten Hanns Martin Schleyer. Wie immer hatte er keinen ausformulierten Redetext dabei. Solche fertigen Reden mochte er bei Wahlveranstaltungen nicht, weil dadurch die Verbindung zum Zuhörer abreiße, wie er stets sagte. »Reden ist ja eigentlich ein Dialog mit dem Publikum.

Sich selbst und dem Publikum zur Freude und Herausforderung: FJS brilliert auch außerhalb des großen Rampenlichts als Redner.

Man muss die Leute anschauen, um zu wissen, wie sie reagieren – wann lachen sie, wo steigen sie auf das Gesagte ein. Reden ablesen, da verliere ich den Kontakt zu den Leuten.« Ausformulierte Reden akzeptierte er gerne bei offiziellen Anlässen: Einweihungen, Gedenkfeiern oder Ehrungen. Zu den großen politischen Reden aber nahm er nur Themensammlungen mit. In Klarsichthüllen steckte dann Material zu den Themen Finanzen, Wirtschaft, Verteidigung oder Außenpolitik. Während einer solchen Rede verflocht er die einzelnen Teile zu einem Ganzen.

Damals am Marienplatz hatte er auch eine solche Themensammlung dabei. Als kurz zuvor Schleyers Ermordung bekannt wurde, sagte er zu meinem Bruder Max und mir, die wir ihn begleitet hatten: »Eine Rede zum Wahlkampf kann ich jetzt nicht halten. Die Leute wollen angesichts der Ermordung nichts über Alltagspro-

19

bleme hören. Ich muss eine andere Rede halten.« Auf einer Speisekarte des Münchner Ratskellers notierte er die Stichpunkte. Und dann hielt er seine Rede, erstmals hinter einer gepanzerten Glasscheibe, kurz, prägnant, und nach nur einer Viertelstunde endete eine Veranstaltung mit nahezu 10 000 Leuten, die das, was zu sagen war, gehört hatten und dann auseinandergingen.

Meine Mutter analysierte, er entwickle für sich beim Reden die Themen weiter und komme währenddessen zu neuen Erkenntnissen. Sie hielt die Reden auch für »Sauerstoffduschen«, die meinem Vater Gelegenheit gaben, sich an einem Thema ähnlich wie ein Sportler am Trainingsgerät abzuarbeiten, das Thema so oft zu drehen, bis er es im Griff hatte. Natürlich fand nicht jede Formulierung allseits Anklang: Ihn bewegte beispielsweise der Gedanke sehr, dass aufgrund der atomaren Arsenale Kriege zwischen den großen Mächten direkt nicht mehr möglich waren. Solche Konflikte verlagerten sich nach seiner Überzeugung auf die geistige und wissenschaftliche Ebene. Er suchte einen Begriff, der das komprimieren sollte. Endlich hatte er seine Formulierung: »Die Auseinandersetzungen finden heute in den Studierstuben statt.« Das Wort »Studierstube« empfanden seine Mitarbeiter jedoch als reichlich altertümlichen Ausdruck und strichen es immer wieder aus seinen Manuskripten. Aber bei der nächsten Rede war der Begriff wieder drin.

Ordnung muss sein

Für seine von Feind und Freund bewunderte große Redekunst fehlte also meist das fertige Manuskript, die Vorbereitung auf Reden aber betrieb Vater mit höchster Präzision. Zu Einarbeitung in Themen wälzte er unzählige Bücher, auf durchaus unkonventionelle Weise. Auf meine Frage, wie er denn Fachbücher lese, meinte er: »Du darfst ein Lehrbuch nie von vorne nach hinten lesen wie einen Roman. Nimm dir zuerst das Inhaltsverzeichnis vor, schau dir dann Vorwort und Conclusio an, schließlich holst du als Schwerpunkte einzelne Kapitel heraus.«

Gedächtnis und Arbeitsweise meines Vaters rühmte auch der Innsbrucker Professor Clemens-August Andreae, Ordinarius für politische Ökonomie, noch Jahrzehnte später. Bei ihm hörte Vater ab 1962 als eingeschriebener Student – was sich für das 1966 angetretene Amt als Bundesfinanzminister als äußerst vorteilhaft erwies. Seine regelrechte Wissensgier führte dazu, dass er bei Andreae regelmäßig ein Privatissimum hatte. Ich lernte Andreae kurz nach dem Tode meines Vaters kennen; er sollte 1991 zusammen mit dem gesamten Kollegium seines Instituts beim Absturz des Lauda-Air-Flugs 004 in Thailand ums Leben kommen. Andreae gebrauchte das Bild von den Schubladen im Kopf, die Papa bei seinen Studien öffnete, um dann lange und oft nervtötend zu fragen. Die daraufhin gefassten Erkenntnisse seien dann sorgsam eingeordnet worden. »Dann kippte auf einmal ein Hebel um und das soeben Erarbeitete war für alle Zeiten unverrückbar da, man konnte ihn bei späterer Gelegenheit unvermutet fragen, die Lade ging auf und der Inhalt war wie abgelegt komplett präsent. Das Wissen ging bei ihm nie wieder verloren.«

Vaters fotografisches Gedächtnis war ihm bei seiner großen Passion, dem Fliegen, sehr von Nutzen, manchmal auch zum Leidwesen seiner Pilotenkollegen. So wusste er viele Funkfrequenzen auswendig, was nicht immer von Vorteil war. Ab und zu wechselten diese nämlich. Bei meinem Vater waren jedoch die alten Angaben fest gespeichert. So stellte er aus dem Kopf die alte und damit falsche Frequenz ein. Das wollten die Kopiloten, die die Frequenzen stets den aktuellen Handbüchern entnahmen, bei aller Wertschätzung gegenüber ihrem Piloten natürlich korrigieren. Zunächst reagierte er unwirsch: »Ich weiß doch genau, dass Veitshöchheim diese Frequenz hat.« Dann packte er, eines Besseren belehrt, irgendwann die neue Zahl mit in die Schublade. Auf diese Weise hatte er dann zwei Frequenzen des betreffenden Ortes parat, zuerst fiel ihm die alte ein, dann die neue. Ordnung muss sein.

Derblecken

Vaters Neigung, ein Thema bis zum Anschlag zu drehen und zu wenden, war eher spaßig angelegt. So bereitete ihm das bayerisch »Derblecken« genannte Frotzeln große Freude. Er teilte gerne aus, steckte aber selbst ungern ein, was ihm beim Rheinischen Karneval, wo es auf ihn nur so herunterprasselte, durchaus zu schaffen machte. Nach seiner Bonner Ministerzeit gingen die Besuche dort auch bis auf ein Minimum zurück. Beim Starkbieranstich auf dem Nockherberg hingegen war er regelmäßig Gast. Allerdings wurde er dort eher liebevoll behandelt, was der Veranstaltung einen Ruf bereitete, von dem sie heute noch zehrt.

Wenn er also jemanden aufziehen wollte, betrieb er das auf seine Art, nämlich pedantisch. Eines seiner bevorzugten Opfer war der Wienerwald-Gründer Friedrich Jahn, mit dem ihn eine enge Freundschaft verband. Eine Geschichte, die er mir mit Freuden dutzendfach erzählte, ist diese: Bei einer von dem Münchner Kaufmann Walter Schöll eingeladenen Jagdrunde auf einer Hütte in den Hohen Tauern in Österreich war neben meinem Vater auch der Nichtjäger Jahn zugegen. Er hatte in Golling an der Tauernautobahn gerade eine Raststation neu eröffnet und konnte so das Catering auf der Hütte übernehmen. Die Runde prüfte sofort, was Jahn nicht im Angebot hatte. Es wurde lange gesucht, denn Jahn war als Gastgeber nicht zu schlagen, und dann wurde er aufgrund dessen, was fehlte, den ganzen Abend über aufgezogen. Immer verstiegener wurde die Liste der Köstlichkeiten, die in

Bei diesem Gesichts-
ausdruck war Kennern
klar: Jetzt wird's ironisch.

Wahrheit niemand vermisste. So ein Thema konnte mein Vater
stundenlang immer wieder auf den Tisch bringen. Mitten im
Treiben gegen ihn wollte der entnervte Wienerwaldchef höchst-
persönlich sogar den verlangten Hummer organisieren, um dem
Derblecken ein Ende zu setzen. Von da an war es dann nicht mehr
weit bis zur Bewertung der militärischen Verdienste Jahns. Dieser
war gegen Kriegsende zum Flieger ausgebildet worden, kam aber
aufgrund fehlenden Flugmaterials nicht mehr zum Einsatz. Das
war sein großes Glück. Sein Pech war, dass mein Vater diesen Vorgang zum Anlass nahm, um festzustellen, die Deutschen hätten
lieber den Krieg verloren, als Jahn einen Flieger zu geben. Das
erregte in der Runde ehemaliger Kriegsteilnehmer große Heiter-
keit – Freund Franz Dannecker hatte als Fallschirmjäger zusammen mit Horst Ehmke, später SPD-Mitglied und unter anderem
Kanzleramtsminister, am »Endkampf« um Berlin teilgenommen,

23

Schöll war zu Fuß durch Russland und dann weiteste Strecken zurückmarschiert. Ein weiteres Opfer war dann eben dieser Walter Schöll, dem das Unglück widerfahren war, bei einem BMW in schneller Fahrt den Rückwärtsgang eingelegt zu haben. Das Getriebe war danach Schrott. Vater spottete ausführlich darüber. In unserem Familienkreis spielte das Derblecken dagegen keine Rolle. Meine Mutter, aber auch wir Kinder waren höchstens liebevollen Spitzen ausgesetzt.

Die Kunst des Faltens

Papa war ebenfalls nicht zimperlich, wenn es um das sogenannte Falten ging, das In-den-Senkel-Stellen, jemanden »anzunehmen«, wie er es ausdrückte. Es geschah dann, wenn er das Gefühl hatte, dass jemand äußerst unverantwortlich gehandelt hatte, einem Menschen grobes Unrecht widerfuhr oder wenn jemand verstockt wider besseren Wissens redete und handelte. Papa beherrschte die Kunst des Faltens wie kaum ein anderer. Derartiges miterlebt zu haben, zählt zu meinen unangenehmsten Erlebnissen an ihn überhaupt, ich litt mit den Betroffenen im Stillen mit, obwohl es mich nie betraf. Bis auf eine Ausnahme, und da hatte er Recht.

Ich war bei einer Silvesterfeier ohne Führerschein und natürlich ohne Wissen meiner Eltern den verschneiten Rundweg vor der Hanns-Seidel-Stiftung in Wildbad Kreuth entlang gefahren. Mein Rallyeversuch endete im Acker, aus dem mich ein Bauer mit dem Traktor zog, etwa 200 Meter von der Stelle entfernt, wo die Journalisten heute auf die Gäste der jährlichen Tagungen warten. Gerade als wir die Sache im Griff hatten und den Mantel des Schweigens über die Sache breiten wollten, nahte mein Vater gewaltigen Schrittes. Der Anpfiff war grausam, am nächsten Morgen machte mir meine Mutter klar, dass es dabei mehr um die Angst um mich als um alles andere gegangen war. Natürlich hatte Papa Recht gehabt. Dennoch brauchte ich einige Zeit, um das Erlebnis zu verdauen.

Wenn man entweder Betroffener oder Zeuge war, wie Vater einem Vulkan gleich über jemanden hereinbrach, dann war das eine Erfahrung fürs Leben. »Nahm« Franz Josef Strauß jemanden »an«, dann hatte die betreffende Person keineswegs mit einschlägigem Vokabular zu rechnen. Die Meinung in der Öffentlichkeit, er habe Leute lauthals mit den derbsten Ausdrücken belegt, ist absolut falsch. Nicht einmal in einer Stunde tiefster Enttäuschung, nach der Wahlniederlage 1976, sagte er das, was jedem anderen entfahren wäre, sondern sprach von »Nordlichtern«, ein Ausdruck, den die Münchner zu Zeiten König Ludwigs für ungeliebte Künstler gefunden hatten.

Zuhören, zuordnen, fragen. Mein Vater im Gespräch mit Wilfried Scharnagl (l.) und Jonny Klein

FJS ging ganz anders vor: Er stellte Fragen, stets eingeleitet von
»Sind Sie wirklich der Ansicht, dass … Glauben Sie wirklich,
dass …?« Der Betreffende konnte dann antworten. Merkte mein
Vater aber, dass derjenige die Sache nicht kapiert oder gar versucht
hatte, ihn nicht für voll zu nehmen oder sich herauszureden, am
besten noch mit der Einleitung »ich habe mir gedacht, dass …«,
dann war es um ihn geschehen. In zunehmend aggressiver Weise
wurde so jemand vernichtend bis auf die Knochen bloßgestellt.
Ich erinnere mich an ein solches Falten im Zusammenhang mit
dem Polizeischutz vor unserem Haus. Es war ein bitterkalter Tag.
Papa hatte gerade seinen letzten Saunagang hinter sich und kam
die Kellertreppe herauf, als es an der Haustüre klingelte. Er öffnete. Draußen stand ein Bereitschaftspolizist und klagte ihm seine
Not. In den Dienstspinden in der Bereitschaftspolizei stünden
warme, schwere Winterstiefel, er müsse aber hier für den Objekt-
schutz beim Ministerpräsidenten leichte Sommerstiefel anziehen.
Er könne das nicht verstehen, vor allem bei dieser Kälte, und wolle sich jetzt beschweren. Da war er bei meinem Vater, der sich im
Zweiten Weltkrieg auf dem Rückweg von Stalingrad beide Füße
erfroren hatte, an der richtigen Adresse. Papa rief sofort bei der
zuständigen Stelle an. Er erfuhr, dass die Winterstiefel zu klobig
seien und nicht elegant genug aussähen. Deshalb seien Sommerstiefel befohlen worden. Diese Aussage des hochrangigen Beamten sollte sich als ein kapitaler Fehler herausstellen. Die Ausspra-
che wurde von da an sehr einseitig und lautstark. Die Polizisten
vor unserem Haus trugen ab sofort Winterstiefel.
Wurde mein Vater in solchen Fällen von seinem Gegenüber auch
noch optisch wahrgenommen, dann musste im Grunde der erste
physische Gesamteindruck des vor ihm stehenden »Vulkans«
genügen, um die nun drohende Gefahr zu erkennen. Bei diesen
Ausbrüchen konnte er durchaus verletzend werden und dies
blieb, salopp gesagt, nicht mehr in der Wäsche hängen, sondern

ging tiefer und schlug dabei auch Wunden. Derartige Ausbrüche waren jedoch nicht an der Tagesordnung. Vor allem aber war Vater nicht nachtragend.

Ich fürchte auf jeden Fall seither niemandes Ausbrüche mehr. Schlimmstenfalls wird es ein Sommerregen sein gegen die schweren Unwetter, die ich miterlebt habe.

Mit Stil und Hirn

Es gab aber auch einen ganz anderen FJS. Oft bat er unmittelbar vor Großveranstaltungen meine Mutter und später jedes von uns Geschwistern: »Wünsch mir Glück«. Für mich war das jedes Mal aufs Neue überraschend, denn ich habe ihn als den unverletzlichen Titanen angesehen, der niemandes Hilfe bedarf. Er zeigte uns auf diese Weise, dass auch er sich bewusst war, dass zu Fleiß und Anstrengung auch die notwendige Fortune gehört. Vater war der Meinung, dass Begabung nur 5 Prozent ausmache, der Rest seien Fleiß, Beharrlichkeit und ein wenig auch Glück oder höherer Beistand. Außerdem wollte er auch Lob und die gebührende Anerkennung seiner Leistungen erfahren.

Eine besonders große Enttäuschung für ihn war, dass der von ihm bewirkte Abbau der Selbstschussanlagen an der innerdeutschen Grenze eher nebenbei zur Kenntnis genommen wurde. Er war sich sicher, wäre dies Helmut Schmidt gelungen, hätte das unzweifelhaft zu mehrtägigen Weihefestspielen des Bundespresseamts geführt. Er vermisste den Dank und die politische Ummünzung dieses großartigen humanitären Erfolgs.

Im Familienkreis hörte ich von Papa ab und zu: »Ich hätte auch einmal ganz gern, dass einer sagt: ›Das hast du gut gemacht.‹« Er wollte nicht ständig als Titan in Anspruch genommen werden. Nicht selten beklagte er sich bei uns: »Die Leute kommen zu mir mit einem Anliegen und sagen: ›Franz Josef, du musst da eingreifen. Wenn du das nicht machst, dann ist die Sache verloren. Du bist der Einzige, der hier noch Rettung bringen kann.‹« Wenn er dann eingegriffen habe, sei mit dem Florett meist nichts mehr zu bewegen gewesen – also Säbel. Dann beschwerten sich dieselben hinter seinem Rücken: »Ja muss er denn jetzt schon wieder so laut und so grob sein? Immer, wenn er sich einmischt, gibt es diesen Radau. Kann denn das nicht leiser gehen?« Resigniert und auch verletzt sagte er dann: »Wie soll ich denn eine Sache herumreißen, wenn ich im Zweifelsfall nicht einmal mehr richtig auf den Tisch hauen darf. Die Leute wollen das Ergebnis, scheuen aber den Weg.«

Die Noblesse eines von Weizsäcker oder Leisler Kiep war mit ihm nicht zu haben. Das Herrenreitertum war überhaupt nicht sein Fall. Nun anzunehmen, mein Vater sei stattdessen eher dem Derben zugeneigt gewesen, führt jedoch in die Irre. So mochte er keine schlüpfrig-dämlichen Witze. Ich hatte einmal den Fehler gemacht, in seiner Gegenwart solch einen billigen Witz, den ich aufgeschnappt hatte, zu erzählen. Daraufhin schaute er mich nur an und meinte: »Das hätte ich gerade von dir nicht erwartet.« Auch der gesamte Freundeskreis wusste, dass in seinem Beisein solche Witze tabu waren. Derblecken, Gaudi machen und auf den Tisch hauen, das ja, aber bitte mit Stil und Hirn. Das entsprach seinem intellektuellen Anspruch.

Ausgelagert

Vaters Rückkehr aus Bonn und seine Wahl zum bayerischen Ministerpräsidenten änderte nichts an seiner und der Familie Bedrohungslage durch die Terroristen der Roten-Armee-Fraktion (RAF). Vor der RAF-Zeit hatten wir Kinder vom polizeilichen Personenschutz so gut wie nichts mitbekommen. Ab und zu stand ein VW-Käfer mit einem Beamten vor dem Haus. Durch das Olympia-Attentat 1972 in München begann sich die Lage allerdings zu drehen. Politik und Sicherheitsbehörden war klar geworden, dass all dies den Rahmen normaler Kriminalität bei weitem überstieg und fast schon militärische Dimensionen erreichte. Aus Sorge, dass der Familie im Rahmen des Bundestagswahlkampfes 1972 etwas passieren könne, wurden meine Geschwister und ich wochenlang regelrecht an fremde Orte ausgelagert. Schwester Monika kam zum Münchner Ehepaar Henne, zu dem eine enge Verbundenheit bestand. Ernst Henne hatte zuerst als unerschrockener Rennfahrer und dann als Unternehmer eine gewaltige Lebensleistung erbracht, diese Art von Selfmademan schätzte mein Vater sehr. Monika wurde von einer Haushälterin umsorgt und bekocht, lebte dort wie Gott in Frankreich. Bruder Max wurde bei seiner Patentante Maria untergebracht, der Schwester meines Vaters, und war in fürsorglicher wie strenger Obhut. Ich fand liebevolle Aufnahme bei einer Freundin meiner Mutter, Lisbeth Payr.

Wir haben damals als Kinder das erste Mal begriffen, dass es so etwas wie Bedrohung gibt. In unserer Hochhauswohnung im 14. Stockwerk in Sendling wurden nach 1972 die Aufgänge im Treppenhaus vergittert.

Mit dem Lift erreichte man die Wohnung nur noch durch einen zusätzlichen Schlüssel. Im Flur saßen normale Revier-Polizisten, die vor Dienstantritt schon komplette Schichten in ihrer jeweiligen Inspektion abgeleistet hatten. Speziell ausgebildete Objektschützer gab es damals ebenso wenig wie Fensterscheiben aus Panzerglas, was beinahe zu einer Katastrophe geführt hätte.

Die RAF-Terroristin Verena Becker hatte im Hochhaus gegenüber eine sogenannte konspirative Wohnung angemietet. Bei ihr fand man später Aufzeichnungen über die Bewegungsgewohnheiten meines Vaters in unserer Wohnung. Es wurde beobachtet, dass er abends gern zum Kühlschrank gehe. Es war für ihn tatsächlich ein Ritual, egal wann und von wo er heimkam, im Kühlschrank nach Essbarem zu schauen und sich ein Stück Schinken oder im Idealfall sein geliebtes Fleischpflanzerl zu holen. Es war wohl geplant gewesen, vom Nachbarhaus aus auf ihn zu schießen. Meine Mutter geriet plötzlich in Panik und so zogen wir 1977 in das halbfertige neue Haus, »zwischen die Handwerker«, wie sie sagte.

Der Sicherheitsapparat in Deutschland war damals noch längst nicht auf die Bedrohungssituation eingestellt. Als Personenschützer kamen ab Anfang der Siebzigerjahre Beamte des Bundeskriminalamts. Sie begleiteten uns auch in den Urlaub nach Südfrankreich. Dass Personenschutz damals eher in der Tradition des Ehrenschutzes stand, wurde mir bewusst, als ein ehemaliger Sicherheitsbeamter des Bundespräsidenten Lübke meinen Vater schützen sollte. Dieser hatte Lübke nach einem Schwächeanfall das Leben gerettet und sich so hohe Verdienste erworben. Als er aber dann im feinen Nadelstreifen bei 35 Grad Hitze an unserem Urlaubsstrand stand, begannen wir an der Wirksamkeit seiner Tätigkeit zu zweifeln. Im Jahr darauf saßen Sicherheitsbeamte zu dritt nachts vor dem hell erleuchteten Haus und spielten Skat. Gemäß Regel gibt einer, der andere hebt und der Dritte hat kurz Zeit. Der betreffende Beamte machte also im Schweinsgalopp seine Wachrunde ums Haus, um rechtzeitig nach dem Ausgeben wieder am Platz zu sein.

Mein Vater hatte die damals schlechte Vorbereitung der Polizei auf die sich immer weiter zuspitzende Sicherheitslage intern stets heftig kritisiert. Mit dem Wechsel der Zuständigkeit zum bayerischen Landeskriminalamt verbesserte sich die Situation wesentlich. Nach der Entführung des Berliner CDU-Landesvorsitzenden Peter Lorenz bekam Vater wie auch die Familie ständigen Begleitschutz durch LKA-Beamte. Vater hatte im Normalfall acht Beamte in zwei BMWs um sich, für meine Mutter und uns Geschwister waren je zwei Beamte abgestellt. 16 Beamte waren also in einer Schicht notfalls rund um die Uhr ständig präsent. Die Beamten begleiteten uns Kinder auch in die Schule, was unsere Klassenkameraden mit Gelassenheit ertrugen. Obendrein war es für die Beamten sicher nicht immer einfach, mit uns zurechtzukommen. Wenn wir abends länger unterwegs waren, wurde für sie die Nacht sehr kurz, denn sie mussten ja auch nach Hause und morgens wieder vor der Türe stehen, wenn es zur Schule ging. Die Beamten waren uns gegenüber feine Kerle. Viele sind schon in Rente. Aber sie treffen sich noch jährlich zum Stammtisch. Da bekomme ich dann manch muntere Geschichte über uns aus alten Tagen mit.

Der »moralische Violinschlüssel«

Mein Vater stürzte sich nach der Wahl zum bayerischen Ministerpräsidenten 1978 mit aller Kraft in die neue Aufgabe.
Bei seinem Amtsantritt versammelte er die Mitarbeiter der Staatskanzlei und gab ihnen die Weisung, auf niemanden zu hören, der sich »besonderer Kontakte nach oben« – eben zu ihm – rühme. Doch musste er feststellen, dass die Hoffnung auf vorauseilenden Gehorsam manchen verleitete, direkt in seinem Namen »anzuweisen«, um einen persönlichen Vorteil zu erlangen. Ein besonderes Anliegen war ihm das Verhältnis zwischen den Staatsorganen und dem einfachen Bürger. Oft sagte er, man solle mit Kanonen auf Festungen und nicht auf Spatzen schießen und meinte damit die Verhältnismäßigkeit der Behandlung. Unter Hitler hatte er selbst erlebt, welcher Dämon eine Staatsverwaltung reiten konnte. Überhaupt war er der Ansicht, dass es auch im Beamtenapparat leider Leute gebe, die eine Sache so lange betrieben, bis sie restlos ver-

31

dorben sei. Er prägte den Begriff des »moralischen Violinschlüssels«, der das staatliche Handeln dem einzelnen Menschen gegenüber zu prägen habe. Dem entsprach seine sehr deutlich formulierte Anregung an die Ressortminister, wonach der Staat, wenn er in einer Klage unterliegt, von sich aus nicht mehr in die nächste Instanz gehen solle. Er wollte nicht, dass der Staat in einfachen Verfahren wie Steuerstreitigkeiten nach einer verlorenen ersten Instanz den Bürger in die zweite Instanz zwingt, wo für diesen schnell sehr viel Geld, Gesundheit und Lebenszeit verloren gehen kann, während das alles für den Staatsapparat keine Rolle spielt. Wörtlich meinte Papa einmal, manche Verfahren seien doch nur »eine Beschäftigungstherapie für verrückt gewordene Staatsanwälte«. Als Ausnahmen galten die damals für ihn elementaren Planungen wie Flughafen München, der Rhein-Main-Donau-Kanal sowie die Wiederaufbereitungsanlage Wackersdorf (WAA). Da wäre mein Vater wohl durch alle Instanzen gegangen.

Um zu erfahren, wie sich denn der Staatsapparat gegenüber dem Bürger so verhielt, entschloss sich mein Vater eines Tages zu etwas, was ihm selber Kopfzerbrechen bereiten sollte: An einem Freitag ließ er den gesamten Postausgang der Staatskanzlei zu sich statt zur Post bringen. Der sparsame Ministerpräsident nahm in Kauf, dass bereits alles frankiert war. Er ließ alle Briefe öffnen und prüfte die Korrespondenz nach der Sprache, mit der der Bittsteller konfrontiert wurde. Ihm war klar, dass die Beamtenschaft gerne zu näselnden Kanzlisten-Hochmut neigt. Mein Vater belehrte daraufhin die gesamte Staatskanzlei, man solle dem Bürger nicht im Sinne des alten Obrigkeitsdenkens gegenübertreten. Diese Haltung zeichnete ihn seit seiner Zeit als Verteidigungsminister aus. Danach war Vater immer noch unwohl wegen des entwerteten Portos. Es waren doch einige hundert Briefe gewesen. Er erzählte mir damals von seiner Aktion: »Wenn ich gesagt hätte: ich prüfe morgen den Postausgang, dann hätte ich mir die Kontrolle sparen können, denn die Erkenntnisse hätten mit der Wahrheit wohl nichts zu tun gehabt.« Er wollte eben direkt erfahren, welchen Ton seine Beamten gegenüber den Bürgern anschlugen. Er empfand sich letztlich als Ombudsmann des einfachen Mannes gegenüber der Verwaltung; heute sehe ich, dass sein besonderer Ruf in Bayern auch darauf zurückgeht.

Der Oberlehrer

Seine erste Kabinettssitzung brachte einige Änderungen mit sich. Er eröffnete sie gut vorbereitet und stellte mit zunehmender Fassungslosigkeit fest, dass manche Minister ihre Akten nicht bis ins Detail kannten, sondern oft nur die obenauf liegende Zusammenfassung. Daraufhin fragte er sie wie ein Oberlehrer regelrecht ab. Bisher waren die Minister es gewohnt gewesen, hinter ihnen sitzende Fachbeamte an den Kabinettstisch zu holen und um Vortrag zur angesprochenen Sache zu bitten. Entsprechend konsterniert war daher die Ministerriege, als mein Vater klarmachte: »Das will ich von euch selbst hören.« Umgehend begann ein hektisches Aktenstudium am Tisch.
Meine Mutter machte ihm danach große Vorwürfe, dass man mit gestandenen Ministern doch so nicht umgehen könne. Mir gegenüber aber sagte er: »Bei einer Akte weißt du nie, was wirklich drinsteht, bis du nicht das letzte Blatt umgedreht, die letzte Zeile gelesen hast.« So wusste er natürlich, dass die auf der Akte stehende Zusammenfassung mit Handlungsempfehlung der Verwaltung eine gute Möglichkeit bot, die Politik zu beeinflussen.
Durch die angeordnete neue Arbeitsweise des Kabinetts dämmte er den Einfluss des Beamtenapparats ein, der natürlich um seine Macht in punkto Detailkenntnis wusste. Wenn seiner Meinung nach ein Minister gut amtierte, lockerte er die Zügel und ließ die

Geschäfte laufen. Einige aus seinem Kabinett erzählten mir später, man habe unter ihm auch ein angenehmes Leben gehabt, weil er sich nicht andauernd und in allen Details eingemischt habe. Wenn Papa aber anhand eines Einzelfalles merkte, dass die ganze Linie nicht passte, dann nahm er sich den gesamten Geschäftsbereich sehr genau vor und es konnte für den betreffenden Minister ausgesprochen unangenehm werden. Eine der wenigen, die ihm, wenn er in Pedanterie verfiel, zu widersprechen wagte, war Justizministerin Mathilde Berghofer-Weichner. Diese patente Person sagte ihm dann schon mal energisch: »Jetzt gib endlich eine Ruhe!« Dann war es oft auch gut.

Ein dichtes Netz von Stichproben

Bei der Klärung von Sachverhalten ging er entgegen den üblichen Gepflogenheiten neue Wege. Bisher war zur Erledigung eines Vorgangs stets der Gang durch die Hierarchien einzuhalten. FJS hingegen rief gerne einmal bei den Zuständigen, etwa in Landratsämtern, direkt an und fasste nach. So verbesserte und beschleunigte er manche Entscheidung alleine schon deshalb, weil die zuständige Person dem Suchscheinwerfer aus der Staatskanzlei schnellstmöglich entkommen wollte.
Freilich räumte Vater auch ein, nicht alle Akten lesen zu können. Seine stete Rede war, statt alle Akten nur anzulesen, lieber weniger Akten zu studieren, diese dafür aber komplett. Wörtlich sprach er von einem »dichten Netz von Stichproben«, das er werfe. Obendrein konnte er unvorstellbar schnell lesen. Er beherrschte die Kunst des Querlesens. Zügig fuhr er mit seinem Stift Seite für Seite durch dicke Aktenkonvolute. Bemängelte er etwas, entwickelte er eine schier unerträgliche Langsamkeit. Dann wurde mehrfach zurück- und wieder vorgeblättert und wieder und wie-

Der Linkshänder musste als Schüler auf rechts umlernen. Hier bei einem ausführlichen Gästebucheintrag.

der durchgesehen. Es folgten die Korrekturen. Markant am Rand fanden sich dann seine Ergänzungen oder Anmerkungen zu Fehlerhaftem. Je nach seinem Schriftbild, das von gestochen scharf bis etwas nachlässig changierte, konnten die Beamten vor allem in späteren Jahren dann sehen, in welchem Stadium seiner Kräfte er die Anmerkungen notiert hatte.

Legendär ist dieser Vorgang: Er hatte die Verwaltung in einer Sache zum Handeln aufgefordert. Diese legte ihm daraufhin mit größter Präzision und detailliert dar, dass das nicht möglich sei. Mein Vater schrieb daraufhin darunter: »Jetzt weiß ich, wie es nicht geht. Schreiben Sie mir jetzt, wie es geht!«

Trotz des Stichprobensystems war es dennoch eine gewaltige Aktenmenge, die er regelmäßig bewältigte. Ich kann mich erinnern, dass sein Fahrer bei uns zu Hause jedes Mal zehn bis zwölf Pilotenkoffer voller Akten und Unterschriftsmappen ins Arbeitszimmer trug, wo Papa dann nächtelang und übers Wochenende Aktenstudium betrieb. Unser Nachbar gegenüber berichtete mir dann oft, wie spät es wieder geworden war, da er den Schein der Arbeitslampe gesehen hatte. Die von einer bestimmten Presse gestreute Mär, Franz Josef Strauß sei im Wirtshaus gesessen, während in der Staatskanzlei Edmund Stoiber Akten gefressen habe, bleibt eine solche. In den ersten vier Jahren Strauß in Bayern gab es schlicht keinen Staatsminister oder Staatssekretär in der Staatskanzlei. Der Ministerpräsident zog den Karren selber. Erst als eine gewisse Verwaltungsroutine erkennbar war, holte er sich 1982 Edmund Stoiber zur Geschäftsführung in die Prinzregentenstraße.

Mein Vater wollte trotz seines anspruchsvollen Arbeitsstils nicht den Eindruck erwecken, er würde alles kritisieren. Ich weiß noch, wie er mir eines Sonntags daheim in seinem Arbeitszimmer die Rede eines Referenten zeigte und voll des Lobes war: »Das ist eine ganz hervorragend ausgearbeitete Rede, doch diese kleine Wendung gefällt mir nicht. Wenn ich aber jetzt dem Referenten die große Rede zurückgebe mit dem Kommentar, diesen einen Halbsatz halte ich für weniger gut, dann erwecke ich bei ihm den Eindruck: dem Strauß kann man es nie recht machen.« So rief er den Referenten noch am Sonntag an und dankte ihm mit den Worten, die er auch darauf geschrieben hatte: »Hervorragende Arbeit« für die unverändert gebliebene Rede.

Um sich ein Bild zu machen, wo draußen im Land der Schuh drückte, berief Vater Regionalkonferenzen ein. Jede Wortmeldung örtlicher Mandatsträger wurde notiert, um der betreffenden Sache nachgehen zu können. So bekam er schnell einen Überblick über den Stand der bayerischen Verwaltung. Sich häufende Klagen gaben ihm Hinweise auf fällige Verbesserungen. Auf Gesetzesebene wollte mein Vater klarere Verhältnisse und den Bürgern mehr Freiräume geben. Auch scheinbare Kleinigkeiten ließ er nicht aus. So war es ihm ein Dorn im Auge, dass damals Farbe und Art und Weise des Fassadenanstrichs genehmigungspflichtig war. Seiner

36

Meinung nach überstieg der Schaden aus einer solchen Bevormundung den möglichen Nutzen bei weitem.

Mit all den genannten Maßnahmen wollte mein Vater ein maßvolles und gerechtes Verhältnis zwischen Obrigkeit und Regierten erzielen.

Maßlose Staatsgewalten

Im Jahr 1978 trafen meine Eltern aber auch eine schicksalhafte Entscheidung, die letztlich zur Folge hatte, dass mein Bruder Max das Gegenteil dessen, was sich mein Vater unter einer vernünftig handelnden Staatsverwaltung vorstellte, erleben musste. Meine Eltern beschlossen, ihr in Kanada angelegtes Vermögen einem Herrn namens Karlheinz Schreiber zur Vermehrung anzuvertrauen. Er sollte es in Grundstücken anlegen, am Ende war das Geld weg, da von anderen zugesagte Gelder nicht kamen und Schreiber die einbezahlten Gelder so verwendet hatte, dass sie verloren waren. 1995 kam dann gegen Schreiber aus anderen Gründen ein Ermittlungsverfahren in Gang, in dessen meinen Bruder betreffenden Verlauf jeder Maßstab und jede Vernunft staatlichen Handelns verloren gingen. Schreiber hatte aus Geschäften mit Airbus und Thyssen viele Millionen D-Mark und Dollar erhalten, die er auf eigenen Konten anlegte, deren Rubriken er eigenartige Namen gab. Ein Name war »Maxwell«. Von den Konten holte er Gelder, um für kommende Geschäfte den Boden zu bereiten, er wollte für Thyssen eine Panzerfabrik in Kanada bauen, und da konnte es nicht schaden, in der Politik und bei Thyssen Leute zu haben, die mit Dankbarkeit und der Hoffnung auf einen weiteren Geldregen etwas genauer zuhörten, wenn sein Name fiel. So erhielt die CDU eine Million D-Mark, weitere Gelder gingen an Thyssen-Manager, den Staatssekretär Pfahls im Verteidigungsministerium und an den ehemaligen kanadischen Ministerpräsidenten Mulroney. Er bediente sich eines Treuhänders, der an den Gewinnen Schreibers beteiligt sein wollte. Als er nichts zugestanden bekam, klagte er in München gegen Schreiber und verlor: Schreiber hatte Prozessbetrug begangen und vorgegeben, die Gelder gehörten nicht ihm. Die Folge des Prozesses war aber, dass alles bei den Steuerbehörden landete, denen der Treuhänder umfangreiche Akten aushändigte. Die Tarnnamen der Konten waren besonders einfach gewählt, da Schreiber dem Treuhänder ja vorgaukeln wollte, dass alles für Dritte bestimmt sei. So konnten sie leicht entschlüsselt werden. Von da an begann ein Kesseltreiben gegen meinen Bruder Max. Besonderen Anteil hatte die *Süddeutsche Zeitung* mit einer schier endlosen Serie von Artikeln, die die Öffentlichkeit gegen meinen Bruder konditionierten. Schreibers Konto »Maxwell«, das ohne Barabhebungen geblieben war, wurde seitens der Behörden Max zugerechnet, der sich Schreibers Hilfe beim Vordringen in die Welt der großen Geschäfte erhofft hatte. So war er für Schreiber als Anwalt tätig gewesen, der ihn aber letztlich nur vorführte. Als Max Anfang Januar 1995 von der Hochzeitsreise zurückkehrte, warteten Fahnder auf ihn. Was dann folgte, war ein Übermaß staatlichen Machtmissbrauchs: Er wurde öffentlich an den Pranger gestellt, länger als ein Jahr saß er in der Nervenklinik. Meine Schwester hat wesentlichen Anteil daran, dass er diese Phase überstehen konnte, indem sie die familiäre Betreuung in der Klinik übernahm. Sein Vermögen wurde beschlagnahmt, darunter auch sein Mitbesitz an der Gruft unserer Eltern. Diese Erniedrigung aber ging zu weit: Eine Welle der Empörung ging durch das Land, die Behörden ruderten zurück, Ministerpräsident Stoiber tat entsetzt, sein Finanzminister Kurt Faltlhauser erklärte, die Verwaltung habe nie beabsichtigt, für die vom Finanzamt angebotene Freigabe der Gruft eine finanzielle Ablöse zu verlangen. Nun sind Absichten das eine und Rechtspositionen das andere, wir dachten jedenfalls nicht daran, das Grab unserer Eltern von den Absichten von Leuten der Qualität eines Herrn Faltlhauser und seiner ihm an blasierter Hochnäsigkeit nicht nachstehenden Beamten zu machen. In mir keimte der Entschluss, einmal ein Buch zu schreiben, in dem ich an Zeiten erinnern würde, in denen man Art. 1 des Grundgesetzes, »Die Würde des Menschen ist unantastbar«, auch für seinen Amtsvorgänger und seine Familie gelten ließ. Dass der Staat sich so verrennen konnte, lag daran, dass seine Beamten vor lauter geifernder Freude daran, Max Strauß belangen zu können, ihre Pflichten vernachlässigt hatten: Ein Blick in Schreibers bayerische Konten hätte genügt, um zu sehen, dass dieser in aller Ruhe 1996/97 auch die Maxwell-Gelder für sich verwendet hatte. Und hier liegt der Skandal: Die Behörden hatten die Kontounterlagen nicht, obwohl man wusste, dass Schreiber seiner Firma schon einmal mit 840 000 D-Mark aus Liechtenstein geholfen hatte. Statt die einfach zu ermittelnden Fakten zu erheben, beschuldigte der Freistaat Bayern lauthals meinen Bruder, das Geld erhalten zu haben, er sollte es versteuern. Obendrein wurden noch jährliche Zinsen auf die Summe berechnet, die Steuerbescheide türmten sich. Rückwirkend gesehen wurden hier Unsummen an Staatsgeldern verpulvert, niemand aber je zur Rechenschaft gezogen.

Ich begann 2002, auf mich alleine gestellt, mit der Suche nach den Geldern des Maxwell-Kontos. Schreiber hatte ich in Ottawa besucht, war aber nur angelogen worden. Ich reiste nach Liechtenstein, führte Gespräche mit Behörden, Anwälten und vielen anderen. So konnte ich bei meiner Aussage am 10. Februar 2004 im ersten Prozess gegen Max aussagen, dass ich von einer sehr guten Quelle gehört hatte, Schreiber habe die Gelder auch für seine Firma verwendet. Die Behörden ließen sich dann nochmals drei Monate Zeit, bis sie die Unterlagen beschlagnahmten, und siehe da: Ich hatte Recht, das Geld war dort angekommen. Trotzdem wurde Max von Richter Maximilian Hofmeister und seiner Augsburger Strafkammer verurteilt.

Am Vorabend des Urteils, das am 15. Juli 2004 erging, wurde meine Schwester von einem Journalisten angerufen, der sie zu ihrer Meinung danach befragte, dass Max am nächsten Tag zu drei Jahren und sechs Monaten verurteilt würde, die Staatsanwaltschaft hatte weniger beantragt. Wir konnten nicht glauben, dass das Urteil bereits einen Tag vor Verkündung an die Presse gegeben worden war. Am nächsten Tag behielt der Journalist Recht: Das Urteil fiel wie angekündigt aus. Die Pressearbeit der bayerischen Beamten lief auf allen Ebenen, legalen wie illegalen. Die Medien fielen über uns her, Bücher wurden über den Niedergang der Familie geschrieben. Dann aber bekam der Rechtsstaat doch die Oberhand: Mitte November 2005 läutete bei mir nachts um 11 Uhr das Telefon. Max war dran, er war bei einem Freund gewesen und hatte nach Heimkehr noch beiläufig die Post durchgesehen, als ihm ein Kuvert auffiel, Absender: der Bundesgerichtshof in Leipzig. Beim Lesen der ersten Zeilen war Max klar, dass er sein Leben in Händen hielt, eine Sekunde später wusste er, dass er wieder eine Chance hatte: Der BGH hatte das Urteil in vollem Umfang aufgehoben und das Verfahren an eine andere Kammer des Augsburger Landgerichts zurückverwiesen, die unter Vorsitz von Richter Manfred Prexl Max dann im August 2007 auch unter Hinweis auf die europäische Menschenrechtskonvention freisprach. Ohne Hilfe der Familie, Freunde und vor allem seiner Anwälte hätte Max nicht bis hierhin durchhalten können.

Mein Vater hatte mir einmal prophezeit, dass es für uns hart kommen werde, wenn er einmal nicht mehr sein würde. Da sollte er Recht behalten, ebenso in seinem Misstrauen gegenüber maßlosem Verwaltungshandeln.

II
»Meines Vaters Sohn«
(1979)

Ihrer Eltern Kinder. Walburga Strauß mit Tochter Maria und Sohn Franz Josef

Wenn Kinder 18 werden, potenziert sich das Bangen besorgter Eltern um ein Vielfaches angesichts dessen, was dem Nachwuchs nunmehr alles freisteht. Am 5. Mai 1979 wurde ich 18 Jahre alt. Nun war meine Mutter eine entschiedene Gegnerin des Motorradfahrens. Sollte eines von uns Kindern das Motorradfahren als Hobby wählen, dann, so ihre Drohung, führe sie uns unverzüglich in eine Klinik, wo sie uns zur Abschreckung schwerstverletzte Motorradfahrer zeigen wollte. Sollten wir hingegen das Motorradfahren lassen, würden wir zum jeweiligen 18. Geburtstag einen fahrbaren Untersatz mit vier Rädern bekommen, so ihr Lockangebot. Als es dann bei mir so weit war, hatte ich an einem eigenen Gefährt kein Interesse, zumal zu Hause genügend Automobile zur Verfügung standen.

Mein Interesse galt vielmehr dem uralten Klavier im Haus, auf dem meine Schwester und ich zuweilen übten. Monika hörte irgendwann auf. Mir hingegen, der sich bis dahin mit dem Übungsdruck herumgeplagt hatte, machte das Klavierspiel plötzlich Spaß. Der Grund: Ich hatte den wunderbaren Film *Der Clou* mit Paul Newman und Robert Redford gesehen. Und die Ragtimes von Scott Joplin als Filmmusik hatten es mir angetan. Dann sah ich erstmals die dazugehörigen, bekanntermaßen schwierig zu spielenden Noten und stand zunächst wie der berühmte Ochs vorm Berg. Nun hieß es: üben, üben, üben. Nach Kräften half mir ein guter Freund der Eltern, Dr. Fritz Gernbeck, damals ein hochrangiger bayerischer Richter. Er hat sich um die

Orgelmusik in St. Michael in München und später besonders in Tegernsee verdient gemacht. Der passionierte Musiker sah bald, dass zwischen meinen Klavierkenntnissen und den Anforderungen der Stücke ein gewisses Missverhältnis herrschte. Doch ich wollte nicht aufgeben.

Der 18. Geburtstag

Meine neue Liebe zum Klavierspiel führte dazu, dass ich mir zum 18. Geburtstag einen Ersatz für das altgediente Piano wünschte. Vor allem Mutter hatte eine Sorge weniger: Der Bub will also kein Motorrad. Aus meinem eher bescheidenen Wunsch nach einem gut spielbaren Klavier wurde ein prächtiger Bechstein-Flügel, der mich seither überallhin begleitet hat. Heute steht er in unserem Wohnzimmer. Meine Kinder üben darauf und beschweren sich, wenn der Papa zu laut in die Tasten greift.

Dieses Geburtstagsgeschenk alleine war schon äußerst großzügig. Aber es sollte noch gefeiert werden. Wobei anzumerken ist, dass die Eltern lauter Musik nicht sehr zugetan waren. Sie machten den Vorschlag, die Feier doch auf zwei Abende zu verteilen. Die eine fand mit meinen Freunden im Schwarzwälder-Weinkeller von Fritz Jahn statt. Es wurde ein rundum schönes Fest, auch wenn ich den Ort als Ausgangspunkt einer unternehmerischen Tragödie in Erinnerung behalten sollte: Jahn hatte dort im Jahr zuvor, 1978 also, vor einem großen Kreis von Gästen den Kaufvertrag für die Steak-Kette »LUMS« unterzeichnet. Ich durfte mich auch zu den Geladenen zählen. Die amerikanischen Verkäufer hatten riesige Cowboyhüte auf und schienen frisch der Serie »Dallas« entsprungen zu sein, die damals als Gassenfeger in war. Einer aus der Gruppe sah tatsächlich aus wie der Vater des Ekels JR, Jock Ewing, Hut inklusive. LUMS sollte jedoch später wesentlichen

Anteil am Untergang des Wienerwald-Imperiums haben. Bei der groß inszenierten Vertragsunterzeichnung war ich fasziniert von dem großartigen Fest mit den Amerikanern.

So wollte ich ein Jahr später auch dort feiern, natürlich im alters- und dienstranggemäßen Rahmen. Fritz Jahn, dem ich bis heute höchste Wertschätzung entgegenbringe, gab den Keller frei, es wurde ein herrlicher, unvergesslicher Abend. Zu meiner Freude kamen auch Vater und Mutter vorbei. Die von meinem Vater vorgeschlagene zweite Feier in einem Kreis, der mir altersmäßig doch deutlich voraus war – darunter viele Freunde meiner Eltern –, fand dann direkt am Geburtstag im Münchner »Franziskaner« statt. Unter den vielen Gästen waren auch Freunde aus dem »Franzensclub«.

Der Franzensclub

Meine Mutter hatte bemerkt, dass ich als Jugendlicher eher etwas introvertiert und den Künsten zugetan war, im Gegensatz zur barock-offenen Lebensart meines Bruders Max. So dachte sie darüber nach, wie denn nun der stillere Sohn Franz dazu gebracht werden könne, etwas weltläufiger zu werden.

Die Gelegenheit bot sich, als Franz Dannecker, Rechtsanwalt und guter Freund der Eltern, mein Firmpate wurde. Dannecker wohnte eine Zeitlang neben uns in der Hochhauswohnung im Münchner Stadtteil Sendling. Ich sah ihn einerseits als einen, der zupacken konnte, andererseits als großen Freund der klassischen Musik. Seine damalige Frau Petra war Tochter des berühmten Wagner-Dirigenten Heinrich Hollreiser. Bei den Danneckers schien mir damals eine kräftige Mischung aus Arbeit, Lebensgenuss und großer Liebe zur Musik vorhanden zu sein. Ich schätzte »Onkel Franz« sehr und freute mich daher über ihn als meinen

Firmpaten. Er war nie um eine Idee verlegen, wenn es darum ging, etwas zu unternehmen. So wandte sich Mutter mit ihren Sorgen um mich an ihn. Dannecker hatte umgehend einen wahrlich genialen Plan zur Hand und verkündete alsbald: »Der Vater heißt Franz, der Sohn auch, ich auch. Daraus machen wir jetzt den Franzensclub und der Jüngste wird Präsident, den heben wir auf den Schild.«

Der Club hat das Vereinsregister nie gesehen, aber wir Vornamensgleichen stellten schnell und erfreut fest, dass es in unserem Umfeld eine hohe Franzens-Dichte gab. Entgegen den späteren, falschen Darstellungen handelte es sich eben nicht um eine Vereinigung mit irgendwelchen politischen Zielen, sondern um eine Spaß-Runde zur Förderung meiner Person hin zu einem frohgesinnten Altbaiern. Die entscheidende Voraussetzung zur Mitgliedschaft war der Vorname Franz.

Fröhliche Karte an den erkrankten »Präsidenten«: Papa grüßt aus Paris.

Fritz »Franz h.c.« Jahn mit den Franzen Kneissl, Dannecker, Strauß, Payr und Hofmann in Wien

Mitglieder dieser letztlich doch kleinen Runde wurden etwa der völlig unpolitische Österreicher Prof. Franz Mixa, Komponist und Ehemann von Kammersängerin Hertha Töpper, der Hotelier Franz Priller aus Bad Feilnbach, mein langjähriger Freund Franz Payr, Besitzer einer Fischzucht, oder der fränkische Bürgermeister Franz Hofmann, der ein Fliegerkollege meines Vaters war, sowie der legendäre Skifabrikant Franz Kneissl. Aus der Reihe schlug Fritz Jahn, der zu meiner Freude von Dannecker zum »Franz ehrenhalber« ernannt wurde. Franz Dannecker wollte unbedingt noch Franz Heubl dabeihaben. Mein Vater indes wollte das weniger, und so musste er sich mit einer Halbmitgliedschaft begnügen. Bei einer Reise nach Venedig war auch noch Franz Burda, der Sohn des legendären Senators dabei, woran ich mich besonders gern erinnere.

Fast eine Loge?

Und dann gab es da noch Franz Schönhuber, der damals Chefredakteur des Bayerischen Fernsehens war. Schönhuber hat später gezielt dafür gesorgt, dass der Franzensclub von gewissen Journalisten gar in die Nähe einer Geheimverschwörung, ja einer Loge, gerückt wurde. Er streute bewusst Unwahrheiten und operierte obendrein wissentlich mit Ungenauigkeiten, offenbar um sich wichtig zu machen und Schaden anzurichten. Das beste Beispiel ist seine Schilderung einer angeblichen Clubreise nach Griechenland.

Dass ich als »Präsident« ausgerechnet bei der ersten Reise nicht dabei gewesen war, störte ihn nicht, und dass der Gastgeber Heckelmann mit Vornamen Edgar hieß, bemerkte er auch nicht. Auch schrieb er, Franz Deinlein sei dabei gewesen. Der hieß aber Adam und war Präsident der Regierung von Oberbayern. Nicht erst als Rechtsradikaler, sondern damals schon als Journalist hatte jener Schönhuber ein gespaltenes Verhältnis zu Wahrheit und Faktenlage. Höher war dann die Treffergenauigkeit seines Berichts vom ersten Ausflug des Clubs 1976 nach Assisi, dem Heimatort des Namensgebers Franziskus, genauer: Francesco. Dannecker hatte mich kurz vor dem Abflug angerufen, ob ich denn wirklich alle eingeladen hätte. Ich bejahte, Dannecker ließ mich die Liste vorlesen – und siehe da: Ich hatte Schönhuber vergessen. Das war keine Absicht, obwohl ich ihn von Anfang an nicht mochte. Er hatte eine zu derbe, böswillig-schneidende Art zu sprechen und versuchte sich ständig in den Mittelpunkt zu drängen. Mir gegenüber schlug er oft einen süßlichen Ton an, den Jugendliche bei wesentlich Älteren bekanntlich so sehr lieben. Kurzum: Ich hatte ihn schlicht vergessen oder verdrängt. Dannecker war außer sich, der Abflug sollte in einer halben Stunde stattfinden, der Fahrer stand bereits vor der Türe. Er sagte, er wolle Schönhuber doch noch irgendwie zur Mitreise bewegen. Als wir dann 45 Minuten später am Flughafen Riem eintrafen, war Schönhuber bereits da und empfing mich mit vorwurfsvollem Blick. Man stelle sich vor: Der Chefredakteur des BR brauchte keine zehn Minuten, um seinen Schreibtisch zu verlassen und mit kleinem Gepäck am Flughafen zu sein! Natürlich musste er intern seine plötzliche Abwesenheit begründen. Wie sich später herausstellte, tat er dies mit dem Hinweis, es handle sich um eine höchst wichtige politische Gruppe, die zur Tarnung »Franzensclub« heiße. In Wirklichkeit sei sie ein Machtzentrum Bayerns mit FJS als Mittelpunkt und seinem Sohn als Marionette vorne dran. Nun gehe die Gruppe auf Reisen und da müsse er, der glücklicherweise dank seines Vornamens Zugang habe, dringend Tuchfühlung halten. So wurde der harmlose Franzensclub in Journalistenkreisen zum bayerischen Machtzentrum.

Bei meinem 18. Geburtstag im »Franziskaner« fügte es sich, dass Schönhuber an einem Tisch Platz nahm, der direkt an einem großen, vollen Bierfass stand. Neben dem BR-Chefredakteur saß Siegfried Lengl, damals Hauptgeschäftsführer der Hanns-Seidel-Stiftung und Vater der Studienzentren in Wildbad Kreuth und Kloster Banz, später Staatssekretär im Bonner Entwicklungshilfeministerium. Lengl nahm seine Serviette hoch und hielt sie schützend vor sich, als mein Taufpate Guntram Graf von Lösch auf meine Bitte hin das Fass anzuzapfen begann.

»Sigi, was machst du da?«, wollte Schönhuber wissen.

»Reine Vorsicht, wenn's beim O'zapf'n spritzt!«, entgegnete Lengl.

Lösch brauchte zwei Schläge, und der Wechsel saß ohne einen Tropfen Verlust. Schönhuber kam aus der Deckung, Lengl nicht. Einer plötzlichen Eingebung folgend führte Graf Lösch nämlich noch den »Sicherheitsschlag«, verkantete dabei jedoch. Daraufhin schoss ein gewaltiger Strahl Gerstensaftes aus dem Fass und traf

Mit Schönhuber in Venedig. Der dritte Mann (r.) ist nicht sein Adjutant, sondern der Bootsführer.

Schönhuber frontal. Er war von oben bis unten in Bier eingeweicht, wenig später auch inwendig. Wenn ich sein Elaborat über den Franzensclub lese, das er nach seinem Wechsel zu den Republikanern gedichtet hat, denke ich voller Dankbarkeit an meinen Taufpaten.

Die Kanzlerkandidatur

Papa und ich saßen kurz darauf abends in seinem geliebten »Canale Grande«, einem italienischen Restaurant am Nymphenburger Kanal in München. Mutter war auf einer Bildungsreise, Max kam später. Papa mochte diesen Italiener im Stadtteil Gern. Überdies verehrte der Geschäftsführer meine Eltern sehr. Wenn wir sonntags zu Gast waren, ließ er meiner Mutter immer ein Glas besten Spumantes an den Tisch bringen. Auch wusste er, dass sich mein Vater stets auf ein wenig Parmesan mit Schinken vorweg freute. Kaum hatte er sich gesetzt, wurde dieses Antipasto unaufgefordert serviert.

An diesem Abend also kam plötzlich ein Zeitungsverkäufer ins Lokal, die Titelseite einer Boulevard-Zeitung vor sich mit der Schlagzeile: »Strauß will Kanzler werden«. Ich fragte meinen Vater verwundert: »Was ist jetzt das?« Er hatte mit mir in diesen Tagen allerlei Dinge besprochen, aber mit keinem Wort erwähnt, dass er den Hut in den Ring werfen und die Kanzlerkandidatur anstreben wollte. Daraufhin lächelte er verschmitzt: »Ja, das ist halt jetzt so.« Keine Siegespose. Es schien, als sei er ein wenig verwundert über die eigene Courage. Dann erläuterte er, warum es ausgerechnet jetzt passieren sollte.

Der Hintergrund war, dass mein Vater die Union mehr oder minder im Alleingang dazu bewegt hatte, Karl Carstens zum Bundespräsidenten zu wählen. Es amtierte Walter Scheel von der FDP, der bei seiner Abwahl noch keine 60 Jahre alt war und großes Interesse an einer Wiederwahl gezeigt hatte. Scheel war ganz anders als sein steifer Vorgänger Heinemann und hatte sich über die Medien und mit »Hoch auf dem gelben Wagen« in die Herzen vieler Menschen gesungen. Maßgebliche Kreise in der CDU waren der Meinung, ihn mittragen und damit der FDP ein Friedenssignal für spätere Koalitionsverhandlungen senden zu wollen. Papa aber sah in Scheel den Vater der sozialliberalen Koalition und den Grund für den Regierungswechsel in Bonn. Für ihn stand fest: Die Neubesetzung des Bundespräsidentenamtes sollte wie 1969 das Fanal für eine Bundesregierung unter Führung der CDU/CSU sein. Scheel passte also nicht. Die CDU zog dann doch noch mit und der Mann der FDP trat nicht mehr an. Als Carstens gewählt war, feierte man bei einem anschließenden Empfang ausgelassen. Und bei dieser Gelegenheit kam heraus, dass die CDU einen Geheimplan hatte. Man wollte den Ministerpräsidenten von Niedersachsen, Ernst Albrecht, am Tag der Wahl von Carstens, dem 23. Mai 1979, zum Kanzlerkandidaten der Union erklären und so die CSU erneut kompromittieren.

Das offensichtliche Ränkespiel der Schwesterpartei traf meinen Vater an einem wunden Punkt. Ich weiß noch, wie wir 1975 mit seinem BMW durchs bayerische Oberland fuhren und im Autoradio die Meldung kam, der zu dieser Zeit bundespolitisch unerfahrene Helmut Kohl würde Kanzlerkandidat der Union werden. Der damalige Generalsekretär der CDU, Kurt Biedenkopf, hatte die Kandidatur Kohls ohne Rücksprache verkündet. Siegesgewiss aufgrund der Umfrageergebnisse, die seinerzeit stets über 50 Prozent für die Union lagen, empfand die CDU den empörten Aufschrei der CSU nur als störend auf dem sicheren Weg zum Erfolg. Im Auto meinte Papa, dass da noch nichts entschieden sei. Der Zug war jedoch schon abgefahren, ein Aufspringen nicht mehr möglich.

Mit Ernst Albrecht sollte dieses Spiel von 1975 also wiederholt werden. Nun fiel die Feier am Abend nach der Carstens-Wahl bei der CDU leider zu heftig aus. Schweren Kopfes beschloss man daher, den Coup mit Albrecht um einen Tag zu verschieben. Fritz Zimmermann erhielt darüber vertrauliche Nachricht und bedrängte meinen Vater noch am selben Tag in Bad Godesberg, die Kandidatur genau jetzt und heute anzumelden. Morgen sei es vorbei mit dem Überraschungseffekt und die CDU würde ihren Plan durchziehen. Papa verspürte zwar durch die Wahl von Carstens einen günstigen Rückenwind, sah aber gleichzeitig die problematische Konstellation, alleine gegen SPD und FDP antreten zu müssen. Deshalb wurde der Hut mehr zögerlich als kühn in den Ring geworfen.

Das war der Hintergrund für die durchaus stolze, aber zurückhaltende Reaktion im »Canale Grande«. Zum unionsinternen

Gegenkandidaten wurde dann tatsächlich Ernst Albrecht gekürt. Sich von ihm verdrängen zu lassen, war für meinen Vater und mehr noch für die CSU völlig inakzeptabel. Die Unionsfraktion im Deutschen Bundestag wählte dann am späten Abend des 2. Juli 1979 Franz Josef Strauß zum Kanzlerkandidaten.

Unser Vater war schon zu Bett gegangen, als an diesem Abend der Anruf aus Bonn kam. Uns Kindern wurde schnell klar, dass von nun an im Leben unserer Familie einiges deutlich anders werden würde. Schlagartig setzten nun die Angriffe auf unseren Vater ein. Selbst im Schulalltag wurden Max, Monika und ich damit konfrontiert. In dieser Zeit erlebten wir als Gymnasiasten am Schultor die Hetzkampagnen gegen Papa. Es wurden Flugblätter verteilt, deren Inhalte schlicht außerhalb jeglichen politischen Anstandes waren.

Die Nazi-Karte

Wir sahen unseren Vater als zweiten Hitler dargestellt, der im Schulterschluss mit Großkapital und Rüstungsindustrie nach der Macht gierte. Diese Kampagne hatte bereits vor der Wahl des Bundespräsidenten begonnen. Eigentlich wird ja um das höchste Staatsamt kein Wahlkampf geführt. Doch beim politischen Gegner war von vornehmer Zurückhaltung im Vorfeld der Wahl von Karl Carstens nichts zu bemerken. Die SPD, die ihr nahe stehende Presse sowie die FDP begannen gegen den Kandidaten Carstens zuerst sehr subtil, dann aber immer lauter Stimmung wegen dessen früherer NSDAP-Zugehörigkeit zu machen. Die Union und vor allem mein Vater warnten daraufhin SPD und FDP, dass man, sollte die Nazi-Karte weiter gespielt werden, auch auf die NSDAP-Mitgliedschaft führender Leute in der sozialliberalen Koalition zu sprechen kommen werde. Nun will ich nicht aufzählen, was damals alles hätte ins Feld geführt werden können. Mein Vater hat immer betont, dass man mit heutigen Maßstäben nicht über Menschen urteilen könne, die unter den Bedingungen einer mörderischen Diktatur zu leben hatten. Im Blickfeld stand damals natürlich Helmut Schmidt.

In diesem Zusammenhang erinnere ich mich an einen Freund meines Vaters, Hans »Juan« Hofmann, der in jungen Jahren die Gespräche zwischen Hitler und Franco gedolmetscht hatte. Er war Deutscher, von seiner Wesensart aber Spanier und hatte zeit seines Lebens auf der Iberischen Halbinsel gelebt. Hofmann war bis zu seinem Tode politisch rechts im spanischen Sinne gewesen, ein Herr von Stil und großem politischem Verstand, aber mit Misstrauen gegenüber allem, was nach Franco kam. Er glaubte, die politische Entwicklung würde unweigerlich ins Chaos führen, da Extremisten und Separatisten Tür und Tor geöffnet werde. Er erzählte mir, wie er mit dem damaligen Kanzler Schmidt einmal nächtens am Kamin bei einem Glas Whisky gesessen hatte. Schmidt habe versonnen in die Glut geblickt und gemeint: »Ich war Nationalsozialist. Aber als ich das brennende Hamburg sah, ist das ›National‹ abgefallen und der Sozi geblieben.«

Schmidts spätere Ausführungen darüber, dass man sich heute gar nicht mehr vorstellen könne, wie es sei, in einer Informationsdiktatur mit streng ausgerichteten Staatsmedien zu leben, treffen sich durchaus mit den Erfahrungen meines Vaters. Nun aber stand die Kandidatur von Franz Josef Strauß an und es wurde deutlich, was kommen würde. Natürlich war Berndt Engelmann, der Autor diverser »Schwarzbücher«, mit von der Partie. Es wurden alle Register gezogen. Die Kampagne nahm im Laufe des Wahlkampfs Formen an, die den damaligen CDU-Generalsekretär Heiner Geissler zu einer Ausstellung veranlassten, in der Parallelen zu den Verleumdungen der Nazis gegen Politiker gezogen wurden.

Im Nachhinein betrachtet, wurden die Kampagnen mit Metho-

Wer ist hier der Gröbste?
Am 26. Mai 1980 ging der *stern*
zum Großangriff über. Auf Seite 3
titelte Nannen obendrein über
Strauß: »Wollt Ihr den totalen
Krieg?«

den geführt, die die Urheber tatsächlich bei den Nazis gelernt
haben könnten. Henri Nannen, Gründer und langjähriger Chefredakteur des *stern*, führte hier das Feld an. Er war zu Hitlers Zeiten nicht nur Sprecher in Riefenstahls umstrittenem Olympia-
film, sondern auch Mitarbeiter des Propagandaunternehmens
»Südstern« der SS gewesen. Zwar sollte Einordnung und Bewertung all dessen Aufgabe der Historiker sein. Für meine Familie
und mich aber war die Art und Weise dieser Agitation gegen meinen Vater zutiefst verletzend. Mich stört damals wie heute, dass
die SPD diese Methoden billigend in Kauf nahm. Die Partei, die
doch unter Hitler so sehr gelitten hatte, tat nichts, um die Prota-
gonisten der Hetztiraden zu isolieren.

Der Versuchung widerstanden

Was mich heute besonders beschäftigt, ist die Frage, wie sich
andere in der Lage meines Vaters unter Hitler verhalten hätten.
Als bester Abiturient Bayerns wäre es eine Leichtigkeit gewesen,

sich der nationalsozialistischen »Bewegung« anzuschließen, um zu reüssieren. Die Versuchung muss für ihn in den ersten Jahren ungeheuer groß gewesen sein. Er widersetzte sich all dem, obwohl ihm alle Türen zu einem vermeintlich glanzvollen Aufstieg offen standen. Vater war zum Zeitpunkt der Machtergreifung durch die Nationalsozialisten noch keine 18 Jahre alt. Ich habe diese Zeit nicht erlebt, deshalb sind mir Zeitzeugen wichtig. Nach seinem Tod berichtete mir der Münchner Zahnarzt Professor Franz Hochreiter, dass mein Vater ihm 1943 die Augen über die Sinnlosigkeit des Krieges geöffnet hatte. Hochreiter, damals selbst Offizier, hatte bis dahin, nach eigenen Worten, im Sinne der Propaganda an den bevorstehenden Endsieg geglaubt. Akribisch, wie es seine Art war, hatte Oberleutnant Strauß ihm erläutert, dass der Krieg verloren war: Im Osten bahne sich, Stichwort Stalingrad, eine Tragödie an, im Westen die Niederlage wegen des Kriegseintritts der USA, die völlig unangreifbar ungeheure Mengen an Kriegsgerät produzieren und nach Europa bringen konnten. Hätte der bis dahin meinem Vater unbekannte Hochreiter diese Aussagen auf dem Dienstweg weitergegeben, wäre das unweigerlich das Ende von Franz Josef Strauß gewesen. Im Wahlkampf 1979/80 wurde mit größter Hingabe die angebliche Nazi-Vergangenheit meines Vaters gestreut.

Als geradezu böswillig empfand es mein Vater, dass seine sogenannten Kritiker sich nie die Mühe machten, seinen persönlich-privaten Hintergrund zu dieser Zeit zu betrachten. Der Metzgerladen seiner Eltern in der Münchner Schellingstraße lag genau gegenüber dem Atelier des NSDAP-Hoffotografen Heinrich Hofmann, bei dem die gesamte Nazi-Entourage inklusive Hitler ein und aus ging. Himmler persönlich forderte meinen Großvater zur Unterstützung auf: »Strauß, jetzt helfen Sie uns. Wenn wir mal dran sind, helfen wir Ihnen auch. Dann kriegen Sie Wehrmachtsaufträge, dann sind Sie vorne mit dabei.« Die legendäre Meinung meines Großvaters: »Eher fress ich Hundsfutter.« Seine Tochter, meine Tante Maria, war ihrem Vater sehr ähnlich, nicht nur dem Aussehen, sondern auch der Haltung nach. Aber dazu später.

Ausschlaggebend für mich ist, dass mein Vater als bester Abiturient Bayerns gerade in den verlockenden Jahren bis 1939, in denen die Welt Hitler hofierte, man denke an die Olympischen Spiele 1936 in Berlin, trotz der Möglichkeiten von vis-à-vis, standhaft geblieben ist. So blieb es 1935, der Studienzulassung wegen, bei einer Mitgliedschaft im Kraftfahrerbund NSKK, dem Nationalsozialistischen Kraftfahrerkorps. »Nur Säufer, keine Kämpfer«, sagte man, was zur Zeit des Eintritts nicht als Lob gemeint war. Später manövrierte er sich, die »Dialektik diktatorischer Systeme« nutzend, durch: Nur nicht wieder an die Front! Ferner belegte er das Fach Volkswirtschaft, da er bei einem Andauern der Naziherrschaft nicht damit rechnen konnte, sein Berufsziel ausüben zu können, eine Professur für Neuere Geschichte an der Münchner Universität. Das alles ist für mich ausschlaggebend und ich weiß nicht, ob seine für Ideologien recht anfälligen Kritiker in gleicher Lage dasselbe getan hätten.

Eine kleine Randbemerkung: Die zweite Berufsvereinigung, die sich gleich 1933 noch freiwillig der »Bewegung« anschloss, war nach der der Ärzte die der Journalisten.

Prägend war sicherlich der Einfluss seiner kompromisslosen Eltern, seiner Lehrer und Professoren, des ganzen Umfeldes aus dem Max-Gymnasium, das sich akademisch immun gegen die als proletarisch empfundene Nazi-Propaganda zeigte. Obendrein war ihm, dem Studenten der Neueren Geschichte, ab dem Hitler-Stalin-Pakt klar geworden, dass damit in Deutschland die Weichen in die Richtung eines letztendlich als aussichtslos anzusehenden Krieges gestellt waren.

Prägungen

Die Familie meiner Mutter hatte mit deutlichen Auswirkungen unter den Nazis zu leiden. Vater Max Zwicknagl war als Mitglied der Bayerischen Volkspartei Abgeordneter im Bayerischen Landtag. Die Partei wurde 1933 verboten. 1937 inhaftierte ihn die Gestapo wegen »Sabotage des Vier-Jahres-Planes«. Kaum saß er hinter Gittern, verübten die braunen Horden einen Brandanschlag auf das Gebäude seiner Brauerei in Rott am Inn, ein früheres Benediktinerkloster. Das Feuer richtete erheblichen Schaden an. Die Brauerei samt einem barocken Klostersaal war zerstört. Offiziell wiesen die Nazis jede Beteiligung an dem Anschlag zurück und präsentierten einen armen, geistig zurückgebliebenen Tagelöhner als Täter. Er wurde verurteilt und hingerichtet.

Max Zwicknagl hatte aus seiner Verachtung gegenüber den Nazis nie einen Hehl gemacht. Daher sah er sich seit der Machtergreifung ständiger Gefahr ausgesetzt. Meine Mutter hat erlebt, wie nach 1933 im Haus in Rott eine Geheimtür eingebaut wurde, damit der Großvater bei drohender Verhaftung in den rückwärtigen Garten fliehen konnte. Diese Türe gibt es heute noch. Einmal war Mutter Augenzeugin eines Aufmarsches brauner Horden, die Großvater erneut verhaften wollten. Im letzten Moment gingen Bauern und Brauereiarbeiter aus Rott dazwischen. Wie mir meine Mutter berichtete, hatten sie sich »mit in der Tasche geballten Fäusten« vor dem Haus aufgebaut. Kein Wort wurde gesprochen. Der Nazi-Mob gab klein bei und zog ab.

Ihre jeweiligen Elternhäuser prägten meine Eltern. So entwickelte sich mein Vater als Mensch und Politiker. Bis zum heutigen Tag pflegt die Landeshauptstadt München die linke Mär weiter, Franz Josef Strauß sei ein Nazi gewesen. Es gibt eine Art Fremdenführung durch die einstige »Hauptstadt der Bewegung«, bei der die »Biotope des Nationalsozialismus« präsentiert werden sollen. So werden die Touristen im Rahmen dieser Tour über die braunen Machthaber an der Schellingstraße 44 vorbeigeschleust mit dem deutlichen Hinweis, dass in diesem Haus das NSKK-Mitglied Franz Josef Strauß geboren worden sei. Münchens Oberbürgermeister Christian Ude unterstützt diesen Unsinn. Hier sei ein Gedankenspiel erlaubt: Udes Vater Karl hatte nach dem Krieg aus höchst anständigen Motiven heraus Traudl Junge, eine Sekretärin Hitlers, beschäftigt. Meine Frage an Sohn Christian ist, was er gesagt hätte, wenn mein Vater aus genau denselben Motiven das Gleiche getan hätte.

Tante Maria

Ein besonderer Platz gehört in den Erinnerungen an meinen Vater auch dessen Schwester Maria. Maria Strauß bis zum letzten Tag, sie hat nie geheiratet. Sie durfte trotz blendender Noten keine akademische Laufbahn einschlagen. Das Geld reichte nicht, zudem war das einfach so: Mädchen studierten nicht. Ihr Elternhaus hat sie bis zur letzten Stunde geprägt. Kein Sonntag, ohne in die Kirche zu gehen, der Pfarrer als sakrosankte Autorität, die Ehemaligen-Vereinigung ihrer Handelsschule, eine höchst bescheidene Lebensführung, der Bruder als Fixstern – das war ihr Leben. Auf meine Frage, warum sie, wenn sie schon keinen Führerschein machen durfte, sich dann nicht irgendwann in ihrem Leben ein Fahrrad gekauft habe, sagte sie noch mit über 80 Jahren: »Weil's die Eltern nicht erlaubt haben.«
Sie hielt stets Maß; gelegentlich hat sie ein Achtel dunkles Bier oder Radler getrunken, das Ganze später auch mit Bierwärmer. Sie war da das völlige Gegenteil zu meinem Vater: Er aß zu viel und zu kräftig, trank zu viel und zu kalt. Eine solche Ernährungsweise war ihr zutiefst zuwider. Sie liebte die bayerische Küche,

auch die italienische, aber nichts weiter. Wenn ich sie sonntags anrief, um sie zum gemeinsamen Mittagessen abzuholen, sagte sie leise: »Ich weiß ja, dass dein Vater gerne asiatisch mag, aber es muss ja nicht grad heut sein.« So war sie: Immer leise, immer zurückhaltend, stets zweite Reihe. Papa dagegen dominant und irgendwie immer dort, wo gerade am meisten los war, wo es krachte und die Kugeln pfiffen.

Sie hatte die Riemerschmid-Handelsschule mit Auszeichnung bestanden, ging dann zum Wohnungsbauunternehmen GAG-FAH, wo sie als eine von acht Buchhaltern eingestellt wurde. Dann kam die Weltwirtschaftskrise 1929. Sie blieb als einzige aufgrund ihrer Leistungen, musste aber auch miterleben, wie Hitler-Anhänger in ihrer Firma nach dem Anschluss Österreichs ganz große Zeiten heraufziehen sahen. Tante Maria kämpfte dabei mit der Schwierigkeit, ihre Meinung zu sagen, ohne sich selbst zu gefährden. Ihr altmünchnerisches Bairisch mit seinen sehr feinen Untertönen kam ihr hier zu Hilfe. Nichtmünchner verstehen den darin versteckten Humor nicht, was übrigens vielen Stücken Ludwig Thomas den Weg zur Weltliteratur versperrt hat. Deren Sprachwitz samt Färbung verlöre bei der Übersetzung ins Hochdeutsche den »hinterkünftigen« Sinn. Und genau diesen Sprachwitz verwandte Tante Maria bei ihrer Kritik am Regime. Sie war wie ihre Familie wegen deren Gott- und Maßlosigkeit strikt gegen Hitler und die Nazis.

Mehr noch als bei meinem Vater spielte bei ihr der katholische Glaube verbunden mit einer tiefen Religiosität eine Rolle. Unzählige Male schilderte sie uns, warum in der Nazizeit das Münchner Viscardigasserl hinter der Feldherrnhalle Drückebergergasserl hieß. Vorne an der Feldherrnhalle, wo 1923 aufrührerische Nazis von der Landpolizei erschossen worden waren, ließ das Regime »Blutmahnwachen« aufziehen und jeder, der vorbeiging, musste den Hitlergruß entbieten. Und wenn man sich das ganze »Aufprazzln«, so Tante Maria, sparen wollte, ist man hintenherum durch das Viscardigasserl gegangen. Auch berichtete sie von einer Diskussion in der Firma über den »Endsieg« zu einer Zeit, wo der Dümmste habe erkennen müssen, dass es aufgrund der vorrückenden alliierten Truppen mit Hitler vorbei sei. Ein fanatisierter Arbeitskollege meinte in der Hoffnung auf Wunderwaffen und eine vermeintliche Kesselstrategie Hitlers zum Vormarsch der feindlichen Truppen: »Der Führer weiß schon, was er tut: Rein lässt er sie, aber raus nimmer.« Oft, wenn Tante Maria später an der amerikanischen McGraw-Kaserne vorbeikam – sie wohnte dort in der Nähe –, sagte sie mit der ihr eigenen feinen Ironie: »Das hat gestimmt: raus lassen hat er sie nimmer.« Sie, die tiefgläubige Katholikin, hatte auch die meiner Meinung nach beste Charakterisierung Hitlers außerhalb der wissenschaftlichen Einordnung gefunden: »Der Teufel hat ihn geschickt, der Teufel hat ihn wieder geholt.«

Nach dem Krieg war sie dann Leiterin der Buchhaltung ihrer Firma und dabei sehr fortschrittlich: In den Fünfzigerjahren erließ sie trotz heftigstem Widerstand ein striktes Rauchverbot in den Büros. Sie war eine militante Gegnerin des Rauchens. Bayernkurier-Chefredakteur Wilfried Scharnagl, der mehrfach in ihrer Gegenwart mit mir zusammen eine Zigarre gepafft hat, sagte zu ihr: »Was wollen 'S denn, Frau Strauß, in der Bibel steht doch: ›Wo Rauch, da Segen‹.«

Sie, die Bibelfeste, darauf: »Wo steht das?«

Scharnagl: »So steht's nicht drin, aber so schön, wie das klingt, könnte es doch aus der Bibel sein.«

Rauchen und Trinken über den Durst waren ihr in besonderer Weise zuwider. Doch manchmal kam sie nicht aus.

Wie jedes Jahr besuchte die ganze Familie 1981 die Christmette, diesmal bei Pfarrer Fritz Betzwieser in der Pfarrei Herz-Jesu. Gerade als wir gegen Mitternacht die Kirche verließen, eilte uns ein Ministrant nach, um uns namens des Pfarrers in die Sakristei zu bitten. Meine Eltern gaben wegen der späten Stunde nur zögernd nach. Wir erwarteten, dass der Pfarrer einige persönliche Worte zum Fest finden würde, fanden die Sakristei aber leer vor. Meine Tante meinte fürsorglich, der Herr Pfarrer habe sich sicherlich schon zurückgezogen, das Beste wäre, wir würden uns nun empfehlen. In diesem Moment kam Betzwieser, in den Armen Bocksbeutelflaschen und eine Schachtel mit Virginias. Schließlich saßen wir fröhlich rauchend und trinkend um einen Tisch in der Sakristei. Alle Hinweise meiner Tante auf die Früh-messe, deretwegen der hochwürdigste Herr Pfarrer sich doch sicherlich schonen müsse, waren vergebens. Der hatte sich näm-lich gesagt: Wenn man schon einmal den Franz Josef Strauß in sei-ner Sakristei hat, dann soll es nach Weihrauch und Messwein an deren Stelle eben Virginia und Bocksbeutel geben, verbunden mit den besten Wünschen zum Fest.

Besorgt begegnete die Tante der Radleidenschaft meines Vaters, die ihn bereits als Jugendlicher erfasste, mit dem allergrößten Misstrauen. Einmal kehrte er als Abiturient von einer Rad-Gewalttour vom Brenner zurück, mit zerrissener Kleidung und aufgeschlagenen Ellenbogen und Knien. Er hatte bei seiner Tour für seine Eltern eine Bastflasche Chianti gekauft und an den Len-ker gehängt. Am Brenner sollte er Zoll entrichten, hatte aber kein Geld mehr. So setzte sich mein Vater auf der Südtiroler Seite ins Gras und trank die ganze Flasche Chianti auf einen Sitz aus, fuhr los und bereits in einer der ersten Kurven lernte er, dass der Alko-hol viele Kräfte beflügelt, auch die falschen, und flog aus der Kur-ve. So »hatschte« er mit dem völlig demolierten Rad seiner Schwester entgegen, die in derselben Gegend als Wandervogel dahinzog.

Ein anderes Mal bewahrte die eigentlich gesetzestreue Tante Maria im Krieg mit einer Notlüge den Bruder vor großem Verlust.

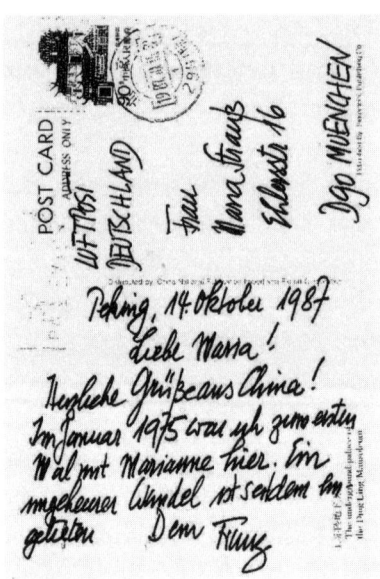

Post aus Peking: Bruder und Schwester blieben lebenslang in engem Kontakt.

Oft erzählte sie uns Kindern, wie eines Tages das Motorrad ihres Bruders, der im Krieg war, beschlagnahmt werden sollte. Damals, gegen Ende des Krieges, wurde in der Not alles konfisziert, was Räder hatte. Gummi war Mangelware. Als die Beamten Richtung Keller gingen, sagte meine Tante: »Sie wissen aber schon, dass des Ding keine Reifen mehr hat. Die sind gestohlen worden.« Man glaubte ihr und sah nicht mehr weiter nach. So rettete sie für ihren Bruder das bereifte Motorrad, das ihr im Grunde äußerst zuwider war.

Voller Schrecken sprach sie von den Bombennächten in München. Die Familienwohnung war zweimal ausgebombt worden. So musste sie mit den Eltern umziehen, zuerst innerhalb der Schellingstraße, dann in die Reitmorstraße. Bei einem dieser Bombardements konnte sie nichts mehr mitnehmen. Dabei verbrannte auch die bereits weit fortgeschrittene Doktorarbeit meines Vaters.

Immer wieder erzählte sie uns Kindern von Kriegserlebnissen, die von der Angst um den Bruder zeugten. Eines Nachts klingelte es an der Tür. In dieser Zeit war das Läuten an der Tür eher ein böses Omen. Irgendwann öffnete sie vorsichtig. Da stand der Bruder in seiner Leutnantsuniform und mit erfrorenen Füßen vor ihr, zurückgekehrt aus dem Kessel um Stalingrad. Gleich platzte es unter dem Eindruck der Erlebnisse in Russland aus ihm heraus: »Das erkennt der kleinste Leutnant, dass der Krieg verloren ist.« Für ihn war die Verletzung wohl lebensrettend: Er musste nicht mehr zurück, sondern wurde nach Schongau versetzt, die westlichste Stadt Oberbayerns, der er sein ganzes Leben als Bundestagsabgeordneter verbunden bleiben sollte.

Bei aller ängstlichen Vorsicht war Tante Maria eine herzensgute Frau, die unzählige Male auf uns kleine Kinder liebevoll aufgepasst hat. Sie reiste auch oft an unsere Ferienorte mit. Aber alles, was nur irgendwie nach etwas lockerer Lebensführung schmeckte, gar nach Übermaß, war nicht das ihre. Tante Maria empfand sich eher als Vaters guter Geist. So legte sie im Keller ihrer Wohnung mithilfe eines Ausschnittdienstes eine komplette Sammlung an Karikaturen über Franz Josef Strauß an. Heute ist die Sammlung im Archiv für christlich-soziale Politik in der Hanns-Seidel-Stiftung untergebracht. Das war umso verdienstvoller, da sich ursprünglich Bundesverteidigungs- und -finanzministerium bereit erklärt hatten, alles zu sammeln. Als meine Mutter später um die Ausschnitte bat, kam wenig. Aber Tante Maria hatte alles. Sie war auf allen CSU-Parteitagen als Gast dabei, stets in einer der ersten Reihen neben der Witwe von Hanns Seidel und Christa Müller, der Tochter des »Ochsensepp« Josef Müller, dem Gründer der CSU.

Von den Spitzen der CSU wurde sie oft einfach mit »Tante Maria« angesprochen. Sie hat sich auch um die Partei verdient gemacht. So war die CSU dabei, direkt neben der Landesleitung in der Lazarettstraße Wohnungen zu erwerben. Die Verkäufer wollten noch einen Nachschlag von etwa einer Million D-Mark. Meinem Vater fiel auf, dass die Verwaltung der Partei von Immobiliengeschäften wenig Ahnung hatte. Schließlich trat die hier versierte Tante Maria auf den Plan. Durch schlichtes Nachrechnen erreichte sie, dass die Verkäufer, statt die geforderte Million zu erhalten, ihrerseits eine Million zu bezahlen hatten. Tante Maria hat der CSU also glatt zwei Millionen D-Mark gerettet. Eine Honorierung wollte sie nicht dafür. So fragte der damalige CSU-Generalsekretär Gerold Tandler meinen Vater, was er ihr denn als Dankeschön geben könne. Die Antwort: »Kaufen Sie ihr ein Kofferradio, das würde sie sich selbst nie leisten.« Das Radio löste bei ihr allergrößte Freude aus.

Nach Vaters Tod war sie die erste, die sich mit dem Schicksalsschlag abgefunden hat. »Der Herr hatte ihn gegeben, der Herr hat ihn wieder genommen«, sagte sie, statt mit dem Himmel zu hadern.

Heute fällt mir – bei aller Liberalität – die große Prinzipientreue, aber auch die praktizierte Religiosität der Familie auf, in der ich aufgewachsen bin. Dazu kam der Zusammenhalt, der heute noch von außen oft bewundert wird, für mich aber selbstverständlich war und ist. Dieser Zusammenhalt war besonders nötig, als mein Vater 1980 in den Kanzlerwahlkampf zog.

III
Es geht ums Ganze
(1980)

Unsere Mutter war stets der Ansicht, dass wir Kinder keinesfalls verpflichtet wären, der außerordentlichen schulischen und akademischen Laufbahn des Vaters zu folgen und ebensolche Ehren anzustreben. Schon als meine Geschwister und ich die mittlere Reife erreicht hatten – zu der man ja als Gymnasiast mit dem Abschluss der 10. Klasse sozusagen en passant kam –, meinte sie, nun sei ein erster Schritt erreicht: Ihre Kinder hätten nun die Voraussetzung, einen anständigen Beruf lernen zu können. Wenn Monika, Max oder ich ihr erklärt hätten, nun Handwerker werden zu wollen, wäre sie damit einverstanden gewesen. Mama wollte unter keinen Umständen, dass unser Lebensweg lediglich durch den großen Namen bestimmt würde. So schickte sie uns auf »normale« Schulen. Sie hatte allerdings übersehen oder wollte es vielleicht nicht wahrhaben, dass man zumindest in Bayern mit dem Namen Strauß und diesem Vater nicht »normal« sein kann. Ebenso wenig kann ein Zebra unter Pferden »normal« sein. Es fällt zwangsläufig auf. Damit meine ich nicht die Einstellung etwa von Lehrern uns gegenüber. In all den Schuljahren hatte ich nie unter Voreingenommenheit seitens der Pädagogen zu leiden. Eher war das Gegenteil der Fall: Ein Lehrer war Soldat im Zweiten Weltkrieg gewesen und immer, wenn er über seine Kriegserlebnisse berichtete, sah er mich bedeutungsvoll an, als ob ich und nicht mein Vater vor Stalingrad dabei gewesen wäre. Es war mir unangenehm, dass er mich vor der Klasse in eine Art Schicksalsgemeinschaft einbinden wollte, mit der ich nun wahrlich nichts zu tun hatte.

Abitur

Wir haben eine Jugend erlebt, die deutlich anders verlief als die unserer Schulkameraden. Wenn man mit einem Polizeiwagen zur Schule fährt und dann vor dem Klassenzimmer zum persönlichen Schutz Polizeibeamte sitzen, ist das keine Normalität. Ebenso wenig, in den Medien beinahe täglich mit höchst wechselhaften Beiträgen über den eigenen Vater konfrontiert zu werden.

Im Rückblick gesehen verlief das Leben so, als ob permanent ein Scheinwerfer folge. Was wir damals für normal hielten, weil wir es nicht anders kannten, entsprach selten alltäglichen Lebensläuften. Dennoch: Meine Kindheit und Jugend wollte und will ich mit keinem anderen tauschen. Mit unseren Eltern aufzuwachsen war einzigartig und eben nicht normal, wenn man darunter friedliche Bürgerlichkeit versteht.

Mit meinem Abitur 1980 endete das behütete Leben im Elternhaus. Dank guter Lehrer und Klassenkameraden und nicht zuletzt auch dem eigenen Streben hatte ich das Abitur in der Tasche. Ich war voller Vorfreude auf den kommenden Bundestagswahlkampf, wollte ich doch meinen Vater möglichst oft begleiten. Da ich meine Lehre zum Werbekaufmann, Vorstufe zum Studium, erst im November antreten sollte, hatte ich dafür auch Zeit. Zunächst aber kam die Abiturfeier, in deren Vorfeld ich die Erfahrung machte, dass man nichts glauben soll, bevor man es geprüft hat und großes Klagen anstimmt.

Wir hatten eine Schulband, deren erste Anfänge ich nur als pure Lautstärke in Erinnerung habe. Später trat sie mit einem hör- und tanzbaren Repertoire gegen Entgelt auf. Diese Band sollte spielen, ein Honorar auf Freundschaftsbasis war vereinbart, doch am Tag vor der Feier kam die Absage: Ein ehemaliger Mitschüler und wichtiges Bandmitglied, mittlerweile bei der Bereitschaftspolizei, habe von einem seiner Vorgesetzten ungerechterweise Kasernen-

Geschafft: Die Eltern lesen mein Abiturzeugnis.

dienst verpasst bekommen. Deshalb könne die Band nicht spielen.
Das sehnlichst erwartete Fest stand in wesentlichen Teilen auf der
Kippe wegen dieses sturen Vorgesetzten. In meiner Not rief ich Dr.
Wolfgang Piller an, den persönlichen Referenten meines Vaters,
und schilderte ihm aufgebracht den für uns Abiturienten ungeheuren Vorgang. Dieser riet zur Ruhe und versprach, sich auf
geeigneten Kanälen für den armen Kerl einzusetzen. Eine halbe
Stunde später kam ein Rückruf merkwürdigen Inhalts: Die Kaserne sei leer, den geschilderten Kasernendienst gebe es nicht, die sturen Vorgesetzten auch nicht. Das angeblich unschuldige Opfer
hatte ein Stelldichein mit seiner Freundin vorgezogen. Er konnte
aufgetrieben und zum Spielen verpflichtet werden. Es wurde ein
rauschendes Fest und als der Morgen graute, beschlossen wir, in
die Münchner Bierburg »Matthäser« zu wechseln, um die ersten
Weißwürste des Tages zu genießen. Einer unserer Lehrer hatte so

68

begeistert mitgefeiert, dass er eingenickt war. So verluden wir ihn in den Heckraum des Geländewagens meines Vaters und fuhren los. An der zweiten Ampel unterbrach eine Polizeistreife die Fahrt. Was denn mit den zwei Beinen sei, die da am Wagenheck heraus- stünden? Brav berichteten wir von der Abiturfeier und unserem Lehrer. Der Polizist entnahm den Papieren den Namen des Besit- zers, bemerkte aber auch die noch vorhandene Fahrtüchtigkeit des Chauffierenden und entließ uns mit der Ermahnung zur Vorsicht. Besagter Lehrer wurde später nach Hause gebracht, wo er über das Schlafzimmerfenster einstieg. Seine Frau erwartete ihn bereits mit der Folge, dass die nächsten Tage recht unschön für ihn wurden – was wir bedauerten, denn er war wirklich ein feiner Kerl.

Abstecher gen Norden

Überhaupt haben wir in jenen Tagen gerne und ausgiebig gefeiert. So kam ich eines Morgens gegen fünf Uhr heim in der Vorfreude, nun richtig schön ausschlafen zu können. Zwar sollte ich an die- sem Tag bei einer Wahlkampftour hoch im Norden mit dabei sein, ging jedoch davon aus, dass wir erst mittags starten würden. Weit gefehlt: Papa stand morgens um sieben Uhr in meinem Zimmer und fragte verärgert, warum ich denn noch nicht auf den Beinen sei, es gehe doch gleich los. Nicht gerade in bester Verfassung fuhr ich dann mit zum Flughafen, um in seine Turboprop-Maschine vom Typ »Piper King Air« einzusteigen. Beim Checkup aber wur- de ein technischer Defekt festgestellt. Zum Glück stand zufällig das weitaus schnellere Flugzeug eines Freundes auf dem Rollfeld. Wenig später waren wir auf Kurs Richtung Norden und kamen noch vor dem eigentlich geplanten Zeitpunkt an.
Mein Vater wollte an diesem Wahlkampftag das Vorurteil wider- legen, viele Norddeutsche hätten Vorbehalte gegenüber Franz

Im Wahlkampf 1980 stellte sich gerne auch die Familie hin.

Josef Strauß und er käme eben nur im Süden der Republik an. Er hatte sich vorgestellt, in Begleitung der Presse durch Urlaubsorte an der Nord- und Ostseeküste zu spazieren und beim spontanen Kontakt mit den Menschen den Nachweis zu führen, dass diese keineswegs negativ reagierten, wenn er ihnen plötzlich gegenüber trat. Papa war wie wir davon überzeugt, dass er überall mit Wohlwollen empfangen würde. Ohnehin wollte er die Leute im Urlaub nicht mit Wahlkampf der klassischen Art, nämlich mit Plakaten und großen Kundgebungen samt üblichem Getöse konfrontieren. »Das kommt nicht gut an«, sagte er mir mit Hinweis darauf, dass die richtig heiße Phase des Wahlkampfs erst im Herbst beginnen würde. Nach Ankunft stellten wir fest, dass wir doppeltes Pech hatten. Zum einen goss es den ganzen Tag über wie aus Kübeln. Das erwünschte Urlaubstreiben an Stränden und auf

Straßen fiel damit ins Wasser. Zum anderen hatte die CDU an jedem Ort auf Plakaten zur Versammlung mit einer Rede von Strauß geladen. Die von meinem Vater erwünschten spontanen Begegnungen mit Bürgern unterschiedlichster Herkunft und politischer Couleur waren damit hinfällig geworden. Notgedrungen spielte er mit. So kam es zum üblichen Wahlkampfablauf mit Reden und Pressekonferenzen. Nach diesem für ihn sehr anstrengenden Tag war mein Vater dann doch froh, nicht selbst heimfliegen zu müssen, sondern gönnte sich auf dem Rückflug eine Ruhepause.

Das spanische Sekretariat

Vor der wirklich heißen Phase des Wahlkampfs 1980 ging die Familie in den wohlverdienten gemeinsamen Sommerurlaub. Als Urlaubsort kam unser Haus in Südfrankreich diesmal nicht in Frage. Wir wären dort der Presse wie auf dem Serviertablett ausgeliefert gewesen. So traf es sich gut, dass uns die mit meinen Eltern eng befreundete Familie März aus Rosenheim nach Südspanien einlud, wo wir abgeschirmt in einer bewachten Domäne die Ferien verbringen konnten. Anfang August bezogen wir unser Domizil. Mit von der Partie war Ludwig-Holger Pfahls als Referent meines Vaters. Er sollte den Brückenkopf des Büros bilden und die Kommunikation mit den wichtigen Stellen in Deutschland aufrechterhalten. Und da gab es einiges zu tun. Zufällig hatte ich noch vor dem Abitur einen Kurs in Maschinenschreiben absolviert. Insgeheim war ich ziemlich stolz, mich brauchbar machen zu können. So übernahm ich den technischen Teil der Kommunikation. Trotz anfänglicher Probleme mit der spanischen Tastatur konnte ich bald recht flott den eigens installierten Fernschreiber bedienen. Damals schrieb man noch auf Lochstrei-

71

fen, um den Text schnell und möglichst fehlerfrei durchgeben zu können.

In unserem Haus in Südfrankreich hatte ich mich in der Kunst des Streifenschreibens bereits üben können. Meine »Meisterprüfung« auf diesem Gebiet verdanke ich Peter Boenisch, dem damaligen Chefredakteur der *Welt*, der den sensationellen Einfall hatte, im Sommer 1979 eine Artikelserie »Wes ist des Deutschen Vaterland?« zu publizieren. Boenisch gelang es dabei, meinen Vater als Autor für eine ganze Seite zu gewinnen. Papa murrte zunächst, verfasste den Aufsatz dann aber mit großer Freude und Leidenschaft. Ich durfte sein Werk schließlich auf Lochstreifen übertragen und nach Bonn übermitteln. Damit war für ihn klar, wer in Spanien wieder am Gerät sitzen würde.

Mit Pfahls machte die Sekretärsarbeit auch noch Spaß. Ihn hatte ich beim Jahreswechsel 1978/79 etwas besser kennengelernt. Der Anlass dazu ergab sich bei einem offiziellen Besuch meiner Eltern in Marokko. Er hatte das in München versehentlich liegen gebliebene Gastgeschenk, eine Schrotflinte modernster Bauart, nach Nordafrika zu schaffen. Pfahls gelang das Kunststück, sich mit der Waffe, aber ohne die dazugehörigen Papiere, von Casablanca nach Marrakesch durchzuschlagen. Es blieb das einzige Mal, dass ein Referent im Urlaub dabei war, so habe ich Pfahls Kollegen Knittel, Piller, Held und Amtstätter nie bei ähnlichen Aktionen erleben können.

Mein Vater verhalf Pfahls später zu einer steilen Karriere, auch wenn er Pfahls' ungestümen Karrieredrang manchmal kritisierte: »Wenn man den Pfahls mit der Ernennungsurkunde in der Hand zur einen Tür hinausschickt, kommt er zur anderen mit dem Bittgesuch für das nächst höhere Amt wieder herein.« Später dann sollte Pfahls, mittlerweile zum Staatssekretär im Bonner Verteidigungsministerium avanciert, auf den bereits erwähnten Karlheinz Schreiber hereinfallen, der dann sein Leben ruinierte.

Schreiber drückte dem Staatssekretär Pfahls, um ihn für künftige Geschäfte von Thyssen in der Hand zu haben, unter Vorspiegelung von wahrer Kameradschaft Schwarzgeld in die Hand. Der Beamte Pfahls ließ sich darauf ein. Er hatte sich damit der Vorteilsannahme und Steuerhinterziehung schuldig gemacht, ein unerhörter Vorgang für einen Mann in seiner Position. In jeder Hinsicht. Die Schwarzgeld-Affäre sollte das Leben des Karrierejuristen, der sich hart nach oben gearbeitet hatte, ruinieren. Er verlor alles, was er sich aufgebaut hatte. Um einer Haftstrafe zu entgehen, nahm er unter dem Druck der Behörden, die ihn als Kronzeugen gegen meinen Bruder Max aufbauen wollten, mehr Schuld auf sich, als er zu verantworten hatte. Auch im Fall Pfahls stellt sich für mich die Frage, ob die Staatsgewalt hier nicht unzulässig weit über die Grenzen des gesetzlich wie moralisch Verantwortbaren hinausgegangen ist.

Damals im spanischen Feriendomizil hatten Pfahls und ich regen Telex-Wechsel mit den diversen politischen Stellen in Deutschland, so auch mit dem Adenauer-Haus in Bonn. Aus Spaß unterzeichnete ich die jeweiligen Telexe immer mit »Hopf + FGS«, was bis zum Ende des Urlaubs unkommentiert blieb. Als wir schließlich ankündigten, den Ticker nun abzustellen, kam aus dem Adenauer-Haus eine letzte, ungewöhnliche Anfrage. Man hatte uns für Sekretärinnen gehalten und wollte wissen, wie denn die spanischen Männer so seien. Wir antworteten mit vollem Ornat, was sich zumindest im Falle von Pfahls doch recht imposant ausnahm. Wir erklärten, zur fraglichen Angelegenheit nichts beitragen zu können. Dann schwieg der Ticker für einige Sekunden, um dann noch zu klappern »… so … so … schade …«.

Kohls Filter

Der politische Prozess lief damals deutlich langsamer ab als heute. Es gab weder Telefax noch E-Mail, noch Internet-Portale samt all der rund um die Uhr präsenten Gier nach Schlagzeilen.

Trotz des bevorstehenden Wahlkampfs hatten wir einen schönen Familienurlaub. Helmut Kohl kam, um mit meinem Vater bei einer langen Wanderung, an der ich teilnehmen durfte, die kommende Wahlkampfstrategie und die politischen Inhalte abzustimmen. Mein Vater wollte, wie schon in den Wahlkämpfen davor, eine Art Schattenkabinett präsentieren, um den politischen Inhalten durch kompetente Personen Glaubwürdigkeit und ein Gesicht zu verleihen. So sprach er Kohl auf den CDU-Abgeordneten Jürgen Todenhöfer an. Vater wollte ihn als Minister für den Bereich Entwicklungshilfe. Der Pfälzer jedoch war auf Todenhöfer wegen dessen Kohl-kritischen Gebarens nicht gut zu sprechen. Er hielt ihm vor, bei Diskussionen in der Bundestagsfraktion stets zu schweigen, um dann später vor laufenden Kameras den Fraktionsvorsitzenden Kohl umso heftiger zu kritisieren. Außerdem fasste er Todenhöfers beinahe legendären Satz: »Im Schlafwagen kommt man nicht an die Macht« als persönliche Beleidigung auf. Der Abgeordnete, den Vater für ministrabel hielt, hatte damit auf die ersten Bonner Jahre Kohls und dessen damalige Trägheit in der politischen Auseinandersetzung angespielt. Obwohl es um die Frage von Todenhöfers Funktion im Schattenkabinett ging, antwortete Kohl ungerührt: Dieser sei sicher ein guter Mann, man müsse ihn in der Fraktionsarbeit besser einbinden. Punktum. Kein Wort von einem späteren Ministeramt. Meinem Vater wäre es schwergefallen, eine fachlich so qualifizierte Person derart aufs Abstellgleis zu schieben. Kohl genügte ein Halbsatz. Der erste »Filter« bei Kohl war nicht die fachliche Eignung, sondern die Frage, ob der Kandidat sein Mann war oder nicht.

»Sturmgeschütz der Demokratie«

Sofort nach der Rückkehr aus Spanien begann die heiße Phase des Wahlkampfs.

Mein Vater hatte dabei mit nicht wenigen Widrigkeiten zu kämpfen. Zum einen gab es Teile der CDU, die tatsächlich lieber mit Helmut Schmidt, dem amtierenden Kanzler, an ihrer Spitze angetreten wären als mit einem der ihren, nämlich Strauß. Die Parole ging um: »Der Kanzler ist schon der Richtige, nur seine Partei die Falsche.« Daher war die CDU in einigen Bundesländern – vornehm ausgedrückt – nur halb bei der Sache. Mein Vater wusste selbstverständlich bis ins kleinste Detail, wie ein Wahlkampf zu führen war. Oft sah er damals auf dem Weg zu Wahlveranstaltungen keine oder nur wenige Plakatständer auf den Zufahrtsstraßen. Diese nachlässige Art der Wahlkampfführung war ihm ein großes Ärgernis. Von seiner CSU her war er es gewohnt, dass die Parteimitglieder selbst plakatierten. Vielerorts außerhalb Bayerns beauftragte die CDU damit Firmen. Außerdem verwendete die CDU zumeist kleinere Plakatformate als das bei der CSU übliche DIN A 0-Format. All das störte Papa maßlos, und entsprechend fiel seine regelmäßige Kritik an den CDU-Verantwortlichen aus. Erschwerend kam hinzu, dass gewisse Kreise der bundesdeutschen Presse regelrechte Propaganda zugunsten der SPD betrieben, allen voran das Hamburger Magazin *Der Spiegel*. So veröffentlichte das Blatt am 26. Februar 1980 eine Titelgeschichte mit der Überschrift »Das Sicherheitsrisiko«. Es ging um die Unterstützung ausländischer Parteien durch meinen Vater, die obendrein mit dem Kanzleramt abgestimmt war. Die Hamburger jedoch dichteten Franz Josef Strauß einen Skandal an. Als Hintergrund wurde vermutet, dass ein ehemaliger Mitarbeiter meines Vaters den *Spiegel* mit dem angeblich heißen Stoff beliefert hatte. Um sich Bedeutung zu verleihen, hatte er sich, wie sich später herausstellte, operettenhaft in Skandinavien entführen lassen. Seine Story aber wurde Angriffsmaterial des *Spiegel*. Und es ging weiter: Am 14. April veröffentlichte der *Spiegel* nochmals die denkwürdige Wienerwald-Rede aus dem Jahr 1976, die ich damals an Ort und Stelle miterlebt hatte. Kern der Rede war zum einen Vaters Einschätzung, wonach die Union ohne Gründung einer vierten Partei nie an die Macht kommen würde, ferner eine harsche Kritik an Helmut Kohl.

Ich glaube, dass *Spiegel*-Herausgeber Rudolf Augstein damals mit seiner Kampagne und der eindeutigen Unterstützung der SPD ein ganz entscheidender strategischer Fehler unterlaufen ist. Ein Kanzler Strauß wäre der ideale Gegner für diverse Gefechte gewesen, in denen der *Spiegel* die mit Hingabe gestrickte Mär vom »Sturmgeschütz der Demokratie« hätte sorgfältig pflegen können. Strauß hätte sich nach Kräften gewehrt, wie er es immer getan hatte, der *Spiegel* wäre daran weiter gewachsen und im Grunde die Opposition in Bonn gewesen. Stattdessen bekämpfte Augstein meinen Vater unter der Gürtellinie ausgiebig und infam, hinzu kam, dass viele andere Medien die *Spiegel*-Storys stets ungeprüft übernahmen.

Die Strafe aber hieß Helmut Kohl. Der begegnete dem Hamburger Blatt mit einer höchst erfolgreichen Strategie: Kohl ignorierte die Hamburger und kappte mit dem Ausscheiden von Gerhard Baum aus dem Kabinett die Informationsstränge des *Spiegel*, die dank Baum bis ins Innerste der Bundespolitik reichten. Der Pfälzer gab dem Magazin während der kompletten 16 Jahre seiner Kanzlerschaft kein einziges Interview. Nicht einmal die historische Situation der deutschen Wiedervereinigung konnte den Mann aus Oggersheim – jetzt benutze ich *Spiegel*-Jargon – gnädig stimmen. Kohl hat dem *Spiegel* mehr geschadet als alle Prozesse, die mein Vater gegen das Blatt geführt hat. Er hat sie meist gewonnen, doch bis in einem Presseverfahren die Entscheidung fällt, ist deren Anlass längst vergessen und beim Leser verbleibt nur ein diffuses »Da war doch was«-Gefühl – nicht selten verbunden mit dem Urteil, der Betroffene habe irgendwie Dreck am Stecken. Diese Einschätzung verstärkt sich mit der Anzahl der Prozesse. Der Geschädigte will nur Recht und Schutz. Stattdessen steht er ein Leben lang im Ruf, ein unbelehrbarer Streithansel zu sein und ein Problem mit der Pressefreiheit zu haben.

Aus heutiger Sicht betrachte ich – unter Benutzung eines von meiner Schwester angestellten Vergleichs – die Siebzigerjahre als die hysterische Phase der Bonner Republik, die mit der Wahl 1980 ihr Ende fand. Begonnen hatte es mit der 68er Revolte, die sich heute feiert und inszeniert, als habe mit ihr erst die Demokratie in Deutschland begonnen. Tatsächlich aber war sie auf eine typisch deutsche Weise von humorlosem Eiferertum geprägt.

Krawalle in Hamburg

Wir hatten damals übereinstimmend das Gefühl, dass es bei der Linken in Deutschland an ihrem tiefroten Rand einen fließenden Übergang zum extremen Lager gab, dass also Kreise der demokratischen Linken die Hilfe der Gewaltbereiten gar nicht so ungern sah. So kam es bei manchen Auftritten meines Vaters zu bürgerkriegsartigen Ausschreitungen. Besonders in Erinnerung ist mir eine Veranstaltung in Helmut Schmidts Heimatstadt Hamburg geblieben. Wir kamen am Flughafen an, wo uns eröffnet wurde, dass die betreffende Halle wegen der vor ihr stattfindenden Schlachten mit dem Auto nicht sicher erreicht werden könne. Ein Hubschrauber des Bundesgrenzschutzes stand deshalb bereit. Die Veranstaltung selbst verlief ohne Probleme, da die CDU Eintrittskarten ausgegeben hatte. Nur einige Trillerpfeifen waren zu hören. Dann erfuhren wir jedoch, dass sich die Krawalle vor der Halle noch weiter verschärft hatten. An eine Abfahrt mit dem Auto war nicht zu denken. Der Hubschrauber stand zwischen den Hallen bereit, man wusste aber nicht, ob er in voll beladenem Zustand ausreichend Zuluft haben würde, um abheben zu können. Wir setzten uns in den Hubschrauber, aber man vereinbarte mit mir, auf ein Zeichen hin den Hubschrauber zusammen mit Polizisten zu verlassen und mich auf das Dach der Halle zu begeben, wo wir dann aufgenommen würden. Meinem Vater aber sollte ich nichts davon sagen. Er sollte nicht auf den Gedanken kommen, den Flug selbst in Frage zu stellen. Ich stimmte zu. Mit gemischten Gefühlen beobachtete ich die Piloten, wie sie mit bewundernswerter Präzision starteten, zwischen den Hallen herausflogen. In einer leichten Linkskurve flogen wir über die kämpfenden Parteien. Die Polizei hatte einen schweren Stand

Schwarze im Revier: Besuch der Zeche ERIN bei Essen

gegen den Mob. Das Bild brennender Autos wird mir unvergessen bleiben. Ich fragte mich, woher manche Deutsche das Recht nehmen, mit derart krimineller Energie in demokratische Abläufe wie eine Wahlkampfveranstaltung eingreifen zu dürfen.

Mit meinem Vater, der eine Reihe vor mir ebenso fassungslos nach unten blickte, hatte all das nichts zu tun. Dort unten wurde die Polizei von Menschen bekämpft, die mit dem auch für sie geltenden demokratischen Rechtsstaat mit all seinen Rechten, aber auch Pflichten offenbar nichts zu tun haben wollten und nur ein Ventil suchten, um ihrer Dumpfheit freien Lauf zu verschaffen. Eines aber war damals klar: Der Terror kam nur von links.

Das Wies'n-Attentat

Dann aber kam der 26. September 1980.

Ich hatte in diesen Tagen zusätzlich zur Begleitung meines Vaters bundesweit über 60 eigene Veranstaltungen bestritten: vom Infostand in der Fußgängerzone bis zur Diskussion im Nebenzimmer der Dorfgaststätte. Es ging darum, uns und unsere Familie als Menschen wie du und ich zu präsentieren. Dafür musste ich mich wahrlich nicht verstellen oder schauspielern. Ganz uninteressant waren meine Auftritte anscheinend nicht. Der WDR begleitete mich drei Tage lang auf allen Veranstaltungen. Es ging nicht darum, meinen Einsatz zu loben. Man wartete vielmehr darauf, irgendeine dumme oder idealerweise als rechts auszulegende Äußerung von mir festzuhalten. Was dann gesendet wurde, war mangels der erhofften Äußerungen unter jedem Niveau. Am 26. September 1980 schließlich war ich in Waldshut-Thiengen im Schwarzwald, hatte dort eine Veranstaltung bestritten und übernachtete als Gast bei einer Familie. Am späten Abend erfuhren wir, dass auf dem Münchner Oktoberfest ein Anschlag verübt worden sei, es habe Tote und Verletzte gegeben. Ich rief sofort zu Hause an und erfuhr von meiner Mutter von dem blutigen Attentat. Mein Vater war in Begleitung meines Bruders Max sofort zur Theresienwiese geeilt und ließ sich am Ort des Verbrechens von Innenminister Tandler und der Polizeileitung über erste Erkenntnisse unterrichten. Eine Bombe sei am Haupteingang der Wies'n, wie die Münchner ihre Festwiese nennen, genau zu dem Zeitpunkt explodiert, als viele Menschen, darunter Kinder, fröhlich nach Hause gehen wollten. Es könne sein, dass der Attentäter selbst unter den Opfern sei.

Gerold Tandler erzählte mir später, mein Vater habe sehr gefasst gewirkt. Ich selbst hatte ihn zu Zeiten, als er Bundesfinanzminister war, schon einmal so erlebt. Siebenjährig begleitete ich ihn zum Grenzübergang Kiefersfelden, wo er den Zollbeamten einen spontanen Weihnachtsbesuch machen und ihnen für ihren Dienst danken wollte. Stunden davor aber war es dort zu einer Schießerei mit einem Kriminellen gekommen, bei der ein Beamter tödlich getroffen wurde. Die Spuren des nächtlichen Geschehens waren noch überdeutlich zu sehen. Kurze Zeit nach dem Attentat erreichte ich ihn im Wagen auf der Fahrt nach Hause und bemerkte seine Anspannung. Was steckte hinter dieser Tat, die so gar nicht in das PLO- oder RAF-Schema passte? Von Journalisten erfuhr ich später, dass der Hintergrund schnell, ungewöhnlich schnell aufgeklärt war: Hinter dem Verbrechen stünden rechtsradikale Kreise. Ich konnte das lange Zeit nicht glauben. Immerhin ereigneten sich noch nicht einmal binnen Jahresfrist zwei weitere, von der Zielsetzung her jedoch unterschiedlich motivierte Attentate: am 30. März 1981 auf US-Präsident Ronald Reagan und am 13. Mai 1981 auf Papst Johannes Paul II. Hierzu hat 2006 ein Untersuchungsausschuss des italienischen Parlaments festgestellt, dass hier der russische Militär-Geheimdienst GRU auf Weisung des sowjetischen Staats- und Parteichefs Leonid Breschnews den Attentatsauftrag an den bulgarischen Geheimdienst gegeben haben soll. Wogegen auf Reagan angeblich jemand geschossen hatte, um der Schauspielerin Jody Foster zu imponieren.

Im Fall des Wies'n-Attentats jedoch versicherte mir Exinnenminister Tandler später, es habe sich definitiv um einen Einzeltäter gehandelt, der sich versehentlich mit in die Luft gesprengt hatte. Intensive Untersuchungen hatten dies ergeben. Meine Eltern fuhren am nächsten Tag in die Kliniken, um die Verletzten zu besuchen. In ihrer Hilflosigkeit strich meine Mutter einem Opfer übers Haar, was ihr dann später von diesem vorgeworfen wurde. Ich kann beide verstehen.

Keine Show

Vor dem Attentat hatte die Wahlmaschinerie meines Vaters begonnen, auf vollen Touren zu laufen. Seine Themen Finanzen, Rente und Sicherheit begannen immer besser zu greifen. Die Umfragewerte, allerdings immer noch weit von der benötigten absoluten Mehrheit entfernt, stiegen kontinuierlich. Meinem Empfinden nach hatte das Attentat die Aufwärtsbewegung schlagartig gestoppt, auch wenn wir zu keinem Zeitpunkt davon ausgehen konnten, dass die absolute Mehrheit erreicht werden würde. Fest steht im Übrigen auch, dass ein anderer als mein Vater das Attentat vielleicht politisch instrumentalisiert oder zum Anlass einer Selbstinszenierung gemacht hätte, zum Beispiel mit Showverhaftungen und -razzien, wie man das so kennt. Er nicht. Schauveranstaltungen waren nicht seine Sache.
Die Schauspielerei lag ihm ganz und gar nicht, nicht einmal dann, wenn sie ihm angeboten, gleichsam auf dem Silbertablett dargereicht wurde. In einer Livesendung des ZDF wurden damals Ausschnitte aus Wahlveranstaltungen der Kanzlerkandidaten

Schmidt und Strauß zugespielt. Es hieß, die Ausschnitte kämen unwillkürlich, sodass die jeweiligen Kandidaten nicht wüssten, wann sie dran seien. Tatsächlich aber waren unter den Rednerpulten rote Leuchten angebracht, die angingen, sobald die Liveübertragung des jeweiligen Kandidaten begann. Mein Vater begann seine Rede in bekannter Manier, temperamentvoll, dynamisch. Nun leuchtete die Lampe plötzlich auf, er aber setzte seine Rede in gleicher Weise fort, nach einiger Zeit ging die Lampe wieder aus. Unbeirrt sprach er in Stil und Gestik weiter. Anders der Gegenkandidat. Die Rede von Helmut Schmidt wurde von CDU-Leuten beobachtet. Der Kanzler hielt zunächst eine recht müde Rede. Als aber die Lampe aufleuchtete, war er wie ausgewechselt: Mit großer Geste absolvierte er die gesamte Sendezeit einen rhetorischen Parforceritt, Weltwirtschaftskanzler, Weltfriedenskanzler, Weltrentenkanzler, das ganze Programm, um nach Erlöschen der Lampe sofort einige Gänge zurückzuschalten und dann die Rede schnell lustlos zu beenden.

Bonner Runde

Mein Vater hatte zum Medium Fernsehen ein ambivalentes Verhältnis. Natürlich wusste er um seine mediale Kraft, andererseits brauchte er das Publikum für die unmittelbare, direkte Resonanz. Hier war er sich mit Willy Brandt einig. Nach einer großen Fernsehrunde der Parteivorsitzenden beklagte mein Vater, dass der Wahlkampf unpersönlich geworden sei, alles drehe sich nur noch ums Fernsehen. Willy Brandt, der sonst eher schwieg und sich schnell zurückzog, stimmte zu. Früher, so Brandt, habe man auf großen Plätzen gesprochen, dann seien am Wahlabend die Ergebnisse nach Städten geordnet gemeldet worden und man habe sehen können, ob ein Unterschied bestand zwischen den Orten, wo man Wahlkampf geführt hatte, und denen, die man ausgelassen habe. Heute werde das Fernsehen immer wichtiger und es gehe nur noch um bundesweite Hochrechnungen, um Zehntel statt um Städte.

Das schwierige Verhältnis meines Vaters zum Fernsehmedium hatte sich schon bei einer TV-Runde im Jahr zuvor gezeigt. Im September 1979 lief die sogenannte Bonner Runde mit den vier Parteivorsitzenden. Die restliche Familie saß in München vor dem Fernsehgerät, als die Sendung begann und meine Mutter nur »Ach du meine Güte« sagen konnte, gefolgt von Schreckensrufen der Familie. Statt sich wie geplant den ganzen Tag auszuruhen und entspannt ins Studio zu gehen, hatte mein Vater wieder einmal ein Mammutprogramm absolviert. Am Vormittag war er nach Frankfurt geflogen, um die Automobilausstellung zu besuchen. Entgegen seinen Vorsätzen hatte er sich das bekannt opulente Mittagessen des damaligen VW-Vorstandsvorsitzenden Toni Schmücker nicht entgehen lassen, um anschließend nach Köln/Bonn weiterzufliegen. Statt sich dort Ruhe zu gönnen, ließ er sich überreden, die Eröffnung des Oktoberfestes in der bayerischen Vertretung zu besuchen. Die Folge: Er kam völlig verschwitzt im Studio an. Außerdem hatten einige Gläser unpassender Getränke ihre Wirkung nicht verfehlt. Dann war sein Fahrer noch auf den kühnen Gedanken gekommen, Vaters abstehende Haare mit seiner Haarpomade zu bändigen. Dies alles zusammengenommen führte schließlich zu einem verheerenden optischen Eindruck bei den Bürgern zu Hause vor ihren Fernsehgeräten. Mein Vater war einer Fehleinschätzung ersten Ranges erlegen: Seine Begeisterung für Automobile und sein Bedürfnis nach Entspannung, gutem Essen und Trinken hatten über das Massenmedium TV und dessen Wirkung gesiegt. Spätere Kritik wischte er erzürnt zur Seite. Aber es arbeitete in ihm, denn der Ärger über sich selbst war groß.

Mediale Kraft

Im Jahr 1980 war es wieder so weit: Die Elefantenrunde im Fernsehen stand an. Die Spannung nicht nur bei uns stieg. Würde Vater aus den Fehlern im Umgang mit dem Medium, nämlich der Geringschätzung von dessen Wirkung, gelernt haben? War es nicht anmaßend ihm gegenüber, der sich wie kein anderer einsetzte, gegen mediale Windmühlen kämpfte, Kritik zu üben? Wer hätte es besser gekonnt? Er sollte diese TV-Diskussion mit absoluten Bestnoten absolvieren. Renommierte Journalisten bezeichneten seinen Auftritt gar als Sternstunde im deutschen Fernsehen. Was war anders? Er hatte sich präzise vorbereitet, war den ganzen Tag in seiner Bonner Wohnung gewesen und hatte so gut wie keine Telefonate angenommen. Ich bewachte damals das Telefon und hatte Gott und die Welt abzuwimmeln. Zu den wenigen, die ich durchstellte, gehörte natürlich Helmut Kohl, mit dem er sehr lange sprach. Aber auch Peter Boenisch und Conny Ahlers fanden sein Ohr. Diese Diskussion des Jahres 1980 wurde ausgerechnet am Abend der Diskussion Stoiber-Schröder im Jahr 2002 auf Phoenix wiederholt. Aus Rücksicht auf die damaligen Kandidaten gebe ich nicht wieder, was ich damals in Vergleichen mit dem Auftritt Schmidt/FJS 22 Jahre davor zu hören und lesen bekam.

Dann schließlich kam der Wahlabend. Wir flogen so rechtzeitig in München ab, dass wir kurz nach 18 Uhr in Köln/Bonn aufsetzten. Als ich die Türe der Maschine öffnete und nach Art römischer Gladiatoren fragend den Daumen wechselnd nach oben und unten richtete, stand der Fahrer meines Vaters mit gesenktem Daumen neben seinem Fahrzeug. Die Wahl war also verloren. Wir fuhren ins Konrad-Adenauer-Haus, wo die CDU-Führung versammelt war. Das Wahlergebnis wurde von da an stereotyp als Katastrophe bezeichnet, obwohl die Union 44,5 Prozent geholt hatte, die FDP hatte 10,8 Prozent erreicht, obwohl sie damals bei allen Landtags-

TV-Bürgerfragestunde 1979 im ZDF mit Chefredakteur Reinhard Appel

wahlen deutlich unter fünf Prozent gelegen hatte, die SPD lag bei
42,9 Prozent. Die Sozialdemokraten hatten nach Aufstellung von
Franz Josef Strauß ernsthaft damit gerechnet, die Union deutlich
um Längen schlagen zu können. So gab es also eine bürgerliche
Mehrheit. Nur war es nicht gelungen, diese an die Union zu binden. Die FDP-Wähler bestanden aus echten Parteianhängern,
dazu solchen, die der Zweitstimmenkampagne aufgesessen waren,
und Zweitwagenbesitzern, die diesen Strauß einfach nicht wollten.
Nach der TV-Runde flogen wir noch am gleichen Abend zurück
nach München. Zu meiner großen Verwunderung war Papa richtig entspannt. Wir setzten uns im Kreis der Familie noch zusammen, sahen im Fernsehen die Treueschwüre Genschers in Richtung Schmidt. In diesem Moment wiederholte mein Vater seine
Prophezeiung, dass mit dem Wahltag der Anfang vom Ende der
Regierung Schmidt begonnen habe: »Dieser Tag vergeht, die Pro-

bleme bleiben.« Für uns alle aber war klar, dass er seine Kanzler-Karte damit zum letzten Mal gespielt hatte. An eine Wiederholung dachte niemand mehr. Dafür allerdings war die Alternative, die für Vater in Bayern weiter bestand, auch zu wichtig.

Mich selbst zog es nach Frankfurt, es erwartete mich das absolute Gegenprogramm: Ich begann die Lehre zum Werbekaufmann, mit einer kleinen, eigenen Wohnung und ganz ohne Polizeischutz. Zwei nachfolgende Ereignisse zeigten mir aber, dass weder mein Vater noch Helmut Schmidt den Wahlkampf als eine Auseinandersetzung bis aufs Messer gesehen hatten. Zwischen den beiden war die Türe offen geblieben. Was damals niemand erfahren hat: Schmidt hatte ernsthafte gesundheitliche Probleme. 1981 bekam er einen Herzschrittmacher eingesetzt. Vater berichtete mir dies bei einem Telefonat nach Frankfurt mit Sorge. Da konnte ich sehen, dass sich die beiden bei allen Differenzen politischer Art in gegenseitiger persönlicher Achtung und Wertschätzung begegneten.

Bereits kurz nach der Wahl hatte ich auch Anzeichen dafür bemerkt, dass Helmut Schmidt und mein Vater auf einer Gesprächsebene miteinander verkehrten, die der Öffentlichkeit verborgen geblieben war. So kam Papa eines Tages im November 1980 geheimnisvoll mit einer sehr guten Flasche ins Wohnzimmer, begab sich sodann selbst in die Küche, um besagte Flasche zu öffnen. Das war ohne weiteren, größeren Anlass äußerst ungewöhnlich. Nebenbei versicherte mir meine Mutter, er sei bester Laune. Vater war bei Schmidt gewesen, um die Finanzierung des Airbus sicherzustellen. Dabei sagte der Kanzler eine Milliarde D-Mark Darlehen aus Bundesmitteln an Airbus zu. Anders als seine Nachfolger waren Helmut Schmidt und mein Vater einer Meinung über den außerordentlich positiven Wirtschaftsfaktor Airbus. Beide waren sich in wichtigen Punkten weitaus näher, als es damals den Anschein hatte.

IV
Über den Wolken
(1981)

Nach dem aufregenden Wahlkampf wartete im November 1980 ein ganz anderer Ernst des Lebens auf mich. Ich war nach Frankfurt umgezogen, um dort im November meine Ausbildung zum Werbekaufmann zu beginnen. Allerdings fuhr ich jedes Wochenende auf Familienbesuch nach München. Zwar wollte ich ein unabhängiges Leben führen und strebte nach Selbstständigkeit. Ein nur auf das Telefon beschränkter Kontakt mit Eltern und Geschwistern wäre mir aber zu wenig gewesen. So freute ich mich jedes Mal auf das Wiedersehen. Freitagabend fuhr ich los und egal, wie spät ich ankam, meine Mutter wartete auf mich. Im Grunde war es ihr nicht recht gewesen, dass ich von München weggezogen war. Andererseits sah sie mein Bemühen, aus dem goldenen Käfig zu entfliehen und etwas Eigenes auf die Beine zu stellen.

Es sollte sich aber bald herausstellen, dass die Distanz zu München zu gering war – auch in Frankfurt, wen wundert's, kannte man FJS. Ich lernte aber auch, dass man dort eine andere Haltung zu ihm hatte. In Bayern war er selbst für viele Gegner »einer von uns«, wogegen er außerhalb der bayerischen Grenzpfähle auch von CDU-Anhängern fast schon wie ein mythisches Wesen betrachtet wurde, was seinen Grund darin hatte, dass man ihn meist nie persönlich, sondern nur aus den Medien kannte, die ein überlebensgroßes Bild lieferten, positiv wie negativ. Hier konnte ich den Einfluss des *Spiegel* konkret feststellen, viele Leute hatten Franz Josef Strauß so vor Augen wie vom *Spiegel* dargestellt, maßlos, unkontrolliert, unberechenbar, einem undemokratischen Südstaat wie ein emporgekommener Söldnerführer vorstehend. Mit meiner Erfahrung hatte das nichts zu tun, ich war reichlich verwirrt.

In zwei Welten

Von Frankfurt aus lernte ich den rheinischen Karneval kennen, das war eines der wenigen Male, an denen ich nicht nach München fuhr. Wenn meine Eltern in Wiesbaden den Ball des Sports besuchten, nahmen sie den Smoking für mich mit und ich war dabei. In München war ich oft mit ihnen bei Faschingsveranstaltungen gewesen, aber nur einmal beim rheinischen Karneval. Ein Freund meines Vaters hatte meine Eltern nach Düsseldorf eingeladen, dort fand eine Karnevalsveranstaltung der Prinzengarde Blau-Weiß statt, wo man Papa die »Goldene Pritsche« verlieh. Bei der Preisverleihung nahm Prinz Jörg I. das Mikrofon in die Hand und hielt eine kleine Rede. Er war Ordonnanzoffizier in einer Kaserne gewesen, als mein Vater dort einen amerikanischen General zum Mittagessen empfangen hatte. Offensichtlich waren die Gespräche nicht sehr erfolgreich verlaufen, denn mein Vater steckte dem Ordonnanzoffizier einen Zettel zu: »Eine Flasche Schnaps, aber dalli« stand darauf. Der Beauftragte raste los, aber es gab keinen Schnaps in der Kaserne, bis er damit zurückkam, hatten die hohen Gäste die Kaserne längst verlassen. Da stand er nun gut 25 Jahre später als Prinz da und überreichte meinem Vater unter tosendem Jubel die damals bestellte Flasche. Meine Mutter konnte sich über solche Erlebnisse sehr freuen.

Im Grunde führte ich ein Leben in zwei Welten, eines in Frankfurt und eines in München. Politische Dinge berührten mich in Frankfurt nicht, abgesehen von den damaligen Auseinandersetzungen um den Bau der Startbahn West. Eines Abends fuhr ich wie gewohnt mit dem Fahrrad nach Hause, als ich an der Zeil, der Einkaufsstraße in Frankfurt, eine Demonstration gegen die Startbahn sah. Das wollte ich mir doch näher ansehen: eine Demonstration vor meinen Augen, die nichts mit FJS zu tun hatte, das war neu für mich. Inmitten der Demonstranten war eine Gruppe Vermummter, und bevor ich begriffen hatte, was los war, war die Gruppe aus den friedlichen Demonstranten ausgeschert und hatte binnen Kurzem sämtliche Schaufensterscheiben zertrümmert, vor der anrückenden Polizei nahmen sie dann Reißaus. Ich fühlte mich an die Erlebnisse in Hannover und Hamburg erinnert und sah, dass die angeblich friedliebenden jungen Leute sich neue Ziele gesucht hatten.

Der Preis des Fortschritts

Das Thema war mir nur zu bekannt. Der Flughafen Frankfurt war das deutsche Drehkreuz, gerade für Interkontinentalflüge. Mein Vater wollte das ändern, wie ich aus vielen Gesprächen wusste: München sollte zum zweiten Drehkreuz der Lufthansa ausgebaut werden, dafür gebe es Bedarf. Die Planungen für einen neuen Münchner Airport reichten in die Sechzigerjahre zurück. Zwei Flugzeugabstürze im Stadtbereich mit vielen Toten waren die bittere Konsequenz aus der Überlastung des alten Flughafens in München-Riem gewesen. Dann war lange um eine Alternative gerungen worden. Schließlich fiel die Entscheidung für das Erdinger Moos. Dieses Votum steht im Zusammenhang mit der langfristig angelegten Industriepolitik der CSU für den Freistaat. Seit ihrer Gründung 1946 war die Partei bestrebt, den Agrarstaat Bayern in einen modernen Industriestaat umzuwandeln. Ein entscheidender Vorteil war, dass die CSU nicht zuletzt oder gerade wegen Franz Josef Strauß seit 1962 allein regieren konnte. So waren Vorhaben durchsetzbar, die mit einem Koalitionspartner, etwa der FDP, nicht durchsetzbar gewesen wären.

In diesem Kontext ist die Geschichte von der Rettung der Bayerischen Motorenwerke (BMW) zu sehen, die mir mein Vater wiederholt erzählt hat. Der Industrielle Herbert Quandt brauchte 1959 für die Übernahme und Sanierung von BMW eine Bürgschaft des Freistaates Bayern und bekam sie nach allerdings heftigen Auseinandersetzungen im bayerischen Kabinett auch gewährt. Der damalige Wirtschaftsminister Otto Schedl setzte sie letztlich mit Einsatz seines Ansehens durch. Er habe einfach mehr Ahnung von Wirtschaftsfragen als seine Kollegen, deshalb sollten sie ihn machen lassen. Das kam an und so wurde BMW als eigenständiges Unternehmen gerettet. Die damals nicht minder renommierten Borgward-Werke hatten eine solche Unterstützung vom Stadtstaat Bremen nicht bekommen und gingen 1961 in Konkurs. Bayern verdiente auch noch an der Bürgschaft, denn sie wurde nie fällig, vielmehr fielen zugunsten der Staatskasse kräftige Gebühren an. Der weitsichtige Otto Schedl schloss auch die längst unrentabel gewordenen oberbayerischen Kohlegruben. Als in den betroffenen Orten Penzberg und Hausham, beide SPD-Hochburgen, dann in den Achtzigerjahren CSU-Bürgermeister gewählt wurden, war mein Vater fassungslos. Das habe man sich bei Schließung der Zechen nie träumen lassen, dass der Strukturwandel CSU-Mehrheiten schaffen würde, meinte er damals erfreut zu mir.

Das Flughafen-Projekt

Schedl war es letztlich auch, der zusammen mit Anton Jaumann, später dessen vorzüglicher Nachfolger, den Flughafen-Standort Erdinger Moos durchsetzte. Nach Baubeginn 1981 aber kam dann der große Einbruch. Am 16. April des Jahres verhängte der Bayerische Verwaltungsgerichtshof überraschend einen Baustopp. Die Planzahlen seien zu hoch gegriffen, der Flächenverbrauch zu groß. Wenn ich heute die Zahlen des Flughafens lese, die eine unglaubliche Erfolgsgeschichte widerspiegeln, fallen mir immer wieder die Diskussionen der damaligen Zeit ein. Die Auseinandersetzung wurde mit einer Emotionalität, aber auch Irrationalität geführt, die mich an den Wahlkampf 1980 erinnerte. Die Notwendigkeit eines neuen Flughafens trat in den Hintergrund. Es hatte eher den Anschein, als gehe es nur um ein Renommierprojekt des Freistaats Bayern und der CSU, fernab jeglichen tatsächlichen Bedarfs. Für meinen Vater war der Flughafen jedoch eine Angelegenheit, zu deren Realisierung er alle Möglichkeiten staatlicherseits in vollem Umfang auszuschöpfen gedachte. Dennoch dauerte es fast vier Jahre bis zur Aufhebung des Urteils. Der Bau ging dann zügig weiter, aber das politische Leben in Erding und Freising hatte sich noch lange nicht beruhigt.

Im Landtagswahlkampf 1986 war auch eine Veranstaltung beim dortigen CSU-Abgeordneten Otto Wiesheu geplant, der sich später als würdiger Nachfolger Schedls und Jaumanns erweisen soll-

Stets verlässlich: Wolfgang Held (l.), Otto Wiesheu (r.) und die 2-motorige Turboprop-Maschine D-ILOR

te. Mein Vater aber hatte damals eine schwere Erkältung. Versuchte er lauter zu sprechen, kippte die Stimme. Diese Tonlage war für ihn und uns alle völlig ungewohnt. Man riet ihm, die Veranstaltung abzusagen. Er könne sowieso nicht reden, außerdem seien dort Flughafengegner, bei denen eh nichts zu holen sei. Papa mit kippender Stimme:»Nein, da fahren wir hin!« Selbst eine Bombendrohung konnte ihn nicht aufhalten, zumal die Polizei bei der Durchsuchung des Bierzeltes nichts fand. Otto Wiesheu bat dann meinen Vater dringend:»Die Leute sind Ihnen grundsätzlich gewogen, aber lassen S' halt das Thema Flughafen weg. Es gibt ja noch viele andere Themen.«

Ein Satz genügt

Dann begann FJS seine Rede. Er versuchte es leise, konnte aber wie immer sein Temperament nicht zügeln. Die Stimme machte nicht mehr mit und er kiekste nur noch. Im Zelt wurde schon geschmunzelt und derbleckt. Andererseits aber respektierten die Leute, dass er sich überhaupt nicht schonen wollte. Jeder andere hätte aufgegeben. Auf einmal setzte er zu unserem und Wiesheus hellem Entsetzen an:»Ich muss jetzt ein paar Worte zum Flughafen sagen.« Er begann völlig ruhig über den Sinn des Flughafens zu reden, über Wachstum und Fortschritt, die ihren Preis hätten. Auf einmal schaute er süffisant in die Zeltrunde und meinte, das Projekt sei ja für manche hier Anwesende auch schon sehr zum Vorteil gewesen. Es seien bereits ganz gute Grundstücksgeschäfte mit dem Verkauf großer Flächen an die Flughafen München GmbH gemacht worden. Daraufhin kippte die Stimmung im Zelt. Die Betreffenden zogen den Kopf ein. Bei den anderen herrschte Schadenfreude darüber, dass die Großkopferten endlich einmal eins draufbekommen hatten. Die Veranstaltung sollte für die CSU zur größten Zufriedenheit enden. Wir haben danach noch lange darüber gerätselt, wie es sein konnte, dass ein Satz für den Stimmungsumschwung im Bierzelt genügen konnte.

Letztlich aber sorgte die Verzögerung durch den vierjährigen Baustopp dafür, dass mein Vater die Fertigstellung des von ihm so vehement geforderten Flughafens nicht mehr erlebte. Der Münchner Airport wurde erst 1992 in Betrieb genommen. Die erste Maschine, die am 17. Mai 1992 um 5.59 Uhr draußen im Erdinger Moos startete, war eine Boeing 747-200 mit 218 Gästen an Bord, darunter ich. Wir flogen Richtung Alpenkette. Tiefe Rührung erfasste mich, als der Pilot nach einer knappen Stunde Flugzeit ankündigte, er werde jetzt auf dem Flughafen Franz Josef Strauß landen. Bereits 1990 hatte der Aufsichtsrat der Flughafen München GmbH auf Antrag des damaligen Aufsichtsratsvorsitzenden und bayerischen Finanzministers Georg von Waldenfels sich für die Namensbezeichnung »Flughafen München – Franz Josef Strauß« entschieden. Dafür stimmten der Bund und das Land Bayern, dagegen jedoch die Landeshauptstadt München, die seit Bestehen des neuen Airports wohl den größten Nutzen aus dem von Vater einst betriebenen Projekt zieht. Hätte er 1981 klein beigegeben, dann hätte München eine historische Chance verpasst. Heute stellt der Flughafen einen Kapazitätsrekord nach dem anderen auf, hat längst die kühnsten Prognosen von damals übertroffen und zählt international zu den Top-Airports. Alle Kritiker des Flughafens wurden mittlerweile widerlegt – er ist das Tor Münchens zum 21. Jahrhundert.

Dass der Flughafen nach ihm benannt werden könnte, kam ihm seinerzeit überhaupt nicht in den Sinn. Siegfried Lengl, einst Staatssekretär im Bundesentwicklungshilfeministerium und enger Freund, sprach Vater einmal ernsthaft darauf an, dass doch irgendwann einmal die Hanns-Seidel-Stiftung nach ihm, Strauß, benannt werden sollte. Höchst verärgert wischte er das Thema vom Tisch. Darüber nur einen Gedanken zu verlieren, welche Ehren er posthum erfahren solle, löste bei ihm größten Unwillen aus. Er lebte jetzt, hier und heute. Zu solchen Ehrungen gehörte ja das Aufhören, und davon wollte er nichts wissen.

Ehrenbürger Münchens

Das politische Format der Münchner SPD hatte er spätestens 1981 kennengelernt, als er gegen die Stimmen der Sozialdemokraten vom Münchner Stadtrat wegen seiner Verdienste um München zum Ehrenbürger gewählt wurde – wie seine Vorgänger

Keine Verdienste um München? FJS bei der Grundsteinlegung der olympischen Bauten, rechts mit Amtskette OB Hans-Jochen Vogel

Hoegner, Ehard und Goppel auch. Ich war bei der Feier im Alten Rathaussaal einer von 350 Gästen. Die SPD fehlte komplett, man erklärte, dass Strauß nicht ausreichend Verdienste um München erworben habe. Vater war sich derer aber durchaus bewusst. Der damalige Oberbürgermeister Erich Kiesl zählte auf: die kommunale Finanzreform von 1968, sein Einsatz für die Ansiedelung namhafter Betriebe in München und nicht zuletzt sein Engagement für die Olympischen Spiele 1972. Für die Ehrenbürgerwürde war mein Vater nicht der Form halber in Frage gekommen, mich würde interessieren, wen unter den Zeitgenossen die SPD für würdiger erachtet hätte, welche Leistungen hier auf die Waagschale geworfen worden wären. Er hatte sich die Ehrenbürgerwürde auch »weder erdienert noch erdiniert«, wie er süffisant den Weg zu manchen Ehrentiteln zu bezeichnen pflegte. Was ihn gewaltig störte, war der fehlende Stil der Münchner SPD, um nicht zu sagen: die Schäbigkeit. Das Anstandsgefälle in der Partei zwischen Bonn und der Landeshauptstadt bedauerte er seit seiner Amtsübernahme an der Isar immer wieder.

Die Flugleidenschaft

Erfreulicherweise kam niemand ernsthaft auf den Gedanken, seinen Kampf für den Flughafen München 2, wie er damals hieß, als seiner Flugleidenschaft geschuldet anzusehen. Er war fest davon überzeugt, dass letztlich Großprojekte Bayerns wirtschaftlichen Aufstieg beförderten. Ich jedoch fühle mich jedes Mal, wenn ich zum Flughafen fahre, auch an den Piloten Franz Josef Strauß erinnert.

Meine erste Erinnerung an seine Flugleidenschaft hat mit Rott am Inn zu tun. Eines Tages, wohl 1968, saß er zusammen mit Fluglehrern am Esstisch und ging mit ihnen die Unterlagen für die

Flugschein-Prüfung durch. Die Prüfung sollte für ihn kein Problem werden. Kaum hatte Papa die Lizenz, unternahm er mit einer einmotorigen Maschine die ersten Selbst-Flüge und landete oft im benachbarten Vogtareuth auf einer Graspiste. Seine Flugleidenschaft betrachtete meine Mutter auch mit Sorge. Anlass hierfür war ein Erlebnis aus den ersten Flugtagen: Bei einem Landeanflug hatte er ordnungsgemäß das Fahrwerk ausgefahren. Die Instrumente zeigten dies an, die Maschine konnte also landen. In letzter Sekunde kam vom Tower der Befehl, ohne aufzusetzen sofort durchzustarten. Das Fahrwerk war nur halb ausgefahren gewesen. Bei einer Landung hätte alles passieren können. Die Ursache wurde nie gefunden, der zweite Versuch war dank des dann manuell ausgefahrenen Fahrwerks erfolgreich.

Mit größerer Skepsis verfolgte sie seine Planungen zur ersten weiteren Flugreise: Papa wollte mit mir im August 1970 mit einer einmotorigen Maschine von Südfrankreich nach München fliegen. Wir gelangten nach einem fünfstündigen Flug in einer kleinen Beechcraft – ich saß hinter Vater – unbeschadet nach München. Er war stolz auf seine Leistung und wie so oft auch darauf, dass ihm mithilfe moderner Technik etwas gelingen konnte, was in früheren Tagen undenkbar war. Bald flog er zweimotorig und damit erweiterte sich sein Aktionsradius auf ganz Europa. Wir flogen nach Südspanien, Italien, Südfrankreich oder quer durch Deutschland. Als Pilot hat sich Papa tief in die technischen Grundlagen des Fliegens eingearbeitet. Eingehend erläuterte er mir das Bernoulli-Prinzip und seine Bedeutung für die Anfänge der Luftfahrt, demonstrierte uns, wie man auch komplizierteste Berechnungen auf mehrere Stellen hinter dem Komma genau auf dem Rechenschieber durchführen konnte. Sein Wissensdurst war immens.

Präzise Technik

In besonderer Erinnerung ist mir dazu ein Nachmittag im Herbst 1976. Die Bundestagswahl stand bevor. Mein Vater kam mittags nach Hause und sah abgekämpft aus. Ständig läutete das Telefon. Außerdem waren für den Abend zwei Wahlkampfauftritte eingeplant. Vater wollte selbstverständlich selbst dort hinfliegen. Meine Mutter riet ihm, sich doch zunächst ein wenig hinzulegen, aber er hatte bereits seinen Fluglehrer zu sich bestellt. Als ich ihm Tee brachte, saß er in seiner typischen Lehrerhaltung auf dem Stuhl. Immer wieder legte er den Kopf nach hinten, rückte die Brille interessiert hoch und studierte prüfend alle Unterlagen. Dabei stellte er dem Fluglehrer bohrende Fragen. Nach wenigen Minuten hatte er die Politik, den Bundestagswahlkampf und alles um sich herum völlig vergessen.

Flugtag in Warngau: Die drei Kinder ...

Zuweilen sprach ich ihn auf Unglücke mit Flugzeugen an, die sich in unserem Freundeskreis ereignet hatten. Es zeigte sich, dass er sich eingehend über die Ursachen informiert hatte. Regelmäßig stellte er dann fest, dass der Fehler nicht in der Technik, sondern beim Piloten zu suchen war. Vater sprach mit mir auch über Situationen, in denen, wie er sagte, »der Pilot mit seinem Schöpfer alleine ist, wenn das Wetter verrückt spielt, ringsum nur Unwetter und Wolken sind und die Geräte das Gegenteil dessen anzeigen, was man subjektiv empfindet«. In solchen Situationen hatte er eine klare Vorgabe: »Folge im Zweifel der Technik.« Im Spiel der Gewalten sei der Mensch den Launen Thors hilflos ausgeliefert, die Geräte jedoch würden im Zweifel präziser funktionieren als der Mensch.

Vaters Freude an Luftreisen machte auch vor ungewöhnlichem Fluggerät nicht halt. 1976 war er Gast beim Flugtag in Warngau im Kreis Miesbach. Normalerweise stellte ich keine Ansprüche,

... und Papa verlassen den Zeppelin.

irgendwo dabei zu sein, aber so ein Flugtag hätte mich schon einmal interessiert. Aber alles Hadern half nichts, er war beim Flugtag und ich in meinem Zimmer. Plötzlich wurde ich von einem gewaltigen Lärm aufgeschreckt. Ich lief hinaus und sah über dem Haus einen kleinen Zeppelin schweben, aus der darunter hängenden Gondel grinste mein Vater zu mir herab. Er warf mir seinen Geldbeutel herunter, in dem ein Zettel lag: »Richte dich schnell her, der Fahrer holt dich.« Kurz darauf saß ich neben ihm und meinen Geschwistern in der Zeppelingondel. Wir flogen eine große Runde über die umliegenden Seen und ich wusste wieder einmal: Mein Papa war für wahrlich jede Überraschung gut – besonders beim Fliegen!

Sicherheit ging vor

Seit jenen Tagen flog Papa dann auch größere Maschinen. Sein Freund Eduard Zwick besaß eine Maschine, die er ursprünglich für Krankentransporte gekauft hatte. Im Wahlkampf 1976 war die Maschine dann ständig für meinen Vater im Einsatz. Dabei wurde penibel darauf geachtet, dass jede Flugstunde einzeln abgerechnet wurde. Die politischen Gegner, die Spitzenkandidaten der SPD und der FDP, hatten es da leichter: Sie reisten meist mit Fluggerät der Bundesluftwaffe.
Zum Wahlkampfauftakt flogen wir nach Essen, Papa am Steuerknüppel. An Bord waren unter anderem Gerold Tandler und Peter Boenisch. Wir landeten auf der britischen Airbase in Gütersloh. Boenisch wusste das nicht und fragte Tandler nach der Beschaffenheit der Piste. Der meinte lapidar, dass diese recht kurz sei und zudem leicht abschüssig oder ansteigend, je nach Landerichtung. Wenn es bergauf gehe, sei direkt am Ende ein Zaun und falls man zu spät lande, könne es eng werden. Boenisch traute den Flugküns-

ten seines Freundes FJS nicht so recht und sah etwas angestrengt aus dem Fenster. Tandler meinte bei der bergauf erfolgten Landung in seiner trockenen Art:»zu spät« und dann:»Aha, der Zaun«. Nach einem heftigen Bremsmanöver kam die Maschine knapp vor dem Zaun zum Stehen, Boenisch verließ recht blass die Maschine, mein Vater meinte danach, es sei knapp, aber nicht zu knapp gewesen.

Ich war derartige Manöver gewohnt. Als wir zum Jahreswechsel 1979/80 in Marokko waren, ließ mein Vater es sich nicht nehmen, die seit 1976 von Marokko besetzte Wüstenenklave El Aaiún per Flugzeug zu besuchen. Die Familie war dabei und wollte gerne die Sahara sehen. Vater aber flog recht hoch. Plötzlich sahen wir unter uns Militärhubschrauber. Ohne eine Schleife geflogen zu haben, flogen wir steil nach unten und landeten direkt auf der Piste. Danach erfuhren wir von ihm, dass in der Wüste Rebellen mit russischen Raketen unterwegs waren, denen er hoch fliegend, von Hubschraubern geschützt, kein Ziel bieten wollte.

Solche Flüge waren eher die Ausnahme, Sicherheit ging vor.

Keine halben Sachen

Später wechselte Vater, nachdem er die entsprechende Lizenz erworben hatte, auf Düsenmaschinen über. Für ihn bedeutete das einen Quantensprung. Einer seiner ersten Flüge mit dem Jet sollte auch sein kürzester gewesen sein: Er war zum Flugtag in Oberschleißheim bei München eingeladen worden, wo man eine Außenstelle des Deutschen Museums für Fluggerät und -technik plante. Er ließ es sich nicht nehmen, dort bei strahlendem Wetter zum Gaudium des Publikums zu landen. Gestartet waren wir im gerade einmal 30 Kilometer entfernten München-Riem.

Sein letzter Flug brachte ihn 1988 vom bulgarischen Schwarz-meerbad Varna nach München. Es sollte ein lebensbedrohlicher

Flug werden. In fast zehn Kilometern Flughöhe war der Kabinendruck ausgefallen, sofort wurde der Sauerstoff knapp. Vaters Copilot wurde ohnmächtig – seine Sauerstoffmaske war zwar automatisch herabgefallen, lieferte aber anders als bei Papa keinen Sauerstoff. In einer lehrbuchmäßigen Aktion steuerte mein Vater die Maschine auf 3000 Meter Flughöhe, wo wieder ausreichend Sauerstoff vorhanden war. Die spätere Untersuchung des Jets blieb ergebnislos. Es wird wohl der anstrengendste und folgenschwerste Flug seines Lebens gewesen sein. Ich glaube, der Zusammenbruch Tage später bei Regensburg, der zu seinem Tod führte, hing mit der lebensgefährlichen Situation damals zusammen.

Meine Geschwister und ich reisten jederzeit gerne mit ihm als Piloten. Wenn ich lese, er sei gelegentlich über Ortsschilder geflogen, um zu wissen, wo er sich gerade befinde, kann ich in Erinnerung an meine Erlebnisse mit Vater nur schmunzeln. Es sind wohl unausrottbare Mythen, die sich um eine sagenhafte Gestalt ranken. Für mich agierte der Flieger Strauß wie der Politiker Strauß: Es gab keine halben Sachen.

Projekt Rhein-Main-Donau-Kanal

Im dritten Jahr seiner Amtszeit als bayerischer Ministerpräsident drohte ein weiteres, von ihm mit großer Energie betriebenes Großprojekt in Gefahr zu geraten: Die vor ihrem Ende stehende sozialliberale Koalition wollte den Main-Donau-Kanal nicht mehr fertigstellen. Der Kanal war als zentrale europäische Wasserstraße geplant und sollte erst nach der Wiedervereinigung Europas allmählich seine volle Bedeutung erlangen. Damals aber galt das Projekt als völlig überzogen und als eine Utopie ewig Gestriger, die die Zeichen der Zeit nicht verstanden hatten.

»Schleich di, Bürscherl – oder i lass den Löw'n los!«

In der Tat konnte sich der Sinn des Kanals nur dem erschließen, der fest an die kommende Einheit Europas glaubte. Zusammen mit meinen Eltern hatte ich 1980 die Baustelle in Roth bei Nürnberg besucht und war von der Dimension des Vorhabens beeindruckt. Meinem Vater lag natürlich der Verkehrsweg am Herzen. Außerdem wies er immer wieder auf den großen Nutzeffekt für weite Teile Frankens hin. Über den Kanal würde die traditionell von Trockenheit geplagte Region endlich dauerhaft Wasser bekommen. Im Jahr 1981 jedoch ließ das Bundesverkehrsministerium eine Nutzen-Kosten-Rechnung durchführen, die unter anderem ein geschätztes Güteraufkommen von jährlich 2,7 Millionen Tonnen für den Main-Donau-Kanal ergab. Die Studie sollte helfen, das Projekt endgültig zu begraben. Zur Einstimmung darauf sprach der damalige Bundesverkehrsminister Volker Hauff vom dümmsten Bauwerk seit dem Turm von Babel. Er konnte natürlich nicht ahnen, dass im Jahr 2004 das Güteraufkommen bei 6,9 Millionen Tonnen liegen sollte.

Bonn sprach 1981 von einer »qualifizierten Einstellung« des Kanals, mein Vater davon, dass Bayern das im Bundeshaushalt

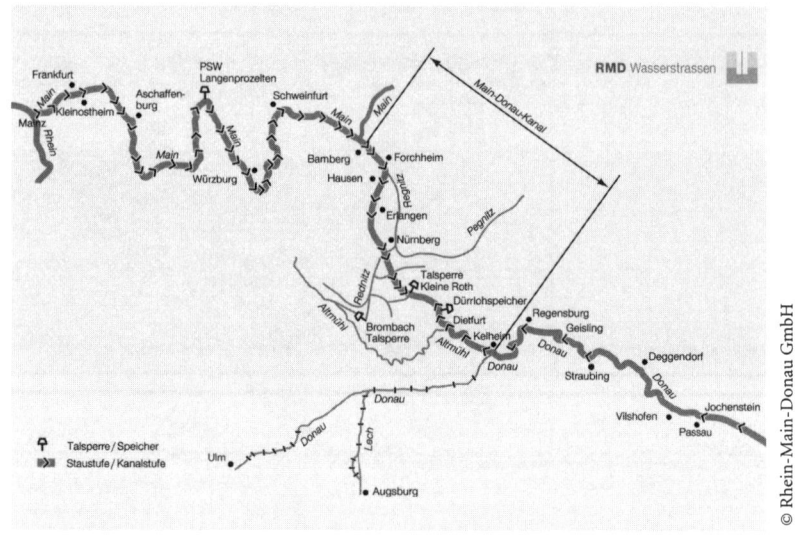

Der Rhein-Main-Donau-Kanal – Verkehrsweg im Herzen Europas

eingestellte Geld gerne nehmen werde – allerdings nicht zur Einstellung, sondern zum Weiterbau. Zu Beginn der Regierungszeit von Helmut Kohl wurde der Kanalbau wieder in die Liste der zu verwirklichenden Verkehrsprojekte aufgenommen. 1986 besuchte mein Vater mit mir die Mündung der Donau ins Schwarze Meer in Rumänien, wo man uns stolz die Schleusenanlagen zeigte. Alles wurde zentral von einem Steuerhaus aus gelenkt, das ein wenig aussah wie ein Flughafentower. Stolz erwähnte man, dass alles durch die Leistungsfähigkeit der volkseigenen Technikbetriebe realisiert werden konnte. Auf den Steuerpulten und neben den Anzeigetafeln waren tatsächlich nur Bezeichnungen in Rumänisch zu sehen. Dann sah ich mir die Geräte etwas näher an. Klein standen da die Namen der tatsächlichen Hersteller. Es waren deutsche Industrieunternehmen. 1992 wurde der Rhein-Main-Donau-Kanal schließlich mit der Fertigstellung des letzten Teilstücks im Altmühltal eröffnet und ist heute ein wichtiger Ver-

Papa in Rumänien an der Mündung der Donau ins Schwarze Meer

kehrsweg quer durch Europa. Auch die Naturschützer in Bayern haben sich wieder beruhigt, seitdem man festgestellt hat, dass es heute entlang des Wasserweges einen größeren Artenreichtum gibt als vor dem Kanalbau. Er wird im Zuge der Verteuerung der Energie weiter an Bedeutung gewinnen.

Einer schafft es

Durch die als weiterer Zweck des Kanals forcierte Wasserversorgung Frankens ist so nebenbei im Süden des Ballungsraums Nürnberg ein Freizeitgebiet mit fünf künstlich angelegten Seen entstanden, die flächenmäßig dem Seengebiet südlich Münchens entsprechen. Der Kanal stellt eine Meisterleistung der Ingenieurskunst dar, ist aber auch ein Exempel für die Hartnäckigkeit meines Vaters, trotz vieler Widerstände Großprojekte für die weitere wirtschaftliche Entwicklung Bayerns mit Erfolg vorangetrieben zu haben, auch mit Blick auf ein geeintes Europa.

Ein weiteres Beispiel dafür ist sein Einsatz für den Bau des BMW-Werks in Regensburg. Österreich hatte dem Unternehmen mannigfaltige Unterstützung in Aussicht gestellt, wenn man sich dort ansiedele. BMW war kurz vor der Entscheidung für den Standort Graz. Vater bat deshalb Eberhard von Kuenheim, den damaligen BMW-Vorstandsvorsitzenden, zu sich. Bei dem Gespräch wollte von Kuenheim dem bayerischen Ministerpräsidenten eigentlich nur noch die Gründe für die nahezu fixe Standortentscheidung nennen, wie mir Papa später erzählte. Dann sei er aber ins Grübeln gekommen. Mein Vater verglich die Lage der Standorte und ihre Vernetzung zu den bestehenden Werken bei einem Fall des Eisernen Vorhangs, der für ihn nur noch eine Frage kurzer Zeit war. Zudem kündigte er dem BMW-Chef gegenüber an, dass die Autobahn München–Regensburg zügig fertiggestellt werde. Von Kuenheim sagte daraufhin zu, die Uhren nochmals auf Null zu stellen und die Argumente erneut abzuwägen. Darüber berichtete uns Papa abends zu Hause mit größter Freude. BMW entschied sich für Regensburg. Das Werk mit über 10 000 Arbeitsplätzen liegt heute bestens angeschlossen in der Mitte Europas und fertigt derzeit mehr als 1000 Fahrzeuge am Tag.

Der Behauptung, dieser Strauß habe sich aufgrund eines Industrialisierungswahns stets blindlings für Großprojekte eingesetzt, lässt sich ein schönes Beispiel entgegensetzen. Mitte der Achtzigerjahre kam die Überlegung auf, eine Transrapidtrasse von München über den neuen Flughafen nach Nürnberg zu bauen. Mein Vater lehnte die Idee zum einen mit Hinweis auf die Unzahl von Betonstelzen ab. »Das Ganze ist ein Förderprogramm für die Betonindustrie.« Andererseits sei so etwas grundsätzlich nicht zu realisieren. »Da müssen wir durchs Altmühltal. Das würden hundert Franz Josef Strauß nicht schaffen, geschweige denn einer.«

Die Staatsbeteiligungen

Mein Vater legte großen Wert auf die Rolle des Staates innerhalb des Wirtschaftsgeschehens. Er müsse nicht nur die ökonomischen Rahmenbedingungen schaffen, sondern auch aktiv unternehmerisch handeln. Zum Glück hatten seine Vorgänger im Amt des Ministerpräsidenten über Jahrzehnte strategische Beteiligungen angesammelt. Neben allerlei kleinen Engagements hielt der Freistaat Bayern höchst interessante Unternehmensanteile. Darüber war Vater sehr froh, denn er misstraute auch der heute wieder gängigen Meinung, der Markt werde schon alles richten. Die damaligen radikalen Maßnahmen Margaret Thatchers zur Entstaatlichung mit einhergehender Privatisierung elementarer Bereiche der Wirtschaft und der Sozialversorgung sah er durchaus kritisch. »Der Thatcherismus kostet Infrastruktur. Alles wird nur noch unter dem Aspekt des kurzfristigen Ertrags gesehen.« Artikel 65 der Bayerischen Haushaltsordnung wäre kein Hindernis gewesen, wonach der Staat sich nur dann an privatwirtschaftlichen Unternehmen beteiligen soll, wenn sich der vom Staat angestrebte Zweck nicht ebenso gut oder besser auf andere Weise erreichen ließe. Genau das sah mein Vater als gegeben an angesichts der Beteiligungen im Energiesektor an den Bayernwerken und anderen Energieversorgern, bei der Landesbank und an der Bayerischen Vereinsbank, sowie mit dem Anteil an Messerschmitt-Bölkow-Blohm (MBB). Er wusste, dass gewisse Großprojekte, auch jene der öffentlichen Hand, nur betrieben werden können, wenn der Staat mit all seiner Bedeutung und Kraft präsent ist. In dieser Zeit wurde bei uns zu Hause unzählige Male die Frage der Dorferneuerung in Bayern diskutiert. Vater hatte sich lange und ausführlich Gedanken darüber gemacht, wie der Staat die Bauindustrie so einsetzen könne, dass beschäftigungspolitisch ein möglichst großer Hebel entsteht. Schließlich legte er das

Bayerische-Dorf-Erneuerungsprogramm auf. Dazu hat der Staat letztlich nur 15 Prozent der Investitionssumme zugeschossen. Zu Hause meinte er:»Das sage ich jetzt nicht laut: Aber unterm Strich bekommt der Staat durch die 14 Prozent Mehrwertsteuer alles wieder zurück.« Das Programm wurde ein Renner und er behielt Recht.

Seine Industriepolitik samt den volkswirtschaftlichen Impulsen war überdies von einem gesunden Misstrauen gegenüber dem Bankenwesen geprägt. Zur Unterstützung seiner Politik als Bittsteller gegenüber den Banken aufzutreten, kam für meinen Vater nie in Frage. Deshalb handelte er damals auch gegen den Willen mancher Experten im Finanzministerium, als bei der Bayerischen Vereinsbank Kapitalerhöhungen anstanden. Ich weiß noch, wie er zu Hause im Wohnzimmer stand und verkündete:»Ich mache sämtliche Kapitalerhöhungen mit, um den Staatsanteil auf dem bestehenden Niveau zu halten, auch wenn es starke Stimmen im Finanzministerium dagegen gibt.« Immerhin mussten dafür seinerzeit aus dem Staatshaushalt viele Millionen Mark berappt werden. Obendrein hielt er den viele Jahre zuvor von seinen Vorgängern vollzogenen Verkauf der Bayerischen Staatsbank an die Vereinsbank für falsch. Seiner Überzeugung nach musste der Staat aus ureigenstem Interesse eine Bank im Besitz haben, um im Bedarfsfall für eine sichere und seriöse Finanzierung industriepolitischer Aufgaben sorgen und eine aktive Rolle des Staates bei der Gestaltung der Wirtschafts- und Arbeitswelt spielen zu können. Einen Staat, der sich ausschließlich mit ordnungspolitischen Aufgaben begnügt, wollte er nicht. Deshalb hielt er Staatsbeteiligungen an Banken und Unternehmen als wirksame politische Instrumente hoch. Noch heute höre ich ihn argumentieren:»Wenn der Staat Eigentümer eines Energieunternehmens ist, kann er billigen Strom bereitstellen, und den brauchen wir in Bayern für die Industrie.« Damals hatte Bayern die niedrigsten

Strompreise in Deutschland, was für die Industrie ein bedeutender Standortfaktor war.

Mein Vater war stolz darauf, dass er als bayerischer Ministerpräsident über die Staatsbeteiligungen an Unternehmen Politik machen konnte. Ironie der Geschichte ist, dass die Industriepolitik des Münchner SPD-Oberbürgermeisters Christian Ude im Grunde eine Strauß-Industriepolitik ist. So hat Ude die Energie, die Stadtwerke, und das Geld, die Stadtsparkasse, behalten. Im Gegensatz zu den Nachfolgern meines Vaters im Amt des bayerischen Ministerpräsidenten liegt der rote Rathauschef klar auf der Linie Strauß. Nach 1988 verkaufte der Freistaat Bayern sein reich vergoldetes Tafelsilber ohne Not und aus heutiger Sicht weit unter Preis. So wurde die Beteiligung an der HypoVereinsbank fast schon verschenkt.

Entstaatlichung?

Die Liste des Verkaufs der Staatsbeteiligungen im Rahmen der sogenannten Entstaatlichung beziehungsweise Privatisierung in Bayern ergibt folgendes Bild:

Ferngas Nordbayern GmbH (1992)
Gesellschaft für Flugtechnik mbH (1993)
Dasa Deutsche Aerospace AG (1993)
Bayerische Beteiligungsgesellschaft für Luft- und Raumfahrtwerte (1993)
Lech-Elektrizitätswerke AG (1994)
Contigas AG (1994)
Energieversorgung Ostbayern AG (1994)
Bayernwerk AG (1994)
Rhein-Main-Donau AG (1995)
Bayerische Wasserkraftwerke AG (1996)
Bayernwerk Wasserkraft AG (1996)

Fränkisches Überlandwerk AG (1996)
Bayerngas GmbH (1997)
Gesellschaft zur Entsorgung von Sondermüll in Bayern mbH (Teilprivatisierung 1997)
Österreichisch-Bayerischen Kraftwerke AG (1998)
VIAG AG / e.on AG (Teilverkauf 1999, Teilverkauf 2001)
Lech-Stahlwerke GmbH (2005)
NMH Stahlwerke GmbH (2005)*

Trotz der Mittel aus dem Tafelsilber-Verkauf sank die Investitionsquote des Staatshaushaltes laufend. Mein Vater als ehemaliger Bundesfinanzminister hatte mir erklärt, dass sich eine Größenordnung von 20 Prozent Investitionsquote sehr belebend auf das Wirtschaftsgeschehen auswirke. Man könne dies zwar nicht wissenschaftlich belegen, aber er sei mit dieser Quote stets gut gefahren. Seine bayerischen Haushalte hatten ohne Privatisierungserlöse Investitionsquoten von bis zu 22 Prozent. Heutzutage muss Bayern mit gut der Hälfte auskommen.

Das, was man Entstaatlichung nannte, bedeutete aber nicht, dass sich der Staat aus privatwirtschaftlichen Beteiligungen zurückzog. Es folgten Beteiligungen an folgenden Unternehmen:

Stiftung Haus der Kunst, gemeinnützige Betriebsgesellschaft mbH (1992)
Messe München Baugesellschaft mbH (1993)
Staatliche Molkerei Weihenstephan
    9. Juni 1994 Umwandlung in GmbH; 10. Oktober 1996 Umwandlung in AG
Hafen Nürnberg-Roth GmbH (1995)
BUGA Besitzgesellschaft des Umwelttechnologischen Gründerzentrums in Augsburg mbH (1995)

---

* Quelle: www.stmf.bayern.de/beteiligungen/privatisierungen_neugruendungen/

Betriebsgesellschaft Umweltforschungsstation Schneefernerhaus
GmbH (1995)
Fördergesellschaft IZB – Innovations- und Gründerzentrum
Biotechnologie Martinsried mbH (1995)
Bayerische Gesellschaft für Internationale Wirtschaftsbeziehungen
mbH (1995)
Bayerische Eisenbahngesellschaft mbH (1995)
Münchner Verkehrs- und Tarifverbund mbH MVV (1996)
FilmFernsehFonds Bayern GmbH (1996)
Entwicklungsgesellschaft Bayreuth Hohlmühle mbH (1996)
Am Rosensee Stadtentwicklungs GmbH (1996)
Bayerisches Staatsbad Bad Steben GmbH (1996)
Bayerische Seenschifffahrt GmbH (1996)
Bayerisches Staatsbad Bad Reichenhall Kur-GmbH (1996)
Projektentwicklungsgesellschaft St. Leonhard-Nord mbH (1997)
Günzpark Entwicklungsgesellschaft mbH (1997)
Trägergesellschaft Deutscher Pavillon mbH (1997)
BioM AG Munich BioTech Development (1998)
Flughafen München Baugesellschaft mbH (1998)
Bayerisches Staatsbad Bad Kissingen GmbH (1998)
Kunst- und Ausstellungshalle der Bundesrepublik Deutschland GmbH
(1998)
Gründerzentrum für Neue Medien GmbH (1999)
VCB Virtueller Campus Bayern GmbH (1999)
public GATE AG (1999)
Kompetenzzentrum Neue Materialien Nordbayern GmbH (2000)
Agentur für Medien und Informations- und Kommunikationstech-
nologie Bayern GmbH (BayernMIT) (2000)
Internationale Hochschulinstitut für Weiterbildung Lindau/Bodensee
(GmbH) (2000)
Bayerische Magnetbahnvorbereitungsgesellschaft mbH (2001)
Bayernhafen GmbH & Co. KG (2005) und Bayernhafen Verwaltungs
GmbH (2005)
Immobilien Freistaat Bayern (2006)
Bayerische Landeskraftwerke GmbH (2007)*

---

* Quelle: www.stmf.bayern.de/beteiligungen/privatisierungen_neugruendungen/

Der Staat nimmt im Gegensatz zur Politik meines Vaters über die Beamten, nicht mehr über die Spitzenpolitiker, deutlich mehr Einfluss auf private unternehmerische Entscheidungen als früher. Die Staatstätigkeit wurde nicht verringert, sondern ausgeweitet. Ein Großteil des Verdrusses in Bayern über die staatliche Bevormundung in allen Bereichen hat hier seinen Ursprung.

Dazu kommt, dass die Zeit besonders günstiger Energiepreise in Bayern vorbei ist, man nennt das neudeutsch »Return of Investment«, der Käufer holt sich den Kaufpreis wieder. So zahlen letztlich die bayerischen Verbraucher den Kaufpreis über den Energiepreis ab.

Eine weitere Ironie der Geschichte: Mein Vater wollte den Anhängern der Entstaatlichung auch etwas bieten und dachte öffentlich nicht über den Verkauf der Anteile an den Energieversorgern oder den Banken, sondern des Hofbräuhauses nach. Wunderbarerweise hat gerade dieses Traditionsunternehmen, das die Beamten gerne zum Maibock einlädt, alle Verkaufsstürme überlebt. Meiner Meinung nach wäre Bayern andersherum besser gefahren.

V
Eine fast normale Familie
(1982)

Über den Zusammenhalt der Familie Strauß ist so viel geschrieben und gesagt worden, dass wir selbst uns immer darüber wunderten. Auf unsere Familie wurde Druck ausgeübt und der hat uns nicht auseinandergebracht, sondern zusammengeschweißt. Das war bei unseren Eltern so und hat sich den Kindern erhalten. Etwas Besonderes sehen wir darin nicht, eher sehen wir mit Verwunderung, dass andere Familien den Zusammenhalt kurzfristigen Einzelinteressen opfern oder wegen Erbstreitigkeiten spinnefeind werden.

Zur Normalität der Familie gehörte es auch, dass man gemeinsamen Hobbys nachging. Mein Vater liebte es, Fahrrad zu fahren, was unsere Mutter aufgrund ihrer Herzprobleme nicht konnte. In der Rotter Zeit war das nicht sehr lustig für uns Kinder, da Rott in einer Moränenlandschaft liegt und sich eine Anhöhe an die nächste reiht, hinter jeder erwartet man als Kind die rettende Gaststätte. In München dann fuhren wir gerne die Isar entlang oder Richtung Starnberg. Mich erstaunte damals, dass er sich darüber ärgerte, dass der Weg damals oft unterbrochen war, lange Strecken Richtung Wolfratshausen schlechten Belag oder gar keinen eigenen Fahrradweg hatten, aber keine Anstalten machte, das zu ändern. Da war er Purist, keiner sollte sagen, er setze sich nur der eigenen Annehmlichkeit wegen für den Radweg entlang der Isar ein. Stattdessen strampelte er mit fast 70 Jahren noch vor mir den Schäftlarner Berg hinauf.

Für das Fahrradfahren hatte er bis in die späten Tage ein besonderes Interesse, für seinen Jugendclub RC Amor, aber auch für technische Entwicklungen, worüber er gerne mit seinem Fahrradhändler fachsimpelte. Die beiden meinten, technisch würde sich im Fahrradbau nichts mehr tun, die Technik sei ausgereizt, die japanische Konkurrenz würde wohl wieder nur nachbauen. Da lag er ausnahmsweise falsch. Ein heutiges Fahrrad aus Kohlenfaserstoff würde ohne jeden Zweifel seine Begeisterung wecken.

Auf der Jagd

Die ersten großen jagdlichen Erlebnisse hatten wir 1973 in Südafrika, wo wir auf der Farm seines Freundes André Marais eingeladen waren. In geschäftlicher Hinsicht war Marais nicht unbedingt ein Freund meines Vaters, denn er vertrat unter anderem McDonnell Douglas in Südafrika, wogegen mein Vater natürlich den Airbus unterstützen wollte. So fuhren sie gemeinsam nach Pretoria, um die südafrikanische Regierung von jeweils ihrem Produkt zu überzeugen, und dann wieder zurück, um gemeinsam in bester Freundschaft auf die Jagd zu gehen. Marais' Farm lag südlich des Krüger-Nationalparks, somit gab es Wild in Hülle und Fülle, wobei niemals nur der Trophäe wegen gejagt wurde, die Tiere wurden stets komplett verwertet. Mein Vater war auch nicht auf die berühmten Big Five aus, seltene Tiere der Trophäe wegen zu jagen war ihm fremd. Dafür liebte er die Jagd, die ich für die gefährlichste Afrikas halte: auf Kaffernbüffel. Diese treten meist in Herden auf und können äußerst aggressiv werden, besonders wenn man sie unter Beschuss nimmt. Bei den Jagden war oft die ganze Familie dabei. Heute verstehe ich die Ängste, die meine Mutter damals plagten. Sie jagte nicht, war aber eine exzellente Wildköchin. Wenn ich heute ihre Küche genießen will, muss ich unsere frühere Haushälterin Käthi überreden.

Papa vor dem »Ungarn-
hirsch« in der Staats-
kanzlei

Meine Mutter hatte auch den Einfall, den größten Hirsch, den
mein Vater je geschossen hat, einen ungeraden 24er, in die Staatskanzlei zu hängen. Zu ihm kam mein Vater in Ungarn. Dort hatte
man über Jahre einen stattlichen Hirsch sorgsam beobachtet, er
sollte von Leonid Breshnew geschossen werden. Dieser kam auch,
sprach aber mittags den Getränken derart gut zu, dass er auf dem
Hochsitz prompt einschlief. Die Ungarn weckten ihn nicht, der
Hirsch kam, der Hirsch zog ab, Breshnew fuhr ohne Beute in das
Paradies der Werktätigen zurück. Kurz darauf kam mein Vater, den
man am selben Orte ansitzen ließ, und schon war es um den
Hirsch geschehen. Das höchst respektvoll behandelte Geweih hing
dann im Amtszimmer meines Vaters, anfangs gegen seinen Widerstand, aber meine Mutter wusste, dass eigentlich jeder höhere Politiker Jäger war, und sie meinte, mit diesem Hirsch hätte mein Vater

im Zweifel ein unverfängliches Thema. Die Ungarn freuten sich lange über ihren Beitrag zur Völkerverständigung.

Zu Gesellschaftsjagden begleitete ich meinen Vater gerne als Büchsenspanner, also ohne einen Schuss abzugeben, ich hatte damals keinen Jagdschein. Er war zur allseitigen Verwunderung ein guter und schneller Schütze, seinem Jagdglück kam sicher auch entgegen, dass er stets besonders gut aufgestellt wurde. Einmal aber schoss ich mit: Ein Teil unserer Reise nach Marokko 1978/79 war eine Jagdeinladung, wie selbstverständlich bekam ich eine Flinte und meine Schwester Monika war nun zu meiner Freude meine Büchsenspannerin. Aber schnell bedauerte ich, mich auf das Jagen eingelassen zu haben. Die englischen Flinten hatten einen fürchterlichen Rückschlag, sodass ich bald darauf verzichtete, Schüsse abzugeben. Dann aber packte mich meine Schwester plötzlich am Arm, rief »runter« und da, wo wir gestan-

Weiße Damenstiefel auf der Jagd. Meine Eltern in fröhlicher Waidmannsrunde mit Hermann Höcherl (l.) und Fritz Kempfler

117

den hatten, pfiffen Schrote durch. Neben uns stand ein sehr junger Angehöriger eines Königshauses und hatte einen Fasan angeschossen, der Nachschuss pfiff uns um die Ohren. Das sollte kein zweites Mal geschehen, von nun an feuerte ich, sobald mein Nachbar die Flinte auf ein Ziel richtete, vor diesem, und das mit gutem Erfolg. Das war ein höchst unjagdliches Verhalten, aber damit konnte ich mir die Schrote dieses Kameraden vom Leib halten. Es dauerte nicht lange, ein Bediensteter nahte und drückte die Missbilligung der königlichen Hoheit aus. Ich stimmte zu, wies aber auf die Situation hin, die ungut verlaufen wäre, hätte meine Schwester mich nicht nach unten gezerrt. Ich bot an, das Dauerfeuer einzustellen, wenn im Gegenzug darauf verzichtet würde, uns unter Beschuss zu nehmen. Hatte ich ein gewisses Lächeln bei meinem Gesprächspartner entdeckt? Er zog sich mit leichter Verneigung zurück und von da an passierte nichts mehr. Das war auch dringend vonnöten, denn meine Schulter hatte schon arge Blessuren.

Einmal war die ganze Familie bei der Hirschjagd dabei, wir Kinder versteckten uns in einem Schober und hielten eifrig Ausschau nach den Königen der Wälder. Die kamen, hatten uns schnell in der Witterung und zogen für immer ab, ohne dass mein Vater auch nur zum Zielen gekommen wäre. Es folgte aber kein Donnerwetter, nur unsere Mutter meinte ein wenig vorwurfsvoll, wir hätten den Jagdtag verdorben.

Wie die Eisbären

Im Leben meiner Schwester Monika sollte sich 1982 Entscheidendes ändern. Meine Mutter hatte eine tiefe Aversion gegenüber g'schlamperten Verhältnissen. Monika war seit etwa einem Jahr mit ihrem Michael liiert, also ohne Trauschein. Mutter war der heute gewiss nicht mehr zu vertretenden, grundsätzlichen Ansicht, lieber heiraten und sich später trennen, als ewig unbestimmt beieinander. Eines Tages im Frühjahr 1982 regte sie meinem Vater und mir gegenüber an, wir beide sollten doch einmal am Wochenende nach Südtirol fahren. Wir fuhren wie uns geheißen, hatten einen schönen Abend und anderntags in Bozen ein herrliches Mittagessen. Danach machten wir uns wieder auf den Heimweg, als mein Vater hinter Garmisch mich auf einmal ansprach:»Jetzt rück halt raus damit!«

Ich darauf:»Ja, womit soll ich denn rausrücken?«

Er:»Du willst mir doch etwas sagen!«

Ich:»Ich will dir gar nichts sagen, jedenfalls nichts Besonderes.«

Darauf mein Vater:»Mami (er nahm unsere Anrede für unsere Mutter, die Eltern haben sich mit Vornamen angesprochen) hat gesagt, du willst unbedingt mit mir reden.«

Ich antwortete ihm, dass ich im Grunde immer gern mit ihm reden wolle, aber konkret hätte ich jetzt nichts, was ich dringend bereden oder gar beichten müsse. Und ich fügte hinzu, dass mir Mutter genau dasselbe von ihm gesagt habe.»Hast denn du etwas mit mir zu reden?«

Im Nachhinein hat sich herausgestellt, dass sie uns beide weggeschickt hatte, um meiner Schwester Monika und ihrem Freund Michael den Gedanken der Hochzeit näherzubringen und die Vermählung gleich mit vorzubereiten. Oktober 1982, fast zeitgleich mit den großen politischen Ereignissen, wurde dann geheiratet.

Mein Vater war darüber aus einem weiteren Grund erleichtert. In der Münchner Boulevardpresse stand kurz vor der Hochzeit zu lesen, dass Monika Strauß mit einem bekannten deutschen Sportler ein Verhältnis habe. Vater tobte, dass seine Tochter jetzt Objekt der Klatschpresse sei. Er wollte uns dort nicht sehen und hat sehr viel später, 1987, anerkennend vermerkt, dass uns das weitgehend

Familie Strauß im Wohnzimmer. Die Jüngste sollte bald das Nest verlassen.

gelungen ist. Die Geschichte stimmte nicht, die betreffende Zeitung entschuldigte sich. Und dabei fiel der Satz, der uns bis heute begleitet, wenn ein Familienmitglied das andere verteidigt: »Die Familie Strauß – wie die Eisbären. Im Zweifelsfall rücken sie zusammen und verteidigen sich heftig gegen alle Angriffe von außen.«

Die Hochzeit war ein strahlendes Fest, die Hochzeitsrede aber, die mein Vater damals gehalten hat, war die konfuseste, ja schlechteste, die ich von ihm jemals gehört habe. Er verfiel auf den kreativen Gedanken, jeden Einzelnen anhand der Gästeliste zu begrüßen, alles schön alphabetisch. Bei manchen Gästen gerade aus dem jüngeren Freundeskreis wusste er nicht immer mit letzter Sicherheit, um wen es sich da genau handelte. Zwar waren ihm bei einigen Beruf und Hobby bekannt, aber er begann dann alles miteinander zu vermischen. Schließlich wurden in seiner Rede Leute als Hochleistungssportler bezeichnet, die bereits

Drei Generationen bei der Verlobungsfeier 1982: Oma Ilse (3.v.l.) im Arm mit Tochter Marianne und Enkelin Monika, mit dem stolzen Papa strahlen Lotti, Michael und Toni Hohlmeier.

beim Schulsport allergrößte Schwierigkeiten hatten, andere zu Spitzenreitern, die Pferde nur aus der Entfernung kannten. Zudem störte ihn, dass aus dem beruflichen Umfeld des Schwiegervaters meiner Schwester, Toni Hohlmeier, den ich wie seine Frau Lotti bald sehr schätzen lernte, einige Namen aus den höheren Ebenen der Neuen Heimat auftauchten, zu der er ein höchst kritisches Verhältnis hatte.

Das Misslingen lag nicht daran, dass er nicht reden wollte. Für ihn war es einfach völlig ungewohnt, Vater einer verheirateten Tochter zu sein und damit eine neue Rolle spielen zu müssen. Ich glaube, nur Väter von innig geliebten Töchtern können wirklich verstehen, was ihn damals so durcheinanderbrachte. Und wir konnten nicht ahnen, dass meine Schwester keine zwei Jahre später in einer anderen Rolle wieder an seiner Seite sein würde.

Die Wende in Bonn

Der Regierungswechsel im Herbst, das Ende der »liberalistisch-sozialistischen Koalition«, wie Papa das Bonner SPD-FDP-Bündnis zu bezeichnen pflegte, ein Zungenbrecher, der ihm leicht über die Lippen ging, aber entweder wegen der Gefahren beim Aussprechen oder mangels Griffigkeit von niemandem aufgegriffen wurde, geschah ohne wesentliches Zutun seinerseits. Eine wichtige Ausnahme: Er hatte sich frühzeitig für Helmut Kohl als gemeinsamen Kanzlerkandidaten entschieden, als Gerhard Stoltenberg und Ernst Albrecht sich Chancen auf das Kanzleramt auszurechnen begannen. Mein Vater war sich sicher, dass er mit dem noch in der bayerischen Pfalz geborenen katholischen Helmut Kohl im Bund letztlich mehr würde durchsetzen können als mit den ihm von der Wesensart her eher fremd stehenden Alternativkandidaten.

Sein Eindruck nach einem Gespräch mit dem damaligen Vizekanzler und FDP-Chef Hans-Dietrich Genscher war jedoch nicht, dass die FDP, wie er mir anvertraute, »springen«, also die Seiten in Richtung Union wechseln würde, zudem setzte er weiterhin auf eine Strategie ohne die FDP. Die Liberalen und mein Vater konnten lange nicht miteinander, erst später unter Bangemann sollte sich das Verhältnis deutlich verbessern.

Der Wechsel hing vielmehr an Helmut Kohl und dessen besonderem Vertrauensverhältnis zu Genscher. Der ursprüngliche, von Kohl mitgetragene Plan meines Vaters war, den angeschlagenen Kanzler Helmut Schmidt »in den Sielen sterben«, an den Problemen scheitern zu lassen. Die Strategie: Daraufhin kommt es noch im Oktober zu Neuwahlen, die FDP scheitert an der Fünf-Prozent-Hürde und die Union holt die absolute Mehrheit. Sein Wort vom »Aufräumen« wurde oft bösartig ausgelegt, als habe er Personen statt der Probleme aus dem Weg räumen wollen. Das war natürlich dummes Zeug. Er sah großen Aufräumbedarf vor allem in der Wirtschafts- und Finanzpolitik, aber auch der Sicherheitspolitik. Die Staatsverschuldung war ein Problem, das ihn sehr bedrückte, auch wenn er mir gegenüber später einmal sagte, er habe die Belastbarkeit der öffentlichen Haushalte unterschätzt. »Hätte ich im Wahljahr 1969 nicht 200 Millionen D-Mark zusätzlich zurückgezahlt, sondern als Wahlgeschenke verteilt, weitere 100 Millionen obendrauf, wir wären an der Regierung geblieben. Das Geld hätte ich binnen eines halben Jahres wieder in der Kasse gehabt.« Die erste politische Rede, die ich als Elfjähriger von ihm hörte, war im Saal des Gasthofs Post in Rott am Inn, ich erinnere mich, dass er damals schon die Verschuldung mit ihren Zins- und Zinseszinseffekten anprangerte.

Zudem hatte er größte Sorgen wegen der sowjetischen Mittelstreckenraketenrüstung, vor der die deutsche Öffentlichkeit die Augen verschloss, obwohl die programmierten Ziele in Deutschland lagen. In einer Rede auf dem Münchner Marienplatz machte er einmal auf meinen Hinweis hin die Probe aufs Exempel und rechnete den Anwesenden vor, wie viele Waffen die Sowjets mit ihren SS-20-Raketen auf Deutschland gerichtet hatten: Es waren mehr als 1000 Sprengköpfe, jeder mehrfach zerstörerischer als der von Hiroshima. Die Reaktion des Publikums: null. Die Vernichtungskraft der Atomsprengköpfe überstieg jede Vorstellungskraft, sie war so unvorstellbar, dass sie abstrakt wurde. Er zog im Privaten eine historische Parallele der Geschichte Europas zu derjenigen Karthagos. Infolge der ersten beiden Punischen Kriege war das einst stolze Karthago immer mehr in Abhängigkeit von Rom geraten. Nachdem es seine Waffen abgeliefert hatte und kaum mehr Widerstand leisten konnte, vernichteten die Römer im Dritten Punischen Krieg Land und Leute und verleibten sich das Reich in Nordafrika ein. Hier zog er Parallelen zu den beiden Weltkriegen, in denen Europa tief gefallen und vom Willen dritter Mächte abhängig geworden war. Waren die sowjetischen Raketen das Fanal zum Dritten Weltkrieg, der die Vernichtung bringen würde? Waren die Europäer und insbesondere die Deutschen willens, nicht nachzugeben? Die ganze Frage entschied sich vor dem Hintergrund, dass er seit den Fünfzigerjahren wusste, dass ein Atomkrieg nicht geführt werden konnte. Baute man vor der Atomzeit Rüstung auf, um Kriege zu gewinnen, so rüstete man nun, um sie zu verhindern. Zu mir sagte er unzählige Male: »Wenn die Bundeswehr den ersten Schuss abgibt, haben wir Politiker versagt.«

Es gab also große Aufgabenstellungen, die ihn bewogen, sich um ein wichtiges Amt in Bonn zu bemühen, keinesfalls ging es ihm um reine Machtpolitik um ihrer selbst willen. Sein eigentliches Ziel, Kanzler zu werden, sah er nicht mehr als erreichbar an. Kohl rückte von den Zusagen gegenüber meinem Vater ab und sicherte den Liberalen sehr zu dessen Ärger eine Erholungsphase bis März 1983 zu, dem von ihm fixierten Termin der Neuwahlen. Zu alledem brauchte der Pfälzer trotzdem die Zustimmung der CSU in Bonn. Der CSU-Landesgruppenvorsitzende Fritz Zimmermann spielte dabei, Regierungswürden nah vor Augen, die Karte von Kohl und stimmte dem Terminplan zu. Auch die Fraktion, in der in jenen Tagen nur noch Regierungsmitglieder in spe einherstolzierten – Helmut Kohl hatte wohl fast jedem etwas versprochen –, wollte keine Störungen von außen. Vor der Fraktion stimmte dann auch mein Vater knirschend dem geänderten Fahrplan zu. Später entschied er sich, in München zu bleiben, statt ins Bonner Kabinett zu gehen und der Weisungsgewalt des Kanzlers zu unterliegen. Stattdessen begann er, einen besonders hohen Preis dafür herauszuschlagen. Die Folge waren fünf Ministerien, darunter das Innenressort, für die CSU gegenüber neun für die CDU und lediglich drei für die FDP. Papa hatte sich teuer verkauft.

Der Pfälzer

Helmut Kohl habe ich, meinen Vater begleitend, einige Male getroffen. Das erste Mal war Anfang der Siebzigerjahre in Rott am Inn, wo Kohl auf der Durchreise zum Wolfgangsee mit seiner Familie Station machte, um meinen Vater zu treffen. Man hat sich oft über seine wenig elegante Art zu sprechen lustig gemacht. Ab 1976 die Fraktion im Bundestag zu führen, machte ihm insbesondere rhetorisch große Probleme, zudem war der Bundestag damals etwas anderes als der Landtag, vor dem Kohl bislang zu sprechen gepflegt hatte. Dieser Eindruck, die Situation bei solchen Reden nicht im Griff zu haben, stand in schroffem Widerspruch zu den Erlebnissen, die ich in kleinerem Rahmen hatte. Kohl hatte eine ungeheure physische Präsenz, und damit meine ich nicht den Leibesumfang, der sie natürlich stützte, sondern sei-

So präsentierte sich die CSU im Wahlkampf 1983.

125

ne Art, Gesprächsrunden zu beherrschen, seine Gesprächspartner Macht unmittelbar spüren zu lassen. Kohl hatte kein Verhältnis zur Macht, er personifizierte sie ohne jede Allüre und Affekt.

Ein Schlaglicht: In einer Pause des CDU-Parteitags 1983, bei dem mein Vater ein ausführliches, gut aufgenommenes Grußwort sprach, suchte ich die allgemeine Toilette auf und traf Kohl beim Händewaschen an. Ein Delegierter kam herein und schien beinahe umzufallen, als er auf dem einfachen Delegierten-WC den Kanzler und Parteivorsitzenden stehen sah. Der CDU-Chef drehte sich um und begrüßte ihn, fragte nach Namen und Kreisverband. Kohl wusste sofort, wer der Kreisvorsitzende, der Landrat und die Bürgermeister im Kreis waren und sprach dortige Themen an. Bei der Verabschiedung sagte Helmut Kohl zu dem verdutzten Parteifreund: »Mich freut besonders, dass Sie heute hier sind.« Es mag sein, dass sich dies angesichts von ein paar hundert Delegierten etwas beliebig anhörte. Aber diese kurze Unterhaltung erschien mir symptomatisch für die Parteiführung Kohls: sich präzise in der Partei auszukennen und mitten unter seinen Leuten zu sein. Nach dieser Szene wusste ich, Helmut Kohl hatte von nun an mit dem Delegierten einen weiteren Anhänger fürs Leben. Ich kann mich an kein Gespräch mit ihm erinnern, in dem er einen hochnäsigen Ton angeschlagen hätte: Kohl fragte jedes Mal, wie es mir denn so gehe, und wusste beim nächsten Mal noch die Antwort. Mit meiner Mutter telefonierte er gerne ausführlich, bevor sie zu meinem Vater durchstellte, ihre Meinung war ihm wichtig, sie half ihm, meinen Vater besser einschätzen zu können.

Den Ratschlag Adenauers an den jungen Kohl, mit zunehmender Macht nicht zum Zyniker zu werden, hat er jedoch nicht immer im Auge behalten. Die kolportierte Bemerkung, das Problem Strauß werde sich physisch lösen, empfand ich als höchst stillos, zumal die Kanzlerschaft Kohls bis 1988, also ohne Wiedervereinigung, nicht den Anspruch erheben konnte, besonders glanzvoll gewesen zu sein. Ein FJS im Kabinett hätte da durchaus gutgetan. Dieser unternahm mit Kohl seit Ende der Siebzigerjahre wiederholt Wanderungen in den Münchner Hausbergen. Die Ausflüge mit Kohl dienten dem Zweck, alle anstehenden Themen ausführlich durchsprechen und Kohl auf Ergebnisse festlegen zu können, was nur in Ausnahmefällen gelang. Eines Nachts kam Papa von einer solchen Wanderung wütend zurück. Er war mit unserem Geländewagen losgefahren und hatte nicht auf die Tankuhr geachtet. So blieb der Wagen auf dem Rückweg auf der Autobahn stehen: Das Benzin war aus. Mein Vater war zu Recht sauer, denn bei uns galt die Regel, dass die Kinder die Autos nutzen konnten, dann aber wieder – auf Kosten der Eltern – aufgetankt zurückbringen mussten. Ich befürchte, es war damals ich, der diese Regel nicht befolgt hatte. Und so kraxelte mein Vater über die Mittel-

Gemeinsame
Wege: mit
Helmut Kohl
unterwegs in
den Bergen

leitplanke der Autobahn, ging zu einem nahen Rastplatz, um dort einen Lastwagenfahrer anzusprechen, der ihn entgeistert zur Raststätte Holzkirchen brachte, wo Papa einen Kanister Benzin erwarb, um sich dann zu seinem Geländewagen fahren zu lassen, den Kohl bewacht hatte.

Ein anderes Mal glaubte ein Bauer, der bei der Holzarbeit war, seinen Augen nicht zu trauen, als er plötzlich Helmut Kohl gegenüberstand. »Deinen Landesvater habe ich auch dabei«, meinte Kohl und brüllte Richtung Unterholz: »Franz Josef«, woraufhin derselbe sichtbar wurde. Sie hatten eine kleine Weggabelung übersehen und sich verlaufen. Der Bauer brachte sie auf den richtigen Weg zurück, das Ganze sorgte noch lange für schallendes Gelächter im Tegernseer Tal.

Die Gespräche in lockerer Atmosphäre fanden nicht nur beim Wandern statt. Kohl besuchte meinen Vater im Sommer 1987 in Südfrankreich, mein Bruder Max holte ihn vom Flughafen ab. Zu einem leichten Abendessen trank man Wein und Wasser, dann zogen sich Papa und Kohl zurück, um intensiv zu diskutieren. Meine Aufgabe war es, für Getränke zu sorgen, mein Papa trank Wasser, Kohl hatte auf Kaffee umgestellt. Wer den Kaffee unserer Käthi kennt, wird ihn nie vergessen. Er ist ein Koffeinkonzentrat erster Güte und kann Tote zum Leben erwecken. Kohl trank zwei große Kannen davon. Nach dem Gespräch zog er sich spät nachts zurück, mein Vater bat mich, ich solle in etwa 15 Minuten nochmals nach ihm sehen. Nun wollte ich aber auch ins Bett und ging schon nach zehn Minuten in Richtung seiner Gemächer. Die Geräuschkulisse ließ keinen Zweifel daran, dass es ihm bestens ging. Jeder andere hätte nach Käthis Elixier kein Auge zugetan, Kohl schlief tief und fest.

Der Umgang zwischen beiden war respektvoll, wobei Kohl sich ein System zurechtgelegt hatte, seinen Männerfreund auf Distanz zu halten. Ein wesentlicher Mitstreiter war hier Heiner Geißler,

Käthi Schmid gehört seit 1958 zur Familie. Links ihr »Boss«, wie sie ihn ohne sein Wissen Dritten gegenüber zu bezeichnen pflegte.

der als CDU-Generalsekretär gerne Opportunismus mit Modernität verwechselte und nichts ausließ, um die Programmatik der CDU nach links zu verschieben. Nach dem Tode meines Vaters wurde er dann ausgewechselt. Zu seiner Ehrenrettung muss man allerdings sagen, dass man damals von der CDU wenigstens etwas Programmatisches hörte.

Mein Vater hatte zu Kohl ein ambivalentes Verhältnis. Zum einen anerkannte er den Kanzler, das war für ihn nicht nur die Person, sondern auch das Staatsorgan, dem er Respekt entgegenbrachte. Zum anderen sah er, dass er Mitte der Siebzigerjahre bereits die Fähigkeiten mit sich brachte, die Kohl erst im Zuge der Wiedervereinigung zeigen sollte. Es wurde oft diskutiert, ob Strauß 1982 einen Anspruch auf die Kanzlerschaft hätte anmelden können, wenn er 1980 nicht angetreten wäre. An dieser Diskussion will ich mich nicht beteiligen, sie ist müßig. Der Fehler passierte 1976, als Kohl unbedingt Kandidat werden wollte. Eine Kombination aus Carstens, dem späteren Bundespräsidenten für den Norden, und Strauß für den Süden hätte sicher bessere Chancen gehabt. Kohl von 1990 war ein anderer als der von 1976, seine große Stunde war die der deutschen und europäischen Wiedervereinigung. Ich erinnere mich noch sehr an die Aufregung, die meinen Vater ergriff, als die CDU 1988 die Forderung nach der deutschen Wiedervereinigung aus ihrem Programm streichen wollte. Er hat immer an die Wiedervereinigung als konkretes Ziel geglaubt, die CDU unter Kohl wollte sie als einen zwar schönen, aber nicht zu realisierenden Traum behandeln. Willy Brandt sprach in der ersten Ausgabe seiner Memoiren von ihr als der deutschen Lebenslüge, nach der Wiedervereinigung kam schnell die zweite Auflage, da klang das dann schon anders. Mein Vater hätte seine Memoiren nicht umschreiben können. Es ist tragisch, dass er die Wiedervereinigung nicht mehr erleben konnte. Es hätten ihn keine zehn Pferde in München gehalten.

VI
Neue Partner, neue Gegner
(1983)

Sonntag, 6. März 1983, 18 Uhr, CSU-Landesleitung in München, Nymphenburger Straße. Im Büro meines Vaters läuft der Fernseher. Die ersten Nachrichten zur Bundestagswahl. Und wir hören, was er befürchtet hatte: Die FDP war bereits bei sechs Prozent (Endergebnis: 7,0 Prozent) und damit im Bundestag. Dennoch gab es noch eine Hoffnung auf den Wechsel nach Bonn: Wenn die Union die absolute Mehrheit schaffte und ohne die Liberalen allein regieren könnte. Im Vorfeld hatten die Freidemokraten bereits angekündigt, für diesen Fall in die Opposition zu gehen. Die nächsten 60 Minuten sollten unerhört spannend werden. Ständig schwankten die Hochrechnungen. Mal bei 48,6 Prozent, dann über der absoluten Mehrheit von 49 Prozent, anschließend wieder darunter. Für alle im Raum war es eine Achterbahnfahrt der Gefühle. Die Familie fieberte. Um 19 Uhr dann die Gewissheit: Die absolute Mehrheit der Sitze für die Union kommt nicht zustande (Endergebnis CDU/CSU: 48,8 Prozent).

Gerade für meinen Vater war es genau so ein Wechselbad, wie er es seit 1969 in einer ganzen Serie von Bundestagswahlen immer wieder erlebt hatte. Und jedes Mal hieß es: Um Haaresbreite wieder nicht geklappt. Am Wahlabend 1969 zum Beispiel war er bei einer Wahlparty beim *Münchner Merkur* bereits als Sieger gefeiert worden. Aber beim Wegfahren musste er im Autoradio hören, dass er ganz knapp gescheitert war. Die FDP hatte sich mit der SPD verständigt, die Union musste in die Opposition.

Dann 1972: Das konstruktive Misstrauensvotum gegen Willy

Brandt war aufgrund eines Ganovenstücks, in das die Stasi und die SPD-Fraktion involviert waren, gescheitert, doch die darauffolgende Wahl sollte den Sieg bringen. Das konstruktive Misstrauensvotum hatte eigentlich als gewonnen gegolten. Meine Mutter saß damals hinter Rut Brandt und Mildred Scheel auf der Tribüne des Bundestags, als Mildred Scheel zu Rut Brandt sagte, dass nun alles verloren sei, und diese antwortete, sie könne sich beruhigen, alles sei geregelt. Dann entdeckten sie meine Mutter und schwiegen. Es war also bereits bei Stimmabgabe der Abgeordneten bekannt, dass Abgeordnete anders abstimmen würden als vorhergesehen. Später kam heraus, dass die Stasi bestochen hatte, dazu wohl der SPD-Fraktionsgeschäftsführer Wienand, mein Vater hatte Mitteilungen erhalten, auch das Kanzleramt unter Horst Ehmke sei involviert gewesen. Die SPD konnte die Stimmung drehen und wurde sogar stärkste Fraktion.

Im Mai 1974 dann der Rücktritt von Willy Brandt: Dieser Rückenwind reichte bis zum Oktober, als die CSU die Landtagswahlen in Bayern mit unglaublichen 62,1 Prozent für sich entschied. Siegessicher ging man in die Bundestagswahl 1976, in der CDU/CSU zwar die meisten Stimmen holte, am Wahltag aber knapp geschlagen wurde. Die Wahl 1980 war von den Mandaten her nicht zu gewinnen, aber zwei Jahre später wählte der nach der Schmidt-Strauß-Wahl zusammengetretene Bundestag Kohl zum Kanzler.

Verlorene Hoffnungen

14 lange Jahre hatte Vater nun auf diesen Moment gewartet. Mit dem Gewinn der absoluten Unionsmehrheit wäre er vereinbarungsgemäß Außenminister geworden und hätte so einen seiner Lebensträume verwirklicht. Das war das Szenario an diesem

Wahlabend des 6. März 1983. Er saß mit uns in seinem Büro und wurde ein ums andere Mal durch die gemeldeten Hochrechnungen hin- und hergerissen zwischen München und Bonn, wobei man darin keine Geringschätzung Münchens sehen darf. Er hatte den Münchner Beritt schon so im Griff, dass ein guter und charismatischer Nachfolger mit ihm als CSU-Vorsitzendem im Hintergrund wie einst Goppel reüssiert hätte. Es hing an wenigen Zehntel Prozentpunkten. Als feststand, dass es nicht reichte, sah ich, wie in ihm die Wut entbrannte angesichts all der verlorenen Hoffnungen über die 14 langen Jahre des Wartens hinweg. Schließlich wusste er, dass seine Zeit für eine große Rolle in Bonn am Ablaufen war. Er war nun 67 Jahre alt, bis zur nächsten Wahl im Herbst 1987 waren es mehr als vier Jahre. Anders als man ihm 1975 unterstellt hatte, gab es keine »Sonthofen-Strategie«, also die Hoffnung, durch eine Mischung aus dem Niedergang des Staates, der Unfähigkeit der Regierenden und eigener Totalblockade durch die Opposition das Ruder in die Hand zu bekommen. Vielmehr wollte er gestalten. Die Gelegenheit sollte sich unerwartet schnell bieten.

Einberufung

Für mich kam in diesem Frühjahr 1983 die Zeit der Umorientierung. Ich hatte am 2. April 1983 beim Luftwaffenregiment 3 in Roth bei Nürnberg meinen Bundeswehrdienst anzutreten. Vorher war mein Bruder Max mit der Tauglichkeitsstufe 5 ausgemustert worden. Dies geschah ohne das Zutun meines Vaters. Er hätte sich jeden Versuch eines von uns strengstens verbeten, sich mithilfe von Vaters Einflussmöglichkeiten vor dem Wehrdienst zu drücken oder auf einen ausgesuchten Posten zu kommen. Bei Max waren gesundheitliche Gründe entscheidend, da er als Kind

5. Mai 1983: feierliches Gelöbnis in Roth bei Nürnberg. Der »Spieß« beobachtet Vater und Sohn.

leicht rachitisch gewesen war – was man ihm heute nicht mehr ganz so ansieht.

In Roth fand am 5. Mai das Feierliche Gelöbnis statt, das mir in Erinnerung geblieben ist einerseits wegen des strahlend schönen Tages und andererseits wegen meiner Eltern, die als Ehrengäste geladen waren. Mein Vater, in bester Stimmung, hielt eine sehr launige Rede und ließ zur großen Freude der versammelten Soldaten eine größere Menge Bieres zurück. Mit dem Hubschrauber flogen die Eltern nach Rosenheim weiter.

Mutter hatte mir gegenüber Andeutungen gemacht, dass Vater dort mit einem geheimnisvollen Emissär der DDR konferieren werde. Als Treffpunkt war das Landgut Spöck im Besitz der Familie von Liesl und Josef März vorgesehen. Josef März, von Beruf eigentlich Jurist mit angestrebter wissenschaftlicher Laufbahn, hatte das kleine Milchgeschäft seiner Eltern zu einem schnell wachsenden Lebensmittelkonzern ausgebaut. Einer der Schwerpunkte neben Brauereien war der Fleischhandel, vornehmlich Rind. Hier hatte März die DDR als wichtigen Partner. Sein Verhandlungsgegenüber war Alexander Schalck-Golodkowski, im Range eines Staatssekretärs Chef des Bereichs Kommerzielle Koordinierung im DDR-Handelsministerium. Die oft geäußerte Unterstellung, März verdanke seine DDR-Geschäfte FJS, ist also falsch. März glaubte herausgehört zu haben, dass die DDR nach dem Regierungswechsel in Bonn nicht so recht wusste, woran sie war. Verbesserte Beziehungen mit Bonn waren für Ostberlin jedoch von großer Bedeutung. Immerhin hatte der Staatsratsvorsitzende Erich Honecker den Bürgern seit Ende der Siebzigerjahre einen bescheidenen Konsum zugestanden, was nur durch den Kauf von Westgütern möglich war. Dazu brauchte man Devisen, die man allerdings nicht hatte. Kooperation mit der Bundesrepublik war dringend geboten.

Ostpolitik

Als stärksten Gegner einer solchen Zusammenarbeit vermuteten die DDR-Oberen meinen Vater. Der hatte kurz zuvor den Tod eines 43-jährigen Bremers, der am 10. April 1983 während einer Vernehmung am Übergang Drewitz/Dreilinden an der Grenze zu Westberlin gestorben war, als Mord bezeichnet. Zu dieser Zeit war für die DDR nichts schlimmer als die Angst vor internationaler Ächtung infolge von Grenzzwischenfällen. So befürchtete man, dass nach der sozialliberalen Koalition nun in Bonn ganz andere Seiten aufgezogen würden und der Mordvorwurf zum Anlass genommen werde, Kommunikation und Geldflüsse auf ein Minimum oder auf Null zu reduzieren.

Man hatte also ein Bedürfnis, mit Franz Josef Strauß zu reden, der zu diesem Zeitpunkt seinen deutschlandpolitischen Überlegungen drei Möglichkeiten zugrunde legte: 1. Harte Konfrontation mit der DDR wie zu Zeiten Konrad Adenauers, 2. Fortführung der bis dahin bestehenden sozialliberalen Ostpolitik mit einseitigen Leistungen Bonns und der Suche nach einer Konvergenz der Systeme oder 3. mit der DDR auf der Basis Leistung und Gegenleistung hart zu verhandeln. Letztere Möglichkeit hatte er als Bundesfinanzminister zu realisieren begonnen.

1968 war der sogenannte Swing eingeführt worden, eine Art innerdeutscher Überziehungskredit im gegenseitigen Handel mit höchst günstigen Bedingungen für die DDR. Mit dem Prinzip »Leistung-Gegenleistung im adäquaten Verhältnis« stand mein Vater im Gegensatz zu Willy Brandt und Egon Bahr. Seine stete Rede mir gegenüber war: »Die Ostverträge hätten wir auch gemacht; aber wir hätten sie anders gemacht.« Vor allem stieß er sich

Besuch bei Erich Honecker. Stets im Hintergrund: Alexander Schalck-Golodkowski

137

an der »Schludrigkeit«, mit der die Verträge geschlossen worden seien. Insbesondere die einseitigen und erheblichen finanziellen Zusagen Bonns waren ihm ein Dorn im Auge. Er sagte, er hätte mehr herausgeholt.

Trotz allem zeigte er ein gewisses politisches Interesse, mit der DDR ins Gespräch zu kommen, allerdings unter der besagten Bedingung »Leistung = Gegenleistung.« So nahm der Rosenheimer Unternehmer Josef März eine Vermittlerrolle ein. Er hatte an der einen Hand Schalck-Golodkowski als Geschäftspartner und an der anderen seinen Freund Franz Josef Strauß. März wandte dann einen Taschenspieler-Trick an: Er signalisierte der DDR: »Strauß will mit euch reden.« Gleichzeitig teilte er meinem Vater mit: »Die wollen mit dir reden.« Zunächst wurden auf Geschäftsträgerebene Vorbereitungen getroffen, bevor es dann am 5. Mai 1983 zu der Begegnung mit dem DDR-Staatssekretär auf dem Gutshof bei Rosenheim kam.

Ich lernte Alexander Schalck-Golodkowski als den Inbegriff eines preußischen, von parteipolitischen Sentimentalitäten freien Beamten kennen, der meiner Meinung nach innerhalb jeder Staats- und Regierungsform in Deutschland seine Karriere gemacht hätte. Der blitzgescheite Ostberliner hatte nämlich als Staatssekretär eine sehr wesentliche Eigenschaft: Effektivität. Was ihm aufgetragen wurde, erledigte er diskret und geräuschlos zur vollsten Zufriedenheit aller. Er hätte mit dieser Gabe in der Weimarer Republik oder unter den Nazis ebenso erfolgreich arbeiten können wie unter Honecker oder Adenauer. Seine Aufgabe war es nun, der DDR Devisen zu beschaffen. Später hörte ich, dass er ebenso gewissenhaft beispielsweise Kulturgüter von Systemgegnern oder Republikflüchtlingen zum Devisen bringenden Verkauf in den Westen beschlagnahmen ließ. Dinge, die man im Nachhinein nicht gutheißen konnte.

Leistung versus Gegenleistung

Das Treffen mit dem DDR-Emissär hat meinen Vater, wie ich später feststellen konnte, durchaus beflügelt. Schalck-Golodkowski hatte wohl damit gerechnet, dass ihn der Strauß bei diesem Treffen zunächst einmal ausgiebig und polternd verbal ohrfeigen würde. Aber da war selbst der so erfahrene Ostberliner den üblichen Vorurteilen gegenüber meinem Vater aufgesessen. Papa trat wie immer auf: In aller Höflichkeit zunächst sein Gegenüber mit dessen sämtlichen Titeln begrüßend, um dann sehr freundlich und formvollendet Fragen zu stellen. Dann in kollegialem Ton ein hartes Wort: »Ich gebe der DDR noch maximal zehn Jahre. Wir kennen Ihre Zahlen, wir wissen, wie es bei Ihnen aussieht. Sie halten das nicht mehr lange durch.« Der Mann aus Ostberlin musste dem natürlich heftig widersprechen. Mir berichtete Schalck-Golodkowski später, 1997, innerlich habe er dem nur zustimmen können.

Mein Vater hat sich nur wenig verschätzt: Bereits sechs Jahre später sollte der ganze Ostblock zusammenbrechen. Ihm war ab 1980 bewusst geworden, dass der Kommunismus seinen Höhepunkt überschritten hatte, dass die aggressive Expansion immer mehr dem Versuch der Bewahrung des Besitzstandes gewichen war. Mir gegenüber betonte er mehrfach, dass es das Ziel seiner Bemühungen war, auf verschiedensten Ebenen so gut mit den an Deutschland grenzenden Staaten zu kooperieren, dass diese kriegerischen Bemühungen der Sowjets nicht folgen würden. Die DDR war fast pleite, sie war aber noch fest im Griff der UdSSR. Sie konnte sich die benötigte Hilfe entweder in Moskau oder in Bonn holen. Daher geht die später aufgekommene Argumentation fehl, Strauß habe den Konkurs der DDR verhindert, die man dann einfach wie eine insolvente Firma hätte übernehmen können. Die DDR war eine Filiale Moskaus. Die Alternative zur Hilfe aus Bonn wäre der

Kniefall in Moskau gewesen, die Abgabe jeder mühsam erkämpften politischen Eigenständigkeit inklusive. Das musste verhindert werden. So wurde in diesem und weiteren Gesprächen eine Reihe von Krediten anberaumt. Als Sicherheit trat die DDR ihren Anspruch auf die Transitpauschale ab. Später einmal fragte ich meinen Vater, was denn wäre, wenn die Sicherheit fällig würde. Er meinte daraufhin: Wenn es einmal so um das Verhältnis zwischen uns und der DDR steht, dass die Sicherheit fällig wird, dann ist das Geld auch egal, der Bund zahlt halt dann an eine andere Adresse. Ihn faszinierte die Tatsache, dass sich die Banken nach dem Bekanntwerden der gewährten Bundesbürgschaft um die Finanzierung des DDR-Kredits regelrecht geschlagen haben, die Tranchen waren überzeichnet. Es war ein bombensicheres Geschäft, auf das die DDR zu finanzmarktüblichen Konditionen eingegangen war. Die federführende Bayerische Landesbank musste sogar einen beträchtlichen Teil des Kreditgeschäfts an private Banken abgeben. Gerade die Deutsche Bank drängte sich nun massiv in den Deal. Leise meinte er dazu wieder einmal: »Geld ist scheu wie ein Reh und geil wie ein Bock« – zuerst hatten alle Bedenken und dann konnten sie nicht genug bekommen.

Der Gesprächspartner

In der Folgezeit fanden viele Besprechungen – es waren letztlich fast 60 – zwischen Alexander Schalck-Golodkowski und Papa bei uns zu Hause statt. Im Terminkalender wurde der Gast aus Ostberlin unter der Bezeichnung »Der Gesprächspartner« geführt. Bei den Gesprächen in privater Atmosphäre, wenn die eine oder andere Flasche guten Weines geöffnet worden war, fand Vater ihm gegenüber deutliche und auch offene Worte. Später, nach seinem Tod, als die Stasi-Akten geöffnet wurden, hat es mich schon sehr

Kurt Masur lädt zur Orgelimprovisation. Papa delegiert die Auswahl der Stücke an mich, ich wähle Schuberts »Am Brunnen vor dem Tore«.

geärgert, dass sich so manch vertraulich Gesagtes 1:1 in den Protokollen von Schalck-Golodkowski wiederfand, so auch charakterliche Einschätzungen von Bonner Würdenträgern seitens meines Vaters.

Das Verhältnis zwischen den beiden war im Grunde gut. In einem der ersten Gespräche sagte mein Vater zu ihm: »Wollen Sie Ihre Akte sehen, die der Bundesnachrichtendienst von Ihnen hat?« Darauf antwortete Schalck-Golodkowski: »Ich habe die Ihre auch dabei.«

Vater betonte stets, es sei wichtig, dass man die DDR nicht entwürdigend behandle und nicht täglich Forderungen stelle. Dennoch redete er Fraktur. Er sprach zum Beispiel das an, was ihm ein Leben lang zuwider war: das Obrigkeitsgeschnaube von Beamten gegenüber dem einfachen Bürger. Bayerische Grenzpolizisten hatten immer wieder von dem Kasernenhof-Ton berichtet, den die DDR-Grenzer gegenüber den Reisenden ständig anschlugen.

»Das muss sich ändern«, forderte er damals gegenüber seinem Gast aus Ostberlin. Außerdem bestand mein Vater auf dem Abbau der Selbstschussanlagen. Schalck-Golodkowski machte die Zusagen, die letztlich auch eingehalten wurden.

Dann bekam ich mit, dass Listen von ausreisewilligen DDR-Bürgern zusammengestellt wurden. Am Ende waren es fast 4000 Personen. Diese Menschen waren natürlich ein großes Risiko eingegangen, weil das in der DDR als versuchte Republikflucht gewertet und mit Haftstrafen von fünf und noch mehr Jahren geahndet werden konnte. Ich selbst war 1986 von Bekannten wegen eines jungen, zur Ausreise bereiten Physiker-Ehepaares angesprochen worden. Nach Erkundigungen bekam ich die Auskunft, bei Rentnern, die der DDR nur Geld kosteten, wäre das gar kein Problem. Wissenschaftler ausreisen zu lassen, in deren Ausbildung der Staat viel Geld investiert habe, sei für die DDR sehr schmerzhaft. Schließlich fragte ich wieder Wolfgang Piller, ob das überhaupt Aussicht auf Erfolg habe. »Doch, doch, das geht schon. Geben Sie mir ruhig die Namen. Ich schreibe sie einfach zu den anderen dazu.« Drei Monate später erhielt ich den Anruf, dass das Paar sicher in München gelandet war. Es blieb das einzige Mal, aber durch dieses persönliche Erlebnis spürte ich, was da hinter den Kulissen lief, zu welchem Entgegenkommen Honecker bereit war.

Das Airbus-Nachspiel

Die Gespräche zwischen Vater und Alexander Schalck-Golodkowski zogen sich bis ins Jahr 1988 hin. Allerdings kam nach Vaters Tod für uns Geschwister das mehr oder minder dicke Ende dieser Gespräche. Die DDR hatte in ihren letzten Jahren beschlossen, für ihre offizielle Fluglinie »Interflug« Passagiermaschinen

Die DDR kauft Airbus-Flugzeuge. Airbus-Vorstandsvorsitzender Jean Pierson übergibt ein Modell der A-310.

vom Typ Airbus anzuschaffen. Dieses Geschäft war natürlich von meinem Vater, der ja zugleich als Airbus-Aufsichtsratsvorsitzender fungierte, eingefädelt worden. Die bis dahin eingesetzten Maschinen sowjetischen Typs waren am Ende, neue waren nicht besser. Andererseits hatte die DDR keine Veranlassung, US-amerikanische Flugzeuge etwa von Boeing zu kaufen. Dennoch war der Airbus-Kauf überraschend. Übrigens fanden die Interflug-Airbusse später als Flugzeuge der Bundesregierung Verwendung. Nach dem Zusammenbruch der DDR erinnerte sich Schalck-Golodkowski der Zusage meines Vaters, die er ihm irgendwann einmal eines schönen Abends gegeben hatte: »Herr Schalck, wenn Sie mal etwas brauchen, wissen Sie, wohin Sie sich wenden müssen.« Das war dann 1989, nach dem Tod meines Vaters, der Fall. Schalck-Golodkowski glaubte sich in Bayern sicher, gewisserma-

143

ßen auf neutralem Boden zwischen Bonn und Ost-Berlin. Deshalb ging er nach Rottach-Egern im Tegernseer Tal, das für ihn der Inbegriff der Sicherheit war. In Erinnerung an die Worte meines Vaters klopfte er damals in der Staatskanzlei an, wo man ihm jedoch die kalte Schulter zeigte. Schließlich wandte er sich an meinen Bruder Max, der, ohne Amt und Einfluss, auch nichts für ihn tun konnte. Es begann ein Spießrutenlaufen, übelste Spekulationen kamen auf: Bei dem Airbus-Deal mit der DDR seien Provisionen geflossen. Franz Josef Strauß und posthum seine Familie seien Nutznießer gewesen. Nichts davon entsprach der Wahrheit. Aber in den Medien schossen die Unterstellungen nur so ins Kraut. Die *Süddeutsche Zeitung* titelte: »Familie Strauß und die Airbus-Millionen«. Überall lasen wir eine Kombination aus »Strauß« und »Airbus-Millionen«. Wir Geschwister haben uns heftig dagegen gewehrt. Wir standen allein. Weder von Seiten der Staatsregierung noch von der CSU-Spitze kamen die fälligen Richtigstellungen. So blieben uns nur die presserechtlichen Möglichkeiten, die jedoch gegen diese Kampagne bei weitem nicht ausreichten. Unser Vater war damals, noch nicht einmal zwei Jahre nach seinem Tod, jedem nach wie vor sehr präsent. Posthum wurde sein Ansehen beschädigt, Staatsspitze und CSU waren in Deckung gegangen. Seine Gegner arbeiteten mit allen Tricks und vor allem mit der Unwahrheit.

Ich erinnerte mich an eine Aktion des *stern* Ende der Siebzigerjahre, als meinem Vater vorgeworfen wurde, er mache seine Süd-

144

afrika-Politik nur deshalb, weil er eine Farm im damaligen Rhodesien besitze. Bald stellte sich heraus, dass ein US-Amerikaner namens Joseph Strauss dort ein Anwesen gekauft hatte. Wir waren damals bei der Gastfamilie in Perigeux zu Besuch, bei der meine Schwester auf Schüleraustausch war, und mein Vater musste wegen der Kampagne stundenlang telefonieren, statt mit den Gasteltern zu Mittag zu essen. In der Sache Schalck arbeiteten die Berichterstatter auf ähnlichem Niveau. Begünstigt wurde die Kampagne durch das damals vorhandene Misstrauen in der Öffentlichkeit gegenüber dem DDR-Kredit. So konnte gestreut werden, dass dieser Strauß das alles nur gemacht habe, um seine Airbusse verkaufen und um sich persönlich bereichern zu können. Es war Irrsinn, aber es hatte Methode.

In aller Öffentlichkeit wurde mit dem Finger auf uns gezeigt. Leute sprachen uns Geschwister auf der Straße offen an, Taxifahrer beendeten Fahrten mit uns mit der noch freundlicheren Bemerkung: »Ja, ja, der Strauß hat schon viel gemacht, aber ein Bazi war er auch.« Auf meine Frage, was das denn heiße, kam dann: »Ja, das mit der DDR – da haben wir ja gleich gewusst, dass da was nicht stimmt. Und jetzt wissen wir, warum das so ist.« Die Agitation hatte gewirkt und uns blieb nicht die Spur einer Chance. In unser aller Not erinnerte sich meine Schwester Monika an eine Zusage von Helmut Kohl, die er uns im Münchner Dom, in einem Nebenzimmer der Sakristei beim Requiem für unseren Vater gegeben hatte: »Falls Sie Hilfe brauchen, rufen Sie mich an.« Uns war das nicht als eine Aussage des Privatmannes Kohl erschienen, sondern als das Angebot des Bundeskanzlers. Damals machten wir uns überhaupt keine Vorstellung davon, dass in unserer Familie einmal der Fall eintreten könnte, Kohl beim Wort nehmen zu müssen.

Monika rief im September 1991, am Höhepunkt der bundesweiten Kampagne, Kohls Büroleiterin Juliane Weber an. Keine zehn

Minuten später kam der Rückruf Kohls. Meine Schwester schilderte ihm die Situation, der wir ohne Aussicht auf gerechte Behandlung schutzlos ausgeliefert waren, und betonte, dass wir in Bayern mit keinerlei Unterstützung rechnen konnten. Sie bat ihn um Hilfe.

Es ergab sich, dass am darauffolgenden Tag im deutschen Bundestag das Thema Strauß und Schalck Gegenstand einer heftigen Debatte war. Es ging um den Milliardenkredit an die DDR. Die Abgeordnete Ingrid Köppe (Bündnis 90/Die Grünen) hatte sich mit besonders infamen Äußerungen hervorgetan: »Die Frage Nummer eins im Zusammenhang mit den Aktivitäten von Strauß und wohl auch von Bundeskanzler Kohl zum Milliardenkredit lautet: Haben Strauß und andere westdeutsche Politiker für ihre Vermittlungstätigkeit Provision bzw. Schmiergeld erhalten?«

Kohl war höchst erbost und stellte fest:

»Meine Damen und Herren, man kann nun wirklich sagen: Franz Josef Strauß war ein Mann, an dem sich die Meinungen teilten. Es gibt wenige in diesem Saal, die dies aus eigenem Erleben und manchen Auseinandersetzungen überzeugender sagen können, als ich das tue. Nur, es verbietet der Respekt vor der Lebensleistung eines Mannes – gleichgültig, ob man immer seine Meinung geteilt hat oder nicht –, dass man so mit seinem Andenken umgeht, vor allem dann, wenn er sich selbst nicht wehren kann. Ich finde das schändlich, um es mit einem Wort zu sagen. Das ist besonders schändlich, weil man bei allem, was man kontrovers diskutieren kann, es in diesem Saale doch ganz unstreitig war, dass der Milliardenkredit eine wichtige Entscheidung zugunsten zukünftiger Entwicklungen in Deutschland war. Als Bundeskanzler und Vorsitzender der CDU erkläre ich: Wenn Franz Josef Strauß damals diesen Vorschlag nicht unterstützt hätte, hätte ich Probleme gehabt, dies in der eigenen Partei im Gesamtzusammenhang deutscher Politik durchzusetzen.«

146

Ab diesem Moment wurde nichts mehr berichtet, kam kein verleumderisches Wort mehr. Die unerträgliche Hetze war schlagartig beendet. Uns Kindern gegenüber hatte Helmut Kohl damit sein Wort nachhaltig eingelöst. Natürlich waren ab diesem Zeitpunkt all jene Leute nicht plötzlich anderer Meinung. Sie trauten sich nur nicht mehr. Wir fanden uns damit ab, was unser Vater, der Altphilologe, in dieser Situation vielleicht mit einem Zitat von Plutarch kommentiert hätte: »Audacter calumniare, semper aliquid haeret« – Verleumde nur dreist, etwas bleibt immer hängen!

Später wurde nachgewiesen, was für uns klar war: dass der Airbus-Verkauf an die Interflug ohne jede Provision oder sonstige Nebenzahlungen abgewickelt worden war. Aber in den Köpfen der Menschen blieb das in Verbindung mit dem DDR-Kredit hängen – zum Teil bis heute. Betrachtet man die Zwischensumme der bis heute in die ehemalige DDR gepumpten Mittel, so erscheint die damalige Kreditsumme als lächerlich gering. Sinnvoll wäre es hingegen, in Betracht zu ziehen, was durch den Kredit seinerzeit für die Menschen an Erleichterungen erreicht worden ist.

Parteitag 1983

Sicherlich musste vielen Parteipolitikern der Kurswechsel meines Vaters in Bezug auf die DDR abrupt und völlig überraschend erscheinen. Am 1. Juli 1983 hatten die Banken schließlich die Kredite für die DDR bestätigt. Und am 15. Juli fand dann, gewiss nicht ohne Spannung erwartet, in der Bayernhalle des Münchner Messegeländes auf der Theresienhöhe der 47. CSU-Parteitag statt. Wegen des DDR-Kredits war bereits ein Rumoren zu spüren gewesen. In seiner Rede konnte er, ohne sein Wort gegenüber der DDR zu brechen, nicht sagen, was er ausverhandelt hatte, nichts vom zugesagten Abbau der mörderischen Selbstschussanlagen, nichts

Juli 1983 in Polen: Johannes Paul II. ist präsent.

von seiner Strategie, die DDR, wie er sagte, »vom Geld abhängig zu machen wie einen Drogenabhängigen vom Heroin«.

Ich kann mich noch sehr gut an die auf die Rede folgende Wahl zum Parteivorsitzenden erinnern. Mein Vater erhielt statt der gewohnten über 90 Prozent nur noch 77 Prozent. In einer Art von Vorahnung verfolgte er die Wahl von einem kleinen Nebenzimmer in der Halle aus. Nun war es eigentlich selbstverständlich, dass der Gewählte die Wahl offiziell annimmt. Mein Vater aber weigerte sich, dazu das kleine Zimmer zu verlassen. Bei ihm waren der nach 1978 erneut zum Generalsekretär ernannte Gerold Tandler, Bayernkurier-Chefredakteur Wilfried Scharnagl, das Präsidiumsmitglied Friedrich Voss und ich. Irgendwie war es trotzdem einsam in diesem 20-Quadratmeter-Zimmer. Die anderen Mitglieder des Parteivorstandes hatten erkannt: »Oha, der Vulkan brodelt, da gehen wir lieber nicht hin«, und behielten Platz auf dem Podium in der Bayernhalle. Tandler und Voss nah-

Privates Treffen: Max fotografiert Papa mit Kardinalprimas Józef Glemp.

men es dann auf sich, auf ihn, der durch das Ergebnis im Mark getroffen und verletzt war, einzureden und ihn zu bitten, aufs Podium zu gehen. Normalerweise nimmt man ja eine Wahl sofort dankend an. Er aber hat es unerträglich lange hinausgezögert. Stinksauer wie er war, ließ mein Vater den Parteitag zappeln.

Ich habe das so bei ihm ganz, ganz selten erlebt. Voss, Tandler und Scharnagl hatten ihm schließlich so gut zugeredet, dass er dann knurrend aufs Podium ging und nur knapp sagte: »Ich nehme die Wahl an.« Auf den Zusatz »dankend« verzichtete er. Danach ging er wieder zurück in das kleine Nebenzimmer. Alle Versuche, ihn zu überreden, die Parteitagsdelegierten mit dem traditionellen Schlusswort nach Hause zu verabschieden, scheiterten.

Noch am selben Tag traten meine Eltern und Bruder Max eine größere Reise durch die DDR nach Polen an. Meine Mutter wollte schon gar nicht mehr fahren. Vater war noch sichtlich erregt, hatte einen knallroten Kopf vor lauter Wut über das Verhalten des

Parteitages. Er war einfach tief verletzt. In düsterer Stimmung wurde die Reise dennoch angetreten. Die Reise durch die DDR wurde ein Erfolg, obwohl die Offiziellen alles versucht hatten, ihn von den Bürgern fernzuhalten. Mein Bruder Max berichtete mir später: »Auf der Milliardenkreditreise 1983 habe ich schon ein kleines 1989 erlebt: Gespenstische Inszenierungen wie in der Grünen Grotte in Dresden, wo die Stasi offensichtlich alle Besucher stellte, die sich nicht für uns interessierten, standen im schroffen Gegensatz zu den Plätzen, wo normale DDR-Bürger trotz intensiver Geheimhaltung durch das Regime zusammenströmten, wenn mein Vater auftauchte. Hilferufe erschallten, die Stasi drängte mühsam ab, an allen Ecken erhielt ich Briefe mit Ausreisegesuchen. Alles war irgendwie künstlich: eine merkwürdig gespannte Stimmung, sobald das Volk auftauchte, ganz im Gegensatz zur offiziellen Herzlichkeit; die Raserei durch die DDR, damit niemand an unseren Autokonvoi herankam; die Omnipräsenz der Stasi; verhärmte, oft blasse Menschen in schlecht sitzender sozialistischer Kleidung, die heruntergekommenen Städte. All das erzeugte bei mir ein großes Unwohlsein, auch wenn ich als Sohn eines westlichen Prominenten für den normalen DDR-Bürger undenkbaren Privilegien hatte.«

Für meinen Vater erschien die Reise als eine Bestätigung seiner politischen Handlungsweise gegenüber der DDR. Er genoss den Erfolg, nicht, wie er gehofft hatte, zusammen mit den Parteideligierten, sondern mit Bürgern des anderen Deutschlands.

VII
Meine Mutter
(1984)

Meine Mutter

Die Erinnerung an meine Mutter ist vielschichtig und von Dankbarkeit geprägt. Sie war das Herz der Familie, während unser Vater unbehelligt von häuslichen Problemen seine Politik gestalten konnte. Meine Mutter meinte dazu, er sei wie ein Komet, solche könne man nicht stoppen, und wenn es doch gelänge, folge nicht langsamerer Flug, sondern der Absturz. Man müsse ihn also ziehen lassen.

Wenn man Leute hörte, die sie von früher kannten, so wurde sie als warmherziger, aber sehr ehrgeiziger Mensch geschildert. Ihrem Ehrgeiz stellten sich jedoch schwere Hindernisse in den Weg. Zum einen hatte sie eigentlich der Statthalter sein sollen, der Sohn, der den elterlichen Betrieb in Rott am Inn weiterführen würde. Es kam anders und sie hatte den Eindruck, dass sie elterliche Strenge und Unnachgiebigkeit in besonderer Weise trafen. Zum anderen hatte sie von Geburt an einen Herzfehler, ein offenes Herz, wie man sagte, der damals anders als heute operativ nicht behoben werden konnte. So besuchte sie kaum die öffentliche Schule und bekam Unterricht von Privatlehrern.

Die Jahre der Nazi-Herrschaft und des Krieges hatte sie in denkbar schlechter Erinnerung. Ihr Vater Max Zwicknagl war Verfolgungen ausgesetzt. Als München bombardiert wurde, war vom Rotter Kirchturm, auf den sie gestiegen war, noch aus fast 60 Kilometern Entfernung das Leuchten der Brände zu sehen, sie hat das oft erzählt. Wenn sie ihre Ruhe haben wollte, kletterte sie auf eine Buche im elterlichen Garten, der Größe wegen Park genannt, von

Ilse Zwicknagl (3.v.l.) mit ihren Töchtern Marianne (l.), Brigitte (r.) und
Renate (auf dem Arm) sowie ihrer Mutter Elsa Klöckner

wo sie oft heruntergeholt werden musste. Am Ende des Krieges
wurden die Räume der Eltern im ersten Geschoss des ehemaligen
Klosters, Prälatenstock genannt, von den Amerikanern konfisziert und als Lazarett genutzt. Sie musste in den zweiten Stock
umziehen, wo es keine Heizung gab, und eines Nachts erfroren ihr
die Backen, weil man versäumt hatte, den Bettkasten zu schließen.
Angesichts der damaligen Situation, in der man froh war, überhaupt davongekommen zu sein, war es sicherlich unbedeutend,
dass der Flügel meiner Großmutter, die am Hamburger Konser-
vatorium Klavierspiel studiert hatte, längst weggesperrt war, für
meine Mutter war damit aber der Weg zum Klavierspiel versperrt
und als er wieder da stand, hatte sie längst anderes zu tun.

153

Das Max-Pennal

Sie legte 15 Jahre nach meinem Vater das Abitur am Münchner Max-Gymnasium ab, das sie Max-Pennal nannte, seit ihrem 17. Lebensjahr wohnte sie zu diesem Zwecke in einer eigenen kleinen Wohnung, die ihren Eltern abzutrotzen nicht einfach gewesen war. Immer wieder erzählte sie die Geschichte, dass nach Kriegs-ende der Schuldirektor die älteren Schüler einsetzen musste, um das Dach notdürftig zu decken, die Schule hatte schwere Kriegs-schäden. Da klang auch ihre immer wieder hörbare Bewunde-rung für die »alten Drachen« heraus, gemeint waren die älteren Lehrer mit ihrer in Rühmanns »Feuerzangenbowle« überspitzt dargestellten Art. »Er hat sie immer wieder hinaufgeschickt aufs Dach, er schlotterte vor Angst um sie, aber der Unterricht musste ja wieder beginnen.« Überhaupt war sie der Ansicht, dass diese Generation, die, jeder auf seinem Posten, vom kleinen Beamten bis zum Industriekapitän, Deutschland nach dem Krieg wieder

Meine Mutter in ihren Zwanzigern

154

aufgebaut hatte, etwas Besonderes, Unwiederbringliches gewesen sei: »Die haben Deutschland wieder aufgebaut, lautlos, selbstlos, ohne Skandale, rund um die Uhr.« In lustiger Erinnerung hatte sie, dass nach dem Krieg jeder Schüler im Winter etwas Brennbares mitbringen musste, um den Klassenraum zu heizen. Einige Schulkameraden »organisierten« gemeinsam die Spitze einer Fichte und schoben sie durch die Klassenzimmertüre. Als nichts mehr vorwärts und rückwärts ging, tobte der Lehrer, sie sollten das Ding sofort entfernen, was aber nicht ging, weil der Baum sich einspreizte und die Buben sich besonders ungeschickt darin zeigten, ihn wieder herauszuziehen. Bis dann alle Spuren des Malheurs beseitigt waren, war die morgendliche Doppelstunde, die man zu sabotieren gedacht hatte, tatsächlich vorbei.

Nach dem Abitur studierte meine Mutter wie ihr Vater Volkswirtschaft in München und zeigte schon früh Geschäftssinn, indem sie auf ihrer Vespa regelmäßig einen Träger Kaiser-Bier zur Universität transportierte und verkaufte. Zusätzlich zum Wirtschaftsstudium wollte sie Sprachkenntnisse erwerben und studierte deshalb in Grenoble, wo sie das französische Sprachdiplom erwarb, obwohl sie dort angefangen hatte, ohne auch nur ein Wort Französisch zu sprechen. Von dort wurde sie dann gegen ihren Willen nach Hause zurückgerufen, um die Leitung der häuslichen Brauerei zu übernehmen. Es sollte aber nach kurzer Zeit anders kommen.

Zur Verlobung in den Vatikan

Meinen Vater kannte sie, seit er 1948 zusammen mit ihrem Vater im Frankfurter Wirtschaftsrat gesessen hatte, aber gefunkt hat es beim Fasching 1957. Zur Verlobung fuhr das junge Paar, streng bewacht von ihren Eltern, nach Rom, wo sie von Papst Pius XII.

Eltern und Verlobte nehmen Bruno Wüstenberg in die Mitte.

zu einer Audienz empfangen wurden, was damals für Unverhei-
ratete gelinde ausgedrückt außergewöhnlich war. Nach der Papst-
Audienz folgten politische Gespräche, der Abend sollte in Traste-
vere ausklingen. Dort trafen sie den Monsignore Bruno Wüstenberg, einen fröhlichen Rheinländer, der als Leiter des deutschen
Hauses Teutonicum vormittags bei der Audienz zugegen gewesen
war. Der Wein war gut, und so verstrich Mitternacht, der Zeitpunkt, an dem der Vatikan geschlossen wurde, alle Gäste gehen
mussten bzw. selbst die Bewohner des Vatikans nicht mehr hi-
neinkamen, sondern sich umliegend ein Zimmer suchen mussten. Nun war es egal, sie tagten weiter, doch dann war guter Rat
teuer: Wie sollte Wüstenberg, der einen Porsche fuhr, in den Vati-

kan kommen? Mein Vater meinte, er werde das schon hinbekommen, setzte sich auf den Beifahrersitz und meine Mutter zwängte sich hinten hinein. An der Seitenpforte des Vatikans angekommen, läutete mein Vater, der diensthabende Kommandant der Schweizer Garde erkannte glücklicherweise den Gast vom Vormittag, ließ das Tor öffnen und die Garde präsentieren, spontan gab Wüstenberg Gas und raste an der verdatterten Wache vorbei.

Hochzeit unter dicken Wolken

Von da bis zur Eheschließung dauerte es nicht lange. Die Hochzeit am 4. Juni 1957 wurde jedoch von einem schweren Unglück überschattet. Ein Oberjäger hatte tags zuvor bei einer Übung junge Soldaten durch die Iller geführt, die Menschenkette war gerissen, 15 Soldaten waren fortgerissen worden und ertrunken. Mein Vater erfuhr von dem Unglück auf der Fahrt zum Polterabend in Rott am Inn, nach einer kurzen Begrüßung der Gäste machte er sich mit seinem Schwiegervater sofort auf zur Unglücksstelle, erst in den frühen Morgenstunden kamen sie zurück. Meine Mutter, in Tränen aufgelöst, hatte die ganze Nacht kein Auge zugemacht und gewartet. Was sollten sie nun tun? Die Hochzeit war vorbereitet, Konrad Adenauer mit dem Sonderzug angereist, alle Gäste

Tischdekoration:
Kaiser-Bräu als
Herz des kleinen
Imperiums

157

waren vor Ort. Die Hochzeit fand statt, es regnete in Strömen und man war sich gewiss, dass politisch bittere Stunden folgen würden. So kam es auch. Meine Mutter wusste von Beginn ihrer Ehe an, dass es an der Seite dieses Mannes nicht nur große Höhen, sondern auch Tiefen und Stürme geben würde. Sie beklagte sich aber nie und sagte immer, »ich wusste ja, wen ich heiraten würde«. Aus ihren Erzählungen aus den Bonner Tagen ist mir besonders ihre Schilderung der Folgen der *Spiegel*-Affäre in Erinnerung.

Die *Spiegel*-Affäre

Über die Hintergründe dieser Staatskrise ist viel vermutet worden. Mir erscheint die Analyse von Vaters damaligem Pressesprecher Gerd Schmückle, das Ganze sei letztlich auf eine Intrige des damaligen Geheimdienstchefs Gehlen zurückzuführen, die glaubhafteste. Gehlen habe den *Spiegel* mit dem Material ausgerüstet, wegen dem er dann Adenauer den dringenden Rat gab, gegen die seiner Darstellung nach subversiven Vaterlandsverräter des *Spiegel* vorzugehen, die drauf und dran seien, zu ihren kommunistischen Freunden nach Kuba zu fliehen, wegen deren Raketenrüstung in jenen Tagen ein Atomkrieg begonnen hätte.
Mir gegenüber sagte mein Vater einmal sibyllinisch: »Ich hätte mir die Weisung schriftlich geben lassen sollen.« Gemeint war Adenauer. Diesem war vor dem Rücktritt 1962 von interessierter Seite eingeredet worden, sein Verteidigungsminister Strauß würde nach Art südlicher Staatsgebilde einen Militärputsch planen für den Fall seiner Ablösung. Als mein Vater dann einfach zurücktrat, meinte Adenauer fast schon enttäuscht: »Er ist auch nicht mehr der Alte.« Auf einmal waren damals alle wie von Geisterhand mit scheinbar guten Argumenten gegen Strauß versorgt. Der *Spiegel* hatte lange mit typisch deutscher Hysterie Brennstoff

gegen Strauß zusammengeklaubt, der sich dann explosiv entlud. Eine der Hauptleidtragenden war meine Mutter. Sie erzählte, dass damals Leute, die ihr tags zuvor noch am liebsten die Einkaufstüte nach Hause getragen hätten, die Straßenseite wechselten, um sie nicht grüßen zu müssen. Auf die Stimmung jener Tage angesprochen meinte sie: »Der Mensch ist gut – aber die Leute können böse sein.« Schockierend war für sie auch, in der Aufgeregtheit jener Tage dann in den Prozessen als Zeugin aussagen zu müssen, wo sie von den Anwälten des *Spiegel* in einer Weise angesprochen wurde, die sie an Gestapo-Verhöre erinnerte.

Rott am Inn

So blieb nur der Rückzug nach Rott, in größter Eile wurde das Erdgeschoss des Prälatenstocks ausgebaut, damit die Familie dort wohnen konnte. Mein Bruder Max hat noch Erinnerungen an Bonn, ich nicht. In Rott schirmte uns unsere Mutter ab, so gut sie konnte, es gab keine Pressefotos, wir Kinder lebten dort wie im Paradies.

Es gab bis Anfang der Siebzigerjahre eine Brauerei, die Kaiserbräu, da war immer etwas los, dazu gehörte eine Gärtnerei, die Gemüse jeder Art verkaufte und damals schon auf Pflanzenschutzmittel weitgehend verzichtete. Mein Großvater war zudem der Ansicht, dass ein Garten, aus dem man nicht essen könne, nichts tauge, und so hatte er in seinem privaten Park alles Mögliche anpflanzen lassen, Äpfel, Birnen, Zwetschgen, Pfirsiche, Aprikosen, Kirschen, Erd-, Johannes-, Brom- und Himbeeren, dazu Hasel- und Walnüsse. Meine Mutter hielt zu unserem Leidwesen viel von Gemüse und weniger von Fleisch oder gar Würsten, so gab es oft fleischlose Kost, freitags immer Mehlspeisen. Bereits im Jahr 1958 war unsere langjährige Haushälterin Käthe Schmid zur

Familie gestoßen, sie gehört heute noch dazu und besucht uns Kinder wöchentlich. Sie war über viele Jahre unersetzlich, gab aber an, keine Kinder zu mögen, weshalb sie immer kündigte, wenn meine Mutter mit einem Neuankömmling aus der Klinik kam, es brauchte jeweils einiges Zureden, bis sie sich bereitfand, doch noch ein paar Wochen zu bleiben, mit der Ankündigung, dann aber sicher zu gehen. Mittlerweile ist sie 50 Jahre bei uns, für unsere Kinder eine Art Ersatzoma, immer da, immer voller Elan, immer mit eigener Meinung, die sie eisern vertritt.

Wir blieben in Rott, bis Max 1969 ans Gymnasium wechselte.

München

Meine Mutter meinte, dass es nun Zeit sei, nach München zu ziehen, wo uns eine gänzlich andere Umgebung erwartete. Wir zogen in den 14. Stock eines Hochhauses, die Umgebung bestand hauptsächlich aus Beton, kein Park mehr, keine Brauerei, in deren Umfeld es so viel zu erleben gegeben hätte. Mein Großvater starb im Januar 1969, ich sehe ihn noch vor mir, am Stock durch den Park gehend, seine geliebten Rosen schneidend, später dann auf dem Krankenlager, auf das ihn eine Krebserkrankung gezwungen hatte, wo ich ihn täglich besuchte. Gleich nach seinem Tode verkaufte meine Großmutter die Brauerei, die das Herz des kleinen Imperiums gewesen war. Sie hatte meiner Mutter zwar die Übernahme angeboten, die jedoch angesichts der Umstände unmöglich war, so zogen wir wie geplant nach München. Erst dort bekam die Öffentlichkeit richtig mit, dass FJS auch Kinder hatte. Zum Beispiel aus Anlass von Künstlerempfängen.

Es hieß zu Beginn der Siebzigerjahre, dass alle Künstler politisch links stünden, was mein Vater, zumindest für Bayern, widerlegen wollte. Der junge RCDS-Funktionär Peter Gauweiler war ihm als

Das Rotter Kinderparadies, hier der »Prälatenstock« von der Gartenseite, wurde 1969 ...

... gegen die Hochhauswohnung in München getauscht.

Querkopf aufgefallen, weshalb er ihn einbestellte, um ihm den Kopf zu waschen. Das Gespräch dauerte länger als geplant und am Ende war Gauweiler Referent in der CSU-Landesleitung und organisierte die hervorragend besuchten Künstlerempfänge im Landgasthof »Jagdhof« vor den Toren Münchens. Ich sehe heute noch Shmuel Rodensky und Ivan Rebroff auf der Treppe stehend »Anatevka« singen. Das alles war mir in meinem Rotter Paradies bis dahin völlig fremd gewesen. Bei diesen Festen war natürlich die Presse vertreten, die von uns Strauß-Kindern erstaunt Notiz nahm. Als Bub fiel mir damals zum ersten Mal auf, dass mein Vater offenbar etwas machte, was nicht alle konnten, und dass er irgendwie immer im Mittelpunkt stand. Seine Wirkung als Mittelpunkt des Interesses konnte übrigens unsere Mutter auch nach langen Ehejahren kaum fassen. Oft schüttelte sie ungläubig den Kopf, wenn die Leute bei Gesprächen auch im kleineren Rahmen in drei Reihen beieinander standen oder auf Bänke, Stühle und Tische kletterten, um wenigstens ein paar Fetzen seiner Ausführungen mitzubekommen.

Verstehen statt parieren

Unsere Mutter war auch in München nur für uns da und verzichtete weitgehend auf die Teilnahme am Münchner Gesellschaftsleben. Sie erzog uns nicht nach dem Basta-Prinzip, sondern erklärte uns die Zusammenhänge. Ihre Tante Hanna Woge war Wochenschwester in Hamburg gewesen, die von ihr gepflegte Art der Kindererziehung mit starren Essens- und Zubettgehzeiten war Mutter ein Gräuel. Das sei eine Erziehung, die auf »Parieren«, also Gehorchen, ziele und nicht auf Verstehen. Einmal fuhren wir mit einer Kutsche, vorne saß der Bauer mit dem kleinen Sohn des Gastgebers. Dieser zog an dem Zügelteil, das ihm in die Hand

162

gedrückt worden war, der Bauer versuchte gegenzuhalten, bis ihm der Geduldsfaden riss und er die Zügel wieder ganz an sich nahm: »Basti, lass mich jetzt ran, zu zweit können wir nicht lenken, das geht nicht.« Meine Mutter sagte, das sei der Stil, in dem Kinder zu erziehen seien, erklären statt »parieren« lassen. Sie war richtig begeistert.

Normalerweise mussten wir um 20 Uhr im Bett sein, wenn aber unser Vater abends oder auch nachts kam, waren wir drei auf den Beinen. Kamen dann besorgte Fragen wegen des Wohlergehens der Kinder, meinte sie nur: »Die haben in ihrem Leben noch genug Zeit, zu schlafen, aber zu wenig, ihren Vater zu sehen. Das geht also vor.« Als wir älter waren und oft zu später Stunde nach Hause kamen, brannte bei ihr immer Licht, sie hatte keine Ruhe, bis das letzte Küken im Korb war. Von meinem Vater war sie gewohnt, dass er meist spät nach Hause kam. Zum Glück hatte er stets ein Autotelefon im Wagen. Damals musste man aber den Ort wissen, in dessen Sendebereich sich das Telefon befand. Hier hatte sie fast schon einen siebten Sinn entwickelt, wusste, wann es wie spät werden würde und wo der Wagen meines Vaters sich gerade befinden könnte. So lag ein Vorwahlverzeichnis aller größeren Orte Bayerns auf ihrem Schreibtisch, sie überlegte dann spät nächtens: »Jetzt könnten sie doch hier sein«, tippte auf einen Ort und wählte die Nummer. Meistens stimmte es.

Rasch den Berg hinauf

Sie war aber bei weitem nicht so draufgängerisch wie unser Vater. Silvester 1983 flogen meine Eltern in die Karibik, um zum ersten Mal an einer Kreuzfahrtreise teilzunehmen. Das hätte ein Urlaub fernab von Trubel und Gefahren, von Politik und Terminstress werden sollen. Weit gefehlt: Die Amerikaner hatten auf der Karibikinsel Grenada interveniert und mein Papa wollte an den Brennpunkt, um zu sehen, was da los war. So stand, kaum dass sie einige Stunden auf dem Kreuzfahrtschiff verbracht hatte, eine US-Regierungsmaschine bereit, um meinen Vater für einige Stunden nach Grenada zu fliegen. Das war für ihn der richtige Urlaub, für meine Mutter hätte es diese Exkursion nicht gebraucht.

Zum Sport hatte sie keine eigene Beziehung aufbauen können, aufgrund der früheren Herzprobleme, die sich verwachsen hatten, konnte sie auch beim Radeln nicht mithalten, was unser Vater gerade in unserer Kindheit mit großem Eifer und dem Wunsch nach einer Kilometerleistung betrieben hatte. Dafür wanderte sie gerne und ärgerte sich darüber, dass manche Routen arg lang waren, bis der Aufstieg beginnen konnte. Ihre Lösung war, ein Fahrrad mitzunehmen. Trotzdem war sie natürlich keine Pionierin des Moutain-Bikens, sie wollte nur die ebenen Strecken schneller überwinden, den Berg hinauf und an unebenen Stellen hinunter schob sie das Rad. Einmal machte ich das mit, zerrte das Rad über den vermaledeiten Berg und als ich nach Stunden auf der Gegenseite losradeln wollte, platzte der Hinterreifen. Ich habe nie ein Verhältnis zum Moutain-Biken entwickelt.

Sie kümmerte sich rührend um Freunde und Angehörige, die krank geworden waren, wogegen Personen ohne diese Lebenslagen oft auf einen Anruf warten konnten. Riefen sie dann selbst an, um sich leise zu beschweren, warum sie denn nichts hören lasse, kam meistens der Satz: »Fehlt dir was? Na also, warum sollte ich dann anrufen?«

Sie war ein praktischer Mensch, der es liebte, alles rasch zu erledigen, »g'schwindt«, wie sie meinte. So packte sie gerne vor einen Termin noch »g'schwindt« zwei andere, und nebenbei konnte man ja noch schnell bei der Schneiderin vorbeifahren … Das Ergebnis war, dass manche Freundinnen am vereinbarten Treffpunkt lange vergebens warteten, bis sie endlich ankam. »Ich bin zu spät, aber ihr habt euch sicher auch ohne mich gut unterhalten!«, sagte sie dann gerne, und damit war für sie alles erledigt. Meine Frau Birgit meint, das sei eine schlimme Familienkrankheit, und hat alles darangesetzt, mir diese auszutreiben.

Musikfreunde

Meine Mutter war für meinen Vater die wichtigste Gesprächspartnerin, kritisch seine Umgebung, aber auch ihn betrachtend. Oft meinte sie, er hätte sich vieles leichter machen können, aber dann wäre er nicht der gewesen, der er war.
Was sie allerdings liebte, waren Opern-, Theater- und Konzertabende, dafür nahm sie sich gerne Zeit. Hierfür hatte sie schon in Rott ein Abonnement, viele Male habe ich mit ihr Rafael Kubelik am Pult des Symphonieorchesters des Bayerischen Rundfunks gehört, oft war ich mit ihr in der Münchner Oper, habe dort Karl Böhm erlebt, besonders aber Wolfgang Sawallisch. Meine Mutter war ihm und seiner Kunst sehr zugetan, die Verbundenheit der Eheleute Sawallisch hielt weit über ihren Tod hinaus. Weitere künstlerische Kontakte bestanden zu Carl Orff, beide verband eine herzliche Zuneigung, ferner zählten die Kammersängerin Hertha Töpper und ihr Ehemann Franz Mixa zum Freundeskreis. Mit dem Kammersänger Hermann Prey verband sie das Schicksal, Opfer der Umtriebe des bereits erwähnten Schreiber zu sein. Ich begleitete sie oft und lernte an ihrer Seite auch bayerische Schauspieler wie Beppo Brem, Fritz Strasser oder Toni Berger und Hans Clarin kennen, die häufig Gast im Hause Dannecker waren. Seit Ende der Schulzeit war ich begeisterter Operngänger. Mein Vater mochte dieses Genre weniger, überhaupt war er eher unmusikalisch und pflegte immer unter Anspielung auf die diversen Komponisten desselben Namens zu sagen, dass, als im Himmel

die musikalischen Gaben verteilt wurden, sich beim Namen »Strauß« schon so viele vor ihm gemeldet hätten, die reich bedacht wurden, dass für ihn nichts übrig geblieben sei. Das bedeutete natürlich nicht, dass er keine Ahnung gehabt hätte, vielmehr wusste er musikhistorisch einiges beizutragen und hatte manches Libretto gelesen, insbesondere von Wagner, der ihn weniger als Ton- denn als Wortschöpfer faszinierte. Wenn es nach Bayreuth ging, hatte er das Libretto der jeweiligen Oper gerne als Reclamheft dabei. Für reguläre Opernbesuche fehlten ihm aber Zeit und Muße, umso besser für mich, der ich meine Mutter begleitete oder auch alleine ging. So lernte ich mit ihr die Größen der Opernwelt kennen, was später für die nach ihr benannte Stiftung bedeutsam werden sollte.

Auch die letzten Erinnerungen an sie sind mit Kunst verbunden. Am 20. April 1984 fuhren wir zu zweit nach Salzburg, um nachmittags an der lateinischen Karfreitagsliturgie im Kloster am Nonnberg teilzunehmen, abends ging es dann ins Konzert, so konnte ich Herbert von Karajan mit Tschaikowskys 5. Symphonie erleben. Abends feierten wir dann zu zweit im Hotel »Goldener Hirsch« in ihren 54. Geburtstag hinein, es sollte das letzte Mal sein. Tags darauf kamen mein Vater und Bruder Max nach. Mein Vater wollte nachmittags den libanesischen Präsidenten Gemajel treffen und abends im Franziskanerkloster in die Osternacht feiern, dazwischen war eine Brotzeit im legendären Peterskeller geplant. Das Gespräch mit Gemajel dauerte wesentlich länger als geplant, er ging auch mit in den Peterskeller und in die Messe. Das ihn begleitende Ehepaar Holzer hatte für diesen Abend Karajan-Karten, da es aufgrund der unerwarteten Gesprächsentwicklung nicht vorzeitig gehen wollte, saß ich unverhofft nochmals bei Karajan, diesmal mit einem Mozart-Doppelkonzert.

Die soziale Seite

Ab 1980 wurde unser Haus leerer: Ich zog nach Frankfurt, 1982 heiratete Monika und zog in den Münchner Stadtteil Waldperlach, Max war vielfach unterwegs, meist in Sachen CSU, wo er auf Kreisebene Strippen zog.

Für meine Mutter begann ein neuer Lebensabschnitt. Sie war zufrieden: Alle drei Kinder hatten die Schule mit Studienberechtigung verlassen und somit die Grundlage für den weiteren Lebensweg gelegt. Meine Mutter wollte von nun an noch mehr im sozialen Bereich tätig werden. Die Grundlage für ihre soziale Einstellung war ihr tiefer katholischer Glaube, den sie nach dem Motto: »Es gibt nichts Gutes, es sei denn, man tut es« in ihrer praktischen Art auch leben wollte. Erfolg, Macht und Glanz, all das sah sie als wichtiges Ziel ihres Lebens an, korrelierend damit die Hilfe für die, denen das Leben eine schwere Last auferlegt, die im Schatten leben. Den ersten Anstoß gab Frau Stücklen, indem sie riet, sie solle doch etwas für arme Leute in der »Zone«, wie man damals die DDR nannte, tun. So schickte meine Mutter jedes Jahr vor Weihnachten Pakete an Adressen, die sie von der Frau des Postministers erhalten hatte, später kamen weitere dazu. Etwa 40 Empfänger erhielten jährlich selbst gepackte Weihnachtspakete von ihr, zusammen mit Schreiben, die sie selbst auf ihrer Maschine getippt hatte. Das war jedes Jahr eine große Aktion, mit der unsere Küche tagelang belegt war. Sie bekam dann Dankschreiben, manchmal aber auch die Anfrage, warum dieses Jahr nichts gekommen sei. So stellte sich heraus, dass Pakete, die Kaffee oder Schokolade enthielten, besonders gerne »verloren« gingen, überhaupt musste sie sehr darauf achten, wie viel und was sie verschickte, Druckwerke jeder Art waren z.B. ein Anlass für die Behörden der DDR, das Paket einzubehalten und gegen die politisch völlig harmlosen Empfänger zu ermitteln.

Besonders hat sie sich für die Belange der an Multipler Sklerose Erkrankten eingesetzt. Die Behandlung dieser schweren Autoimmunkrankheit steckte damals noch in den Kinderschuhen, zudem hatte Mildred Scheel mit ihrer Krebshilfe viel Gutes erreicht, die Kehrseite aber war, dass sich das ganze öffentliche Interesse auch wegen der massiven Unterstützung durch die *Bild*-Zeitung auf das Thema Krebs richtete. Andere Themen mussten da zu kurz kommen. Es traf sich aber günstig, dass Veronika Carstens, Ärztin und Ehefrau des Bundespräsidenten, sich demselben Thema gewidmet hatte. Es ging darum, auf die Krankheit aufmerksam zu machen und ihre Behandlung zu professionalisieren, weshalb meine Mutter sich stark dafür einsetzte, dass ein Klinikzentrum errichtet wurde, in dem die Behandlung von MS auf der Basis neuester Erkenntnisse erfolgt. Die Klinik entstand in Berg am Starnberger See, wurde nach ihrem Tode fertiggestellt und nach ihr benannt.

Ferner war sie im Landesvorstand der Caritas tätig und im Kuratorium der Pfennigparade. Als wäre das nicht genug gewesen, begann sie ab 1978, sich um die Fälle zu kümmern, die meinen Vater anschrieben und um soziale Hilfe baten. Vielen konnte sie helfen, aber manche überstrapazierten auch ihre Kräfte. Sie hatten von meiner Mutter in einem unbedachten Moment die Privatnummer erhalten und wussten, dass sie am besten morgens zur Frühstückszeit erreichbar war, was weidlich genutzt wurde. Das alles kostete viel Kraft, was unsere Haushälterin Käthi sehr kritisch kommentierte. Natürlich ging es oft ums liebe Geld. Die Mittel, die dem Ministerpräsidenten für solche Notfälle zur Verfügung standen, reichten natürlich hinten und vorne nicht, und so organisierte meine Mutter Hilfeleistungen von Privatleuten und Firmen. Besonders hilfreich waren etwa Hertie in München, aber auch das Herrenmodehaus Hirmer sowie die Firma Avon Cosmetics. Damit hatte es eine besondere Bewandtnis.

München, den 26.11.80

Liebe Frau Nowak,

Nun geht dassJahr wieder zuende. Da wollte ich doch
von mir hören lassen.
Heuer wird es nämlich leider nicht möglich sein, daß
ich ein Paket schicken kann. Aber eine Bekannte besucht
in diesen Tagen ihre Verwandten. Ich habe ihr für Sie
und für Ihren Sohn je 100.-- mitgegeben. Bitte schreiben
Sie mir gleich, ob das Geld gut angekommen ist.
Wir hatten ja Poststreik und die Sache ist noch nicht
ausgestanden. Ich fürchte deshalb, daß es im Weihnachts-
verkehr zu neuen Schwierigkeiten kommen wird. Außerdem
weiß ich immer nicht recht, was Sie vielleicht am nötigsten
hätten. Aber wenn alles ruhig bleibt, dann sehe ich schon,
daß ich noch einmkleines Packerl absetzen kann.
Dieses Jahr war sehr anstrengend und brachte eine Unmenge
Arbeit. Und nun kommt Weihnachten. Man darf nicht verzagen.
Aber die Zahl der Hilfsbedürftigen wächst in gewissen
Bereichen beängstigend. Zum einen gibt es immer mehr
verlassene Familien und auch Einzelne,z.B. solche, die
an einer schweren Krankheit erkranken oder durch einen
Verkehrsunfall dauergeschädit sind. Seit 1976 kann ein
Partner den anderen ohne Angabe von Gründen verlassen und
sich nach einer Trennungsfrist von nur einem Jahr scheiden
lassen. Mütter mit kleinen Kindern und Kranke stehen von
einem Tag auf den anderen allein da und müssen sehen wie
sie weiterkommen. Unterhaltszahlungen gibt es nur bei
etwa der Hälfte der Geschiedenen - die einfachen Leute
gehen meist leer aus und müssen oft von Sozialhilfe leben.
Das bewahrt zwar vor der ärgsten Not, ist aber schon sehr
schwer. -- Unseren Kindern geht es Gott sei Dank gut. Der
Zweite hat nun se n Abitur und darf vor dem Wehrdienst
die Lehre noch fertigmachen. Ich bin froh, denn dann hat
er erst einmal seine Ausbildung. Wie geht es Ihrem Sohn?

Meine Mutter schrieb diese Briefe selbst, saß oft bis spät in die Nacht am
Schreibtisch.

169

Als meine Schwester heiratete, sah mein Vater auf der Einladungsliste die Namen Ruth und Leo Kirch. Das war bestens so, aber es fehlte der Name von Hans Andresen, Kirchs langjährigem Freund und Partner, den meine Eltern von gemeinsamen Reisen her sehr schätzten. So schrieb mein Vater auf die Seite der Liste: »Hans Andresen«. Die Sekretärin ging die üblichen Wege und fand die Adresse im Bestand der Staatskanzlei. Nach Versand der Einladungen meldete sich Hans Andresen, Deutschland-Chef von Avon Cosmetics. Er freue sich sehr über die Einladung, könne sich aber beim besten Willen nicht vorstellen, wie er dazu komme, kenne die Familie nur aus der Zeitung, da müsse ein Irrtum vorliegen. Das stimmte. Das Gespräch zwischen Andresen II und meiner Mutter verlief aber so harmonisch, dass bei der Hochzeit dann beide Andresens anwesend waren. Und die Sozialarbeit meiner Mutter hatte einen großen Förderer gewonnen.

Der Wunsch, im Sozialen etwas zu bewegen, wurde mit Beginn der Achtzigerjahre immer stärker bei meiner Mutter, so stark, dass wir mit Freunden überlegten, wie man das Ganze institutionalisieren könne, Rotes Kreuz, Caritas oder doch eine Funktion in der CSU? Sie wollte politisch etwas bewegen. So geht das bayerische Landeserziehungsgeld auf sie zurück. Zudem lud mein Vater auf ihre Initiative hin zu großen Familienempfängen für kinderreiche Familien in die Residenzen in München und Würzburg. Seine Reden enthielten auf ihr massives Drängen hin familienpolitische Inhalte und Initiativen, und als in Bonn die Union an die Regierung kam, setzte sie auch hier an und nahm starken Einfluss auf meinen Vater, sich gegen Leistungskürzungen gegenüber Familien stark zu machen. Als der damalige Staatssekretär im Bundesfinanzministerium Friedrich Voss einmal wegen eines Termins im Vorzimmer meines Vaters wartete, begegnete er meiner Mutter, die ihn ins Gebet nahm, die Haushaltskonsolidierung dürfe nicht zu Lasten der Familien gehen. Da öffnete sich die

Bürotür meines Vaters, der Voss mit dringendem Tonfall zu sich rief. Als die Tür zu war, meinte er dann, es liege eigentlich gar nichts Besonderes an, er wolle Voss nur vor dem familienpolitischen Kreuzzug seiner Frau bewahren.

Auch wir bemerkten, dass sie über ihre sonstige Resolutheit hinaus etwas zu insistierend, zu nachdrücklich, fast fatalistisch geworden war. Die Termine nahmen zu, nur gelegentlich war ich dabei, mal besuchten wir ein Frauenhaus, wo ich dann vor der Türe warten musste, mal verabschiedete sie den »Sonnenzug« der Caritas und Malteser mit Behinderten, die auf Pilgerreise nach Rom gingen. Wir Kinder betrachteten das als selbstverständliche Tätigkeit der Frau des Ministerpräsidenten, obwohl uns seitens der Beamtenschaft versichert worden war, dass ihr Einsatz weit über das bislang Gewohnte hinausging.

Eines Tages saß ich an meinem Flügel, als sie ins Wohnzimmer kam. Ich messe mir keine seherischen Fähigkeiten zu, aber damals durchzuckte mich der Gedanke, was denn wäre, wenn ihr etwas passieren würde. Wie selbstverständlich waren wir davon ausgegangen, dass, wenn etwas passieren würde, dies meinem Vater widerführe, die Belastungen, der Lebenswandel, das Gewicht, rasende Fahrten durchs Land, oft ohne Gurt, Fliegen bei jedem Wetter, RAF oder sonstige Verrückte, man musste nicht lange ein Szenario überlegen. Von meinem Gedankenblitz nur kurz irritiert vertiefte ich mich wieder in meine Noten.

Das Unvorstellbare geschieht

Seit April 1983 bis zur Jahresmitte 1984 war ich bei der Bundeswehr gewesen und hatte die üblichen 15 Monate Grundwehrdienst abgeleistet. Als Funkfernschreiber war ich in der Münchner Waldmannkaserne stationiert. Mein Vater lud mich ein, ihn anschließend auf eine Reise nach Jugoslawien zu begleiten, die er als Präsident des Bundesrates antreten wollte. Meiner Mutter war die Reise zu anstrengend, litt sie doch seit Wochen an einer schmerzhaften Gürtelrose, die sie lieber in den Tegernseer Bergen auskurieren wollte. Da kam ihr die Jugoslawienreise als Auszeit von der Familie gerade recht. Überaus gerne sagte ich zu.

Mein letzter Diensttag war der 20. Juni 1984, ich hatte Nachtschicht auf den 21. Juni, das war der Fronleichnamstag. Meine Eltern nahmen morgens am Münchner Fronleichnamszug teil und kamen dann nach Hause. Früher als erwartet rief mein Vater zum Aufbruch. Ich wunderte mich, wir würden ja viel zu früh am Flughafen ankommen. Der Abschied ging schnell vonstatten, kaum saßen wir im Auto, meinte mein Vater, er habe die Abreise meiner Mutter nach Kreuth nicht hinauszögern wollen, deshalb sei er nun abgefahren. »Vor uns fährt sie nicht, deshalb müssen wir weg, damit sie noch etwas vom Tag hat. Wo bekommen wir

Ankunft in Jugoslawien

172

jetzt Richtung Flughafen schnell eine Brotzeit?«, fragte er, meine Antwort: »am Nockherberg«. Er stimmte zu, wir speisten wohlgemut in dem beliebten Gasthaus und erreichten pünktlich den Flughafen, wo eine Maschine der Luftwaffe wartete. Der Flug war problemlos und wir landeten auf die Minute genau in Belgrad, was der Crew ein besonderes Anliegen war. Ich saß im Cockpit und erfuhr während des Landeanflugs vom Chefpiloten, dass es für die Bundeswehrpiloten Ehrensache war, pünktlichst anzukommen.

Gespräche in Jugoslawien

In Belgrad standen die ersten Gespräche an. Die Stimmung war eisig, die kommende Teilung Jugoslawiens warf bereits ihre Schatten voraus, die Serben hatten schon ihre eigene Vorstellung von der Zukunft, die Offenlegung ihrer Karten, ein besseres Verhältnis zu Deutschland oder Beteiligung an der europäischen Integration war das Gegenteil dessen, was sie insgeheim planten. Mein Vater verstand es eigentlich immer, bei Gesprächen seine Gesprächspartner in den Bann zu ziehen, seine Bereitschaft, zuzuhören, sein Intellekt, sein Charme, sein ungeheures Gedächtnis, sein breiter Erfahrungsschatz, stets verstand er es, zu faszinieren. Nicht so in Belgrad. Da politisch mit den Gesprächspartnern nichts zu bewegen war, begann er ein volkswirtschaftliches Seminar, er erläuterte den Gastgebern den Sinn von Investitionsplanung und Abschreibungen, welche einzuführen unabhängig vom Gesellschaftssystem höchst sinnvoll sei. Verstanden haben sie nichts. Eine Zeitlang glaubte ich, das mit den eisigen Mienen laufe bei solchen Gesprächen immer so. Zu meiner Überraschung fragte mein Vater mich nach dem Gespräch: »Hast du die steinernen Mienen gesehen? Das sind richtige Betonköpfe!«

Schnappschuss beim Diner in Zagreb. Papa richtet Dankesworte an die Gastgeber. Vorne links: Dr. Rainer Kessler

Der nächste Tag sollte besser laufen, wir waren in Zagreb angekommen, die Gesprächsatmosphäre war freundlich, am Abend des Tages gab es ein Essen zu Ehren der deutschen Gäste, danach begleitete ich meinen Vater in seine Räume im Stadtschloss von Zagreb. Am nächsten Morgen fuhren wir bei schönem Wetter im Konvoi weiter.

Mein Vater saß mit im vorderen Wagen, ich mit Wilfried Scharnagl und Wolfgang Piller im nachfolgenden. Scharnagl war bester Laune und feuerte auf dem Beifahrersitz ein Solokabarett ab, dem Piller nur ungläubig staunend folgen konnte. Die Stimmung war bestens, es würde sicher ein wunderbarer Tag werden. Plötzlich bog die Kolonne auf den Parkplatz einer Raststätte ein und hielt an. Eine große Unruhe beschlich mich, als ein jugoslawischer Uniformträger sich ausgerechnet meiner Wagentüre näherte und mich aufforderte, ans Telefon zu kommen. Ich verstand gar nichts und hatte plötzlich Blei in den Beinen. Weshalb rief er mich und nicht meinen Vater, der doch – Hauptperson und ungleich wichtiger als ich – nur ein Fahrzeug weiter vorne wartete? Es konnte also nur etwas sein, was mich betraf. Wild rasten meine Gedanken durcheinander. Bundeswehr? Nein. Dann ein Gedanke: Ich gab damals zusammen mit anderen die Stadionzeitung des TSV 1860 heraus. Da war immer irgendetwas am Anbrennen. Sicher hatte mir jemand nachtelefoniert mit dem Hinweis, es sei sehr dringend und dann war die Sache ein Selbstläufer geworden. Das würde eine saubere Blamage geben. Die Delegation des Bundesratspräsidenten hält wegen einer verschwundenen Anzeigenvorlage. Schlimmer konnte es nicht kommen, dachte ich.

Die Nachricht

In der Raststätte angekommen wurde ich zu einem Tresen geführt, auf dem ein Telefon stand. Man übergab mir eine Telefonnummer und schlagartig wurde mir klar, dass da mehr dahinterstecken musste. Es war die mir bekannte Nummer des Lagezentrums des bayerischen Innenministeriums. Mein soeben überdachtes Worst-case-Szenario avancierte zur besten aller Welten. Beim Wählen schossen mir die Gedanken nur so durch den Kopf, ich dachte an meine Geschwister, nicht aber an meine Mutter, da würde man doch den Vater holen. Daran, dass man dann natürlich auch bei einem Unfall eines meiner Geschwister meinen Vater zuerst informiert hätte, dachte ich nicht. Es wollte einfach nicht zusammenpassen, dass ich am Telefon stand und nicht mein Vater. Die Leitung stand nun, der Beamte im Lagezentrum fragte mich mit ruhiger Stimme, ob ich Franz Georg Strauß sei. Ich bejahte. »Herr Strauß. Ich muss Ihnen leider die Mitteilung machen, dass Ihre Mutter heute Nacht einen Unfall hatte. Sie ist bei Scharling tödlich verunglückt. Man hat sie heute Morgen gefunden.«
Während ich das hörte, sah ich meinen Vater, gefolgt von Scharnagl und Piller, durch die Eingangstüre kommen. Der Blick meines Vaters beinhaltete eine gereizte Unruhe, er konnte sich keinen

Reim aus allem machen und sah mich intensiv fragend an. Ich brachte nur einen Satz heraus: »Die Mami ist tot, Autounfall, heute Nacht, bei Scharling, verunglückt.« Ich war froh, ihm den Hörer in die Hand geben zu können.

Man hatte mich als persönlichen Begleiter ans Telefon geholt, da man nicht mit der Meldung in ein Gespräch platzen und meinen Vater in Verlegenheit bringen wollte. Diplomatisches Feingefühl. Mein Vater versuchte, tief betroffen, den Hergang zu erfahren. Er stellte immer wieder bohrend dieselben Fragen, deren Antwort er kannte. Es war ihm, aus innerem Antrieb, auch ein Akt der Selbstdisziplin, in dieser schwersten Stunde seines Lebens die Fassung nicht zu verlieren, sondern mit seinen Fragen Übersicht und das Gesetz des Handelns wieder zu erlangen.

Meine Mutter hatte am 21. Juni wohlbehalten Kreuth erreicht. Am nächsten Mittag war sie zu ihrer Schneiderin nach Rott am Inn gefahren. Sie hatte eine Reise nach Tibet geplant und auch die ärztlichen Tests positiv bestanden, nun wollte sie Kleider für diese Reise anprobieren. Bei meiner Großmutter, die in Rott war, meldete sie sich nicht, sie war in jenen Tagen nicht gut auf sie zu sprechen, dieser Umstand belastete meine Großmutter später schwer. Nach der Anprobe der Kleider fuhr meine Mutter nach Rottach-Egern zu ihrer besten und langjährigen Freundin Lisbeth Payr. Diese, einige Jahre älter als sie, war die Tochter des Rotter Arztes Pittrich, sie hatte den Münchner Polizisten Fritz Payr geheiratet und wohnte in einem Haus in Rottach, das ihr bereits 1967 verstorbener Mann geerbt hatte. Zwischen den Familien Strauß und Payr besteht eine Freundschaft, die sich über die Generationen erhalten hat. Dort abends angekommen, hatten sich die Damen auf ein Glas Wein zusammengesetzt, wie sie dies seit jeher pflegten. Im Laufe des Abends hatte meine Mutter die Uhr abgelegt mit der Bemerkung, sie sei ihr zu schwer. Später erfuhren wir, dass dies ein Hinweis auf akute Herzprobleme gewesen war. Diese waren aber – letztlich leider – noch nicht so dramatisch, dass man auf den Gedanken gekommen wäre, einen Arzt hinzuzuziehen. So fuhr meine Mutter gegen halb zwölf Uhr nachts Richtung Kreuth los. Die Bundesstraße dorthin ist sehr gut ausgebaut. Mit hohem Tempo fahrend kam sie keine zehn Minuten nach Abfahrt langsam von der Fahrbahn ab, ratterte mit den rechten Reifen sekundenlang auf dem Bankett dahin und raste ungebremst neben einer Brücke, die über einen Feldweg führte, in einen Erdwall, ein kräftiger Ast schlug ins Fahrzeuginnere. Unzweifelhaft war dies der Todeszeitpunkt.

Am frühen Morgen kam ein Bauer zur Unglücksstelle und rief sofort die Polizei. Dann wurde Wolfgang Gröbl, als enger Freund unserer Familie und Landrat des Kreises Miesbach, zur Unglücksstelle gerufen, der die traurige Pflicht übernahm, sie zu identifizieren. Kein Familienmitglied hat sie mehr gesehen, wir sollten und wollten sie so in Erinnerung behalten, wie wir sie vor unserem geistigen Auge hatten. Auch mein Vater stimmte nach anfänglichem Zögern zu.

Unsere Jugoslawienreise wurde sofort abgebrochen, die Gastgeber hatten blitzschnell reagiert, die Maschine umgeleitet und alle Straßen bis zum Flughafen abgesperrt, sodass wir freie Fahrt hatten. Wir landeten bei strömendem Regen auf dem Bundeswehrflughafen in Neubiberg. Dann ging es zu uns nach Hause.

Letzte Erinnerungen

Wir waren benommen vor Trauer und Schmerz. Freunde kamen. Es wurde bis in die Nacht gesprochen. Man ließ gemeinsame Erinnerungen Revue passieren. Es wurde auch laut gelacht, als Siegfried Lengl Erinnerungen an gemeinsame Afrika-Reisen zum Besten gab. Er ließ Mutter nochmals in ihrer Lebensfreude aufleben. Mit diebischer Freude hatte sie ihn dabei unterstützt, einem Delegationsmitglied den überschwänglichen Dank des gastgebenden Präsidenten zu übermitteln, das von einem Boten überbrachte Telex wurde von ihr sorgfältig aus dem Französischen übersetzt. Dass es nicht vom Präsidenten, sondern von Lengl verfasst worden und von meiner Mutter zuvor bereits ins Französische übersetzt worden war, wollte man eigentlich gleich darauf dem Opfer offenbaren. Dessen Freude an der Würdigung seines Beitrags zur Völkerverständigung war aber so groß, dass man dies dann nicht mehr übers Herz brachte. Das Telex erschien im Original in der Heimatpresse des Geehrten.

Der Weg nach Rott

Und nun sollte Marianne Strauß wieder nach Rott zurückkehren, statt in ihrem geliebten Tegernseer Tal die letzte Ruhe zu finden. Ich kann mich nicht daran erinnern, dass je eine Entscheidung getroffen worden wäre, die Mutter in Rott zu beerdigen. Es fügte sich einfach so. In Rott war die Familiengruft der Familie meiner Großmutter und der Familie Zwicknagl, das umgebaute, alte Schulhaus von Rott in direkter Nähe zum ehemaligen Kloster, dem Sitz der Zwicknagls. Im Untergeschoss des kleinen Gebäudes befindet sich die Gruft, darüber eine Kapelle. Meine Mutter hatte sich im Übrigen nie darüber geäußert, ob das Grab ihrer Schwiegereltern auf dem Nordfriedhof zum Familiengrab werden sollte. Vielleicht lag es auch daran, dass an diesem Platz an der Ungererstraße und dem Mittleren Ring als heftig frequentierte Hauptverkehrsstraße von Friedhof schwerlich die Rede sein konnte.

Am 28. Juni folgte die Beisetzung in Rott am Inn. Am Vorabend trafen sich die Trauernden mit uns zum Rosenkranz in der Kapelle oberhalb der Gruft. Dann nach 22 Uhr ein unschönes Ereignis:

Die restliche Familie mit persönlichen und politischen Freunden

Als Juliane Weber wegen eines Gesprächswunschs des Bundeskanzlers anruft, lasse ich alle Optionen offen und sehe zuerst
nach, ob mein Vater sich nicht doch schon zurückgezogen hat. Er
aber geht zum Telefon in der Diele. Der Grund des Anrufs ist der
notwendige Rücktritt von Wirtschaftsminister Otto Graf Lambsdorff. Ausgerechnet jetzt. Dass dies in der Nacht vor der Beerdi-
gung, in der schwächsten Stunde im Leben meines Vaters sein
musste, konnte ich nicht nachvollziehen. Die Sache Lambsdorff
war schon lange überfällig, da wäre es auf zwei, drei Tage wohl
auch nicht mehr angekommen. Ich bedauerte fast meinen Vater,
der die Disziplin aufbrachte, auch in dieser Stunde die Staatsge-
schäfte nicht ruhen zu lassen. Nach dem Telefonat wirkte er aber
arg niedergeschlagen. Vielleicht hätte man doch besser 72 Stunden gewartet.

179

Die Beisetzung erfolgte im Kreis der Familie und Freunde, zu denen natürlich auch Politiker gehörten.

Anschließend gab mein Vater ein Mittagessen, in dessen Verlauf er eine Rede halten wollte. Es war das einzige Mal, dass ich erlebte, dass er einfach nicht reden konnte. Gerold Tandler fasste ihn am Arm und sagte fürsorglich: »Du musst nicht immer reden, jeder weiß, was du sagen willst.« Recht hatte er. Zwei Tage später fand im Münchner Liebfrauendom ein feierliches Requiem statt. Der Erzbischof von München und Freising, Friedrich Wetter, würdigte meine Mutter klug und warmherzig: »Sie war ihrem Gatten ›eine Hilfe, die ihm entspricht‹, wie es in der Bibel von Eva, der ersten Frau und Gattin, heißt. Und sie war eine gute Mutter, bei der sich die Kinder geborgen wussten. 27 Jahre vorbildliche Ehe und glückliches Familienleben, getragen und geprägt von ihrer Mütterlichkeit, das allein ist schon eine reiche Ernte. Ihr Wirken weitete sich über den Kreis ihrer Familie auf das ganze Land aus. Sie war, wie man in diesen Tagen immer wieder lesen konnte, eine Landesmutter. Sie hat landesweit eine mütterliche Aufgabe erfüllt, indem sie dem Leben diente. Ihre Sorge galt den Notleidenden und Hilflosen. Sie arbeitete in verschiedenen sozial-karitativen Einrichtungen, kirchlichen wie weltlichen. Sie sah darin keine Ehrenämter, sondern eine persönliche Verpflichtung, Menschen in ihren Nöten beizustehen. Ein besonderes Anliegen waren ihr die jungen Familien, denen man helfen muss, ein gesundes Familienleben zu führen und Kinder zu haben. Damit hat sie ein Zeugnis christlicher Caritas gegeben und vor allem der jungen Generation gezeigt, wie wir zu einem menschlich reich erfüllten Leben gelangen: nicht durch Nehmen, sondern durch Geben; nicht indem wir Ansprüche stellen, sondern indem wir für die da sind, die uns brauchen.«

Zum Requiem waren zwei Bundespräsidenten gekommen, der aus dem Amt scheidende Karl Carstens, sein Nachfolger Richard von Weizsäcker, Bundeskanzler Helmut Kohl, Johannes Rau

Die Mariensäule von Marlene Neubauer zur Erinnerung an Marianne Strauß, aufgestellt von der Gemeinde Kreuth. Die Bildhauerin war eine Freundin meiner Mutter.

sowie das gesamte bayerische Kabinett. All dies wurde von meinem Vater dankbar vermerkt.

Beinahe wäre auch Erich Honecker gekommen, wie mir später Alexander Schalck-Golodkowski erzählte. Er drängte darauf, ihr die letzte Ehre zu geben, denn sie hatte zwischen ihm und meinem Vater das Eis gebrochen. Anlässlich eines Mittagessens beim ersten Zusammentreffen war eine klamme Stimmung aufgekommen, keiner kam aus der Deckung. Plötzlich sprach meine Mutter Honecker direkt an: »Es ist nicht so, dass wir alles für schlecht halten, was Sie hier in der DDR machen, die Betreuung der Kinder berufstätiger Mütter bei Ihnen ist viel besser als bei uns.« Von da an wurde im Rahmen der Möglichkeiten offen gesprochen. Mielke hielt dann Honecker mit einiger Mühe vom Flug nach München ab.

Nach der Beisetzung fuhr die Familie nach München. Das Haus war leer, jetzt, wo wir drei Männer es alleine bewohnen sollten. Dennoch musste das Leben weitergehen.

Kein Urlaub in Südfrankreich

Gleich nachdem der Alltag wieder begonnen hatte, stellte sich eine wichtige Frage: Meine Eltern hatten stets gemeinsam den Sommerurlaub verbracht, in der Regel in unserem Ferienhaus in Südfrankreich.

Dieses hieß »Maison Marianne«, hauptsächlich nach meiner Mutter, die Marianne hieß und zu ihrem Verdruss zur Verstärkung dazu auch noch Maria und Anna getauft worden war, ferner als höfliche Huldigung an die französische Nationalheilige. Meine Mutter hatte nach der Eheschließung schnell erkannt, dass mit diesem Ehemann ein normaler Urlaub nicht möglich war. Seit ihrem Studium in Grenoble verfügte sie über sehr gute Französischkenntnisse und war Frankreich sehr zugeneigt. 1954 hatte mein Vater als Bundesminister ohne Geschäftsbereich, oder wie er zu sagen pflegte, als Minister für selbstgestellte Aufgaben, im Auftrag von Bundeskanzler Konrad Adenauer die Saarverträge verhandelt. Ein französisches Gegenüber war der junge Diplomat Jean Viollet, der meinem Vater aufgefallen war, weil er wirklich ein neues Kapitel zwischen Frankreich und Deutschland aufschlagen wollte, so schwer das nach den Ereignissen der Kriegsjahre auch war. Einmal, am Rande der Verhandlungen, meinte Viollet: »Ihr Deutschen mit eurer Nord- und Ostsee, ihr erfriert doch da oben. Schauen Sie doch einmal nach Südfrankreich, nicht das bekannte Cannes, sondern weiter westlich, da entsteht eine neue Gemeinde, Les Issambres, da ist es schön warm. Das wird unsere neue Urlaubsgegend. Kommen Sie doch mal dahin.« Das jung verheiratete Ehepaar Strauß fuhr somit an die Côte d'Azur. Meine Mutter war sofort begeistert, mithilfe ihrer Eltern wurde ein kleines Haus gekauft.

Die Anreise dauerte zwei Tage, man fuhr mit dem Auto über die Schweiz, Übernachtung später stets in derselben Pension am

Comer See, dann weiter über die Seealpen bis St. Raphael. Es war eine endlose Schaukelei, wir Kinder saßen unangeschnallt, wie es damals normal war, auf dem Rücksitz zwischen allerlei Gepäck- stücken, gelegentlich fuhren wir auch mit der Bahn, was keines- wegs angenehmer war. Unsere Mutter war der Ansicht, dass die gesunde Meeresluft uns Kindern guttäte. Wir verbrachten dort nahezu alle Sommerferien. Es war für uns Kinder ein Paradies, auch wenn es nicht luxuriös war. Heute stets anzutreffende Ein- richtungen wie Wasch- oder Spülmaschinen fehlten, von Kli- maanlagen oder Schwimmbad ganz zu schweigen. Den Tag ver- brachten wir Kinder am Strand, die Kühltasche dabei, in der Obst, Brote und Wasser bzw. die leuchtend gelbe oder orange Limonade waren, auf die wir es besonders abgesehen hatten und die irgend- wie immer schneller leer war als die mitgeführten Wasserflaschen. Unser Haus, später wurde es gegen ein größeres getauscht, das ab dem Spätnachmittag nicht mehr in der prallen Sonne lag, hatte die ersten Jahre auch kein Telefon. Wenn es Wichtiges gab, der Höhepunkt Anfang der Sechzigerjahre waren Anrufe Adenauers, kam der Verwalter, ein Belgier namens Rubens, mit einem klapp- rigen Auto angerast und holte meinen Vater zu seinem Fernspre- cher. Später bekamen wir dann Telefon. Das war für uns Kinder

Alte Freunde im
Gespräch: Papa mit
Luggi Waldleitner

von Nachteil, denn dieses begann, den Tag zu beherrschen. Damals mussten alle Auslandsgespräche angemeldet werden, sie wurden dann von der Vermittlung durchgestellt. Von da an war es mit der Tagesplanung vorbei, denn es hätte ja sein können, dass das letzte Telefonat jetzt kommt und dann könnte Papa ja doch gleich mitkommen. Entweder es kam, oder es kam nicht, schlechteste Variante: Es kam irgendwann und aus ihm folgte eine weitere Anmeldung. Und dann noch zwei. Mein Vater wollte in der ersten Urlaubswoche eigentlich gar nicht angerufen werden, da schlief er viel und erholte sich unglaublich schnell, er konnte wie eine Batterie Kräfte aufladen, um sie danach bis zur Verausgabung zu verbrauchen, Schlaf nicht nur nachholen, sondern »im Voraus schlafen«, wie meine Mutter, die das nicht konnte, aber wer kann das schon, anmerkte. Ab der zweiten Woche aber wuchs sein Interesse am Geschehen in Deutschland rapide.

Für uns Kinder kam in den ersten Jahren oft das Ehepaar Payr mit, später meist unsere Haushälterin Käthi. Als wir dann Abitur und keine langen Sommerferien mehr hatten, luden meine Eltern Barbara und Karl Dersch als Gäste ein, es folgten schöne Jahre. 1985 besuchte der damalige libanesische Staatspräsident Gemayel meinen Vater in unserem Ferienhaus. Er meinte danach etwas verunsichert zu seinem Begleiter Dieter Holzer, das sei doch sicher das Haus des Verwalters gewesen, die Residenz werde wohl gerade renoviert.

Die Autoreisen

Eine große Leidenschaft meines Vaters waren lange Autofahrten. Er war der Ansicht, dass man sich ein Land, um es wirklich kennenzulernen, im wahrsten Sinne des Wortes erfahren müsse. Dabei interessierten ihn Autobahnen nicht, sie waren nur Zubringer. Sobald es ging, verließ er sie, um auf ausgesuchten Nebenwegen möglichst viel zu erleben. Die Strecken wurden im Vorhinein genau ausgearbeitet, ebenso die Übernachtungsstätten, meist Pensionen oder kleine Hotels, vorab gebucht. Oftmals mussten wir nachts den Wirt wecken, da die Tagesplanung einfach zu umfangreich gewesen und zudem im Laufe des Tages zu wenig Strecke gemacht worden war, was dann Fahrten bis tief in die Nacht zur Folge hatte. Gerade Alpenpässe hatten es Papa angetan, manche erwiesen sich als ausgesprochen zeitintensiv.

Auch für 1984 war eine solche Reise nach Südfrankreich zusammen mit Karl Dersch geplant gewesen. Doch nach dem Tod meiner Mutter war an einen Urlaub in Südfrankreich wie alle Jahre nicht zu denken.

Neben dem Urlaub gab es ein weiteres Ziel: Wie könnten wir den Vater und (dazu noch uns selbst) auf andere Gedanken bringen?

Die Antwort kam vom Filmproduzenten Luggi Waldleitner, einem langjährigen Freund, der zusammen mit seiner Frau Angela ein Ferienhaus im mittelitalienischen Terracina besaß. Die beiden luden die ganze Familie ein. Das Haus liegt übrigens an dem Strand, an dem Gerhard Polt seinen Film »Man spricht Deutsh« gedreht hat.

Zunächst musste Terracina aber erreicht werden, und das per Geländewagen. Die übliche Route reizte meinen Vater überhaupt nicht, da er, beginnend mit der Hochzeitsreise, unzählige Male von München nach Bozen und dann weiter Richtung Süden gefahren war. »Die Strecke gibt nichts Neues her«, sagte er. Zu unserer großen Überraschung kam der Vater mit dem Gedanken, Richtung Igumeniza in Griechenland und die ganze dalmatinische Küste entlang zu fahren. Schon lag die Karte auf dem Tisch und die Planungen begannen.

Albanien

Am 16. August 1984 machten wir uns mit zwei Geländewagen auf den langen Weg. Es waren erstmals neben meinem Vater und Dersch auch Toni Hohlmeier, der Schwiegervater meiner Schwester, Max und ich dabei. Barbara Dersch und meine Schwester Monika mit Michael sollten nach Terracina nachkommen.

Die Reiseroute hatte eine Besonderheit: Wir würden nicht die Küste entlang bis Igumeniza fahren können, denn zwischen Jugoslawien und Griechenland lag Albanien und das galt als kommunistische Wagenburg, zu der es keinen Zutritt gab. Oder vielleicht doch? Mein Vater bat seinen Büroleiter Wolfgang Piller, doch einmal auf den Busch zu klopfen:

»Sagen Sie denen bitte, dass wir morgens rein- und am Abend wieder rausfahren. Genügend Diesel haben wir dabei.«

Piller musste zuerst einmal herausfinden, wie die Albaner zu erreichen waren. Tirana hatte wegen nicht erfüllter Reparationsforderungen aus dem Zweiten Weltkrieg keine diplomatische Vertretung in der Bundesrepublik. In Wien fand Piller dann Kontakt zum albanischen Geschäftsträger, der ihm klarmachte, er solle das mit der Durchfahrtsgenehmigung ganz schnell wieder vergessen. Da sei 40 Jahre lang keiner durchgefahren und das bleibe auch künftig so. Der schlaue Piller antwortete:

»Sie sind Beamter und ich bin Beamter. Was macht der Beamte, wenn er sichergehen will? Er holt sich eine Rückversicherung und fragt seinen Vorgesetzten.«

Er könne keinen Fehler machen, denn wenn er richtig liege, werde er gelobt, wenn er falsch liege, letztlich auch, denn das merke dann keiner. Der Albaner ging darauf ein. Ein Wochenende verstrich. Als Piller montags ins Büro kam, hatte sein albanischer Kollege schon dreimal angerufen. Dieser erklärte, er verstehe die Welt nicht mehr, denn er habe die Anweisung bekommen, alles zu tun, damit dieser Strauß nach Albanien kommt. Alle Grenzen seien offen. So nahmen wir Albanien ins Visier in der Absicht, es ohne langen Aufenthalt zu durchfahren.

Nach einer Übernachtung auf Sveti Stefan näherten wir uns am Ochridsee dem Grenzübergang nach Albanien. Aufgrund der Hitze – die Geländewagen hatten keine Klimaanlagen – waren wir in Freizeitkleidung, mein Vater trug einen leichten Baumwollanzug mit kurzem Hemd. Vor Antritt der Reise hatte unsere Haushälterin Käthi mir nahegelegt, einen Anzug einzupacken, wogegen ich mich heftig gewehrt hatte. Sie: »Doch, du nimmst einen Anzug mit.« Daraufhin hatte ich, um mir wenigstens den Anschein zu geben, dass ich ihrem Wunsch nachkam, meinen dicksten Winteranzug aus knitterfreiem, festem Zwirn eingepackt.

Käthi hatte offenbar prophetische Gaben. Was wir am Grenzübergang sahen, machte uns schier fassungslos: In Nadelstreifen und Krawatte erwartete uns eine offizielle Regierungsdelegation aus Tirana mit dem Vize-Ministerpräsidenten an der Spitze. Zur Delegation gehörte auch der Präsident der Akademie der Wissenschaften, Professor Alex Buda, der perfekt Deutsch sprach. Ein überzeugter Kommunist, der in Salzburg studiert hatte, höchst kultiviert war und mit österreichisch gefärbtem Charme aufwarten konnte. Es konnte nur für die Albaner und ihre guten Absichten sprechen, dass sie keinen Betonkopf geschickt hatten, sondern diesen hochgebildeten, klugen Mann. Der Empfang war herzlich, wir wurden in ein Gästehaus geleitet, auf dessen Terrasse Kaffee gereicht wurde. Dazu gehörten Raki und Cognac albanischer Provenienz, von der ersten Minute an hatten wir den Eindruck, ehrlich willkommen zu sein. Dann baten sie uns, doch fünf Tage ihre Gäste zu sein. Die Reiseplanung stand dagegen, da die Fähre vom griechischen Igumeniza nach Brindisi wegen des Touristenandrangs schon lange gebucht war. Die Albaner ließen nicht locker:

Papa fährt zur albanischen Grenze, rechts wartet die albanische Delegation.

FJS in Albanien. Touristen aus der DDR sind begeistert.

> Dhërmi. (Albanien), 19.8.1984
> Liebe Maria!
> Herzliche Grüße aus dem Lande der Skipetaren nach Karl May. Dieser Teil der Reise ist besonders bemerkenswert.
> Dein Franz Josef

Schwester Maria erhält eine erste Bewertung der Reise.

188

Sie würden das schon regeln und wir müssten wenigstens vier Tage bleiben. Mein Vater stimmte zögernd zu. Zu den folgenden offiziellen Terminen, von denen es eine ganze Reihe gab, trug ich dann bei 40 Grad Hitze meinen dicksten Winteranzug.

Gemeinsames statt Gegensätze

Die Albaner hatten ein volles Programm für uns zusammengestellt mit Besuchen in Tirana, einer Besichtigungsfahrt durchs Land und mit viel Zeit für Gespräche, jeweils bis tief in die Nacht. Wir vermuteten, dass wir abgehört würden, und waren deshalb aufgeregt, nicht so mein Vater:
»Ihr dürft hintenherum nicht anders reden als voneherum. Das gilt übrigens nicht nur für Reisen.«
Daran hielten wir uns. Mit dem Abhören hatte er seine eigenen Rituale. Bei einer Reise in die DDR sprach er mit meiner Mutter im Hotelzimmer besonders laut über den Zweck der Reise, als Grund erläuterte er später:»Wenn sie schon mitschreiben, sollen sie das wenigstens richtig tun.« Ähnlich war er bei seiner ersten Reise nach China vorgegangen, als diese aufgrund langer Autofahrten übermäßig strapaziös zu werden drohte, sagte er laut im Hotelzimmer, ein wenig Ruhe am nächsten Morgen täte ihm gut. Kurz darauf wurde der Termin des nächsten Morgens Opfer einer Programmänderung. So wusste er in Albanien, woran er war. Die Abhörprotokolle waren dann eine der Grundlagen für den Respekt der Albaner meinem Vater gegenüber. Was der sagt, gilt.
Die Gesprächsthemen bei den ausgiebigen Mittag- und Abendessen waren historischer und politischer Natur. Es ging um Geschichte, insbesondere um die Geschichte des Zweiten Weltkriegs, wie er sich im Land abgespielt hat. Ideologisch war Professor Buda nicht zu erschüttern, für ihn führte der Weg zu einer

Alex Buda (l.) erklärt die albanische Geschichte.

wirklichen albanischen Nation nur über den Kommunismus.
Verwundert erfuhren wir allerdings, dass Mutter Teresa, der Engel
von Kalkutta, Albanerin war. Das störte Buda nicht, solange sie im
Ausland blieb, einen gewissen Stolz konnte er aber nicht verhehlen.
Religionen seien aber ein Spaltpilz für das Land. Stets sei das
Land Beute anderer gewesen, zuerst der Türken, dann der Griechen
und Italiener, der Deutschen, irgendwie auch der Amerikaner,
der Christen und Muslime. Nur durch den Kommunismus
könnten der Gegensatz zwischen Muslimen und Christen aufgehoben
und Gleichheit und Freiheit geschaffen werden.
Solche Gespräche dauerten bei Wein und Hochprozentigem stets
bis spät in die Nacht. Einmal beendete der gelehrte Professor ein
solches Gespräch mit einer verbalen Verneigung vor dem Lateiner
Strauß: »ex abundantia cordis os loquitur«, wem das Herz voll ist,
dem fließt der Mund über. Das sei eine alte Volksweisheit. Da entgegnete
Papa postwendend: »Nein, das steht in der Bibel, Mat-

thäusevangelium.« Das Gelächter war groß. Aber so kam man sich näher. Der damalige Diktator Enver Hoxha wurde nie erwähnt, ein Termin war weder geplant noch erwünscht. Wieder einmal zahlte sich die Strategie meines Vaters aus, statt der Gegensätze das Gemeinsame zu suchen und die Gesprächspartner ernst zu nehmen.

Die Regierungsdelegation versuchte mit einer fast schon naiven Ehrlichkeit, uns den originär albanischen Weg zu zeigen. So bekamen wir in Tirana den Dieselmotor »Enver Hoxha« vorgeführt, der, so groß wie eine riesige Truhe, fast 100 PS leisten sollte. Dersch meinte daraufhin, so etwas habe Mercedes auch gebaut, so etwa im Jahre 1930. Das kam nicht so gut an, machte aber deutlich, wie aussichtslos der Weg war, die Industrialisierung des Landes aus eigenen Kräften schultern zu wollen. Buda aber wollte zeigen, dass Albanien keineswegs zurückgeblieben war, das würden wir auch an der Küche sehen. Er versicherte: »Sie werden in den verschiedenen Landesteilen sehen, welch gute Küche wir überall haben.« Zu unserer Verwunderung mussten wir abends vor dem nächsten Gästehaus aber immer auf einen Kaffee einkehren, obwohl wir doch kurz vor dem Ziel waren. Des Rätsels Lösung: Während wir beim Kaffee saßen, wurde das nächste Gästehaus mit dem Notwendigen bestückt. Karl Dersch war auf diese Potemkin-Nummer gekommen. Er hatte – zum Unwillen meines Vaters – die Frechheit besessen, ein Seifenstück zu markieren. Prompt fand sich die Seife im nächsten Haus wieder. Am Abend vor der Abreise fuhren wir einen Pass hinauf und da stand am Straßenrand ein Kühlwagen, Typ Fiat, offensichtlich mit Motorschaden. So stellte sich heraus, dass sie uns alles Essen in dem Lkw stets nachgefahren hatten, die für den jeweiligen Landesteil typische Küche kam aus Tirana. Der Tatsache, dass es in keinem der Gästehäuser Kühlmöglichkeiten gab und jener Fiat-Kühlwagen ausgefallen war, hatte mein Vater am letzten Abend eine kleine

Lebensmittelvergiftung zu verdanken. Die nächtliche Überfahrt nach Italien war für ihn alles andere als angenehm.

Grenzübergang mit Schwierigkeiten

Nach vier Tagen sollten wir Albanien wie geplant an der Grenze zu Griechenland wieder verlassen. Wir passierten einen drei Meter hohen Zaun durch ein großes Gatter, dann kam bereits auf griechischer Seite ein Schlagbaum mit einer mächtigen Eisenkette und dahinter schließlich der griechische Posten. Die Albaner hatten uns nach einer kleinen Zeremonie verabschiedet und versichert, die Minen auf der Sandstraße zur Grenze seien geräumt, woraufhin keiner von uns so recht Lust hatte, im Führungsfahrzeug zu sitzen. Die Griechen ließen uns nicht herein, das heißt, sie konnten nicht. Denn für das Schloss, das die Kette am Schlagbaum zusammenhielt, hatte niemand einen Schlüssel. Der griechische Posten erklärte, man hätte hier noch nie aufgemacht, und fragte, was wir hier überhaupt wollten. Mein Vater zückte seinen Diplomatenpass. Den Griechen dämmerte allmählich, dass Handlungsbedarf bestand, und beteuerten ein ums andere Mal, sie hätten für das Schloss keinen Schlüssel. So ging das fast eine Stunde bei brütender Hitze. Weit hinter uns stand noch immer die Delegation der Albaner, die uns mittlerweile doch ein wenig ans Herz gewachsen waren. Sie zeigten sich völlig überrascht: Da wollen wir in den technisch haushoch überlegenen Westen ausreisen und die Griechen kriegen den Schlagbaum nicht auf. Letztlich hat dann der Postenkommandant einen Schlosser aus dem nächsten Ort geholt, der kurzerhand mit einem Seitenschneider die Kette durchtrennte. Mit ihm war der örtliche Pope gekommen, der uns, vermeintlich der kommunistischen Hölle entkommen, mit dem Kreuzzeichen begrüßte. Wir dankten, fuhren los

Staunen an der albanisch-griechisch Grenze, Segnung durch den Popen (r.)

und erreichten heftig über die vergangenen Tage diskutierend problemlos die Fähre nach Brindisi, kamen am Morgen in Italien an, wo wir am darauffolgenden Tag ausgiebig das Feld der Schlacht von Cannae besichtigten, wo die Römer gegen Hannibal eine vernichtende Niederlage erlitten hatten.

»Von hier muss die Reiterei gekommen sein, hier stand das Heer …«, mein Vater und Dersch waren in ihrem Element. Jahre später wurde dann bekannt, das angebliche Schlachtfeld nördlich von Bari stimme mit dem historischen nicht überein, Mussolini hatte zur Entfachung des italienischen Nationalstolzes eine passende Stelle einfach zum Schlachtfeld ernannt. Die dort ausgegrabenen Leichenreste stammten aus dem Mittelalter.

Das albanische Abenteuer war aber noch nicht zu Ende. Vater wollte konkret anpacken. Der Weg zu einem großen Erfolg führt eben notfalls über viele kleine, und so war es ihm immer ein Anliegen, neben großen politischen Gesprächen auch konkrete

193

Projekte mit nach Hause zu nehmen, die das gegenseitige Vertrauen fördern sollten, ohne weltanschauliche Fragen zu berühren, was zum Scheitern geführt hätte. Bei seinem ersten Besuch in China 1975 hatte er den Chinesen nahegelegt, das deutsche Ausbildungssystem mit seinem Lehrlingswesen zu übernehmen, nur mit qualifizierten Arbeitern werde man die Probleme des Riesenreichs lösen können. So fuhr von da an der gerade pensionierte ehemalige Ministerialdirektor des Kultusministeriums Böck unzählige Male nach China und baute dort das Bildungssystem um. Wenn ich die heutige Entwicklung Chinas sehe, weiß ich, damals ist im Bildungsbereich eine wichtige Grundlage gelegt worden. Nun rückte Albanien in den Mittelpunkt solcher Überlegungen. Albanien war ein Agrarland mit nicht vorhandener oder zerstörter Infrastruktur, die Situation erinnerte entfernt an die Bayerns nach dem Krieg. Während seiner gesamten politischen Tätigkeit war es meinem Vater ein Anliegen, Infrastruktur in Bayern zu schaffen, Straßen, Autobahnen, Flughäfen, Wasserwege, Stromversorgung, Bildungseinrichtungen aller Art. Nun wollte er den Albanern helfen. Hilfreich dabei war, dass das Entwicklungshilfeministerium in CSU-Hand war, der Staatssekretär Siegfried Lengl ein enger Vertrauter. So dauerte es nicht lange, bis im Haushalt eine stattliche Summe, anfangs jährlich 80 Millionen D-Mark, die auf 120 Millionen D-Mark steigen sollten, gefunden war. Kohl stimmte zu und damit waren die Weichen gestellt, für Albanien einen Budgetposten einzurichten.

Das Ende des albanischen Abenteuers

Nach seinem 70. Geburtstag am 7. September 1985 wurde zu Ehren meines Vaters ein großes Konzert am Odeonsplatz in München gegeben, von dem noch im nächsten Kapitel die Rede sein wird. 3000 Musikanten spielten für ihn auf. Es war ein phänomenaler Tag. Danach lud man die Musikanten zu einer Brotzeit auf den Königsplatz ein, der damals noch die Plattenwüste aus der Nazizeit war. Aber die sah man nicht, weil der Platz voller Biertische und -bänke war. Papa hatte sich unter die Musikanten gemischt, als plötzlich Karl Dersch an den Tisch kam, die Albaner seien da, ob er sich nicht Zeit nehmen könne? Sie säßen im Spatenhaus an der Residenz, berichtete Dersch. Ob es nicht möglich wäre, dass er mit ihnen einen Satz spreche? Mein Vater folgte ihm, beflügelt von dem herrlichen Tag und der Aussicht, an dessen Ende noch etwas wirklich Gutes überbringen zu können, ich hinterher. Ich sehe es noch wie heute: Spatenhaus, Kutscherstüberl, die Albaner. Und ich höre meinen Papa noch, wie er auf Englisch sinngemäß sagt: Es gibt gute Nachrichten. Sie bekommen aus dem Entwicklungshilfeministerium noch für dieses Jahr 80 Millionen Mark. Und es werden schnell 120 Millionen werden, es ist keine Projektförderung, sondern dauerhaft, Albanien kommt in den deutschen Entwicklungshilfehaushalt.

»Mit diesem jährlichen Betrag können Sie Ihre Infrastruktur aufbauen, militärische Zwecke ausgeschlossen.«

Da antwortete der Sprecher der Delegation: »Das wollen wir nicht.«

Vater fassungslos: »Wie bitte?«

»Nein, das wollen wir nicht.«

Und dann fiel der Satz, der ihn fassungslos machen sollte: »We are a developed country!«

Entwicklungshilfe – auf diese Stufe stelle man sich nicht. Vielmehr wolle man Reparationen haben. Was sie sich denn so vorstellten, wollte mein Vater dennoch wissen. »Wir hätten da mal an 100 Milliarden Mark gedacht«, bekam er zur Antwort. Mein Vater machte ihnen noch einmal klar, was die Bonner Millionen für sie angesichts des Zustandes ihres Landes bedeuten würden. Die

Gegenseite jedoch blieb unbeeindruckt. Zur Verdeutlichung der Reparationenfrage erklärte Papa ihnen, dass Deutschland ein geteiltes Land sei und keinen Friedensvertrag habe. Das Thema Reparationen werde erst bei einem solchen Vertrag auf den Tisch kommen. »Sie werden verstehen, dass wir ausgerechnet mit dem bald kleinsten Land Europas ohne Friedensvertrag nicht über Reparationszahlungen verhandeln können.« Er dachte nun, das sei angekommen. Aber die Albaner blieben dabei. Mein Vater war daraufhin tief enttäuscht. Er wollte Gutes tun und dann das. Das Thema war für ihn durch, in einem Interview äußerte er seine tiefe Enttäuschung.

Vor kurzem erschien in Albanien ein Buch mit dem Titel »Die vertane Chance«. Der Autor hatte nachgerechnet, was alles im Land möglich gewesen wäre, wenn die Albaner damals das Geld angenommen hätten. 2007 gaben mein Bruder Max und ich einer albanischen Zeitung ein Interview und stellten auf intensive Nachfrage das Thema der versäumten Millionen dar. Das Interview erschien in sechs Folgen und das waren die meistverkauften Nummern des Blattes. Unser Vater wird heute in Albanien sehr verehrt und genießt höchste Anerkennung. Jeder, der ihm prophezeit hätte, dass es in Tirana einmal einen Franz-Josef-Strauß-Platz geben werde, hätte sich von ihm wilde Phantastereien, dummes Dahergerede vorwerfen lassen müssen. Heute gibt es den Platz. Und der Flughafen heißt nach Mutter Teresa »Tirana International Airport Nënë Tereza«.

VIII
Per aspera ad astra
(1985)

Unsere Welt hatte sich verdunkelt. Die Trauer um den Tod der Mutter umfasste uns für eine sehr lange Zeit. Wie in anderen Familien auch, denen der Mittelpunkt genommen wurde, war plötzlich Leid und Verzweiflung eingekehrt. So rückten wir enger zusammen und gaben erneut das schon lange in den Medien kolportierte Bild von den Eisbären ab, die in der Not die gegenseitige schützende Nähe suchen.

Der Alltag zwang uns, nach und nach wieder Fassung zu gewinnen. Aufgaben in der Familie mussten neu verteilt werden. Die große Hilfe war jedoch ein Vorhaben, das die Erinnerung an Marianne Strauß wachhalten sollte.

Nach der Beisetzung eröffneten uns Gerold Tandler und Wilfried Scharnagl bei einem Essen, die CSU wolle einen Marianne-Strauß-Preis für soziale Verdienste etablieren. Zusammen mit der ebenfalls anwesenden Elke Gräfin von Pückler, einer der besten Freundinnen meiner Mutter, freuten wir uns sehr über diesen Vorschlag. Gleichzeitig aber waren wir uns einig, dass die Auslobung eines Preises allein dem Werk unserer Mutter nicht gerecht werden konnte. So kam noch am selben Tag der Gedanke auf, unabhängig von der CSU eine Stiftung zu gründen. Sie sollte Marianne Strauß Stiftung heißen. Ich wollte ganz bewusst keine Bindestriche zwischen den Namen. Ich wollte meine Mutter damit nicht institutionalisieren. Die Erinnerung an sie war für mich noch zu unmittelbar. In die Präambel der Satzung schrieben wir: »Unsere Mutter ist tot. Was sie getan hat, lebt weiter. Damit dies nicht nur im Gedächtnis jener geschieht, für die Marianne Strauß in ihrem Leben unmittelbar da war und denen sie persönlich geholfen hat, wird die ›Marianne Strauß Stiftung‹ ins Leben gerufen. Ihr Ziel ist es, das fortzusetzen, was unsere Mutter getan und begonnen hat.«

Die Marianne Strauß Stiftung

Unser Vater wollte nicht Stifter sein. Wir Kinder sollten das Werk fortführen. Die Aufgabe der Stiftung war schnell definiert: Menschen, die unverschuldet in Not geraten waren, sollte im Stil meiner Mutter, nämlich schnell und unbürokratisch geholfen werden. Nach reiflichen Überlegungen beschlossen wir, als Kriterium für den zu berufenden Stiftungsrat nicht politische Würden, sondern Freundschaft und Zuneigung gelten zu lassen. So saßen im Stiftungsrat neben uns Stiftern besagte Elke Gräfin und ihr Gatte Hermann Graf von Pückler, August von Finck, Norbert Handwerk, Franz Neubauer sowie Wilfried Scharnagl und Gerold Tandler. Die Besetzung des Vorstands erledigte sich rasch: Ich sollte Vorsitzender werden, eröffnete man mir, da ich meiner Mutter am nächsten gestanden sei. Mir war das nicht so recht, denn meine Mutter hatte sich nach Kräften bemüht, uns alle gleich zu behandeln. Das Votum aber war eindeutig. Elke erklärte sich sofort bereit, mit mir den Vorstand zu bilden. Im Rückblick war das ein Glücksfall für die Stiftung. Sie brachte den Überblick und die Erfahrung mit, die mir mit meinen gerade einmal 23 Jahren natürlich fehlten. Bis heute haben wir jede Entscheidung im Konsens getroffen. Die erste Aufgabe war, die 1985 ins Werk gesetzte Stiftung bekannt zu machen, um vor allem Spenden einzuwerben. Elke hatte zufällig kurz davor in Wien eine Spendengala mit Leonard Bernstein erlebt. Derartiges war bis dahin in Deutschland nicht bekannt: eine Gala mit einem hochattraktiven Programm bestehend aus Opernarien, dargebracht von den allerbesten Künstlern. Zu Mutters Lebzeiten hatte ich den Welttenor José Carreras kennengelernt, dem Elke freundschaftlich verbunden war. Sie schlug Carreras eine Operngala in der Münchner Staatsoper vor. Er und als weitere Weltstars Mirella Freni und Nicolai Ghiaurov sollten die Zugpferde sein. Zu unserer übergroßen Freude stimmten die Künstler sofort zu, nachdem sie gehört hatten, wem die Gala zugute kommen sollte und wessen Namen die Stiftung trug. Als Termin stand alsbald der 15. Februar 1985 fest. Staatsopernintendant Wolfgang Sawallisch musste sich mit dem Gedanken an eine Gala erst anfreunden. Keine kompletten Opern, nicht einmal ganze Akte, nur die Gassenhauer – das konnte er mit seinem künstlerischen Anspruch nicht vereinbaren. Dennoch sah er das ernste Streben und den guten Zweck und gab sein Haus für die Gala frei. Weitere große Namen kamen hinzu: als Dirigent Guiseppe Patané, der im Hause für die italienischen Opern zuständig war, ferner Agnes Baltsa, Margaret Price, Francisco Araiza, Wolfgang Brendel und René Kollo. Als Schirmherrin konnte Marianne Freifrau von Weizsäcker gewonnen werden und ihr Gemahl, der Bundespräsident, hatte sein Kommen zugesagt. Zur Freude aller erklärten sich schließlich ZDF und Bayerischer Rundfunk bereit, die Gala zu übertragen. Kurz vor Beginn jedoch kam die Nachricht, José Carreras als Star des Abends sei wegen einer Erkältung verhindert. Tatsächlich aber waren es die ersten Anzeichen der Leukämie, die er später auf wundersame Weise besiegen sollte. Das Programm wurde umgestellt, Francisco Araiza plante gerade den Wechsel ins romantische Fach, sodass er Teile des für Carreras vorgesehenen Programms problemlos übernehmen konnte. Der Abend wurde ein großer Erfolg. Der Bayerische Rundfunk brachte die Gala live im Hörfunk und die ZDF-Übertragung, von Anneliese Rothenberger moderiert, kam auf sensationelle acht Prozent Marktanteil. Und die Stiftung erhielt rund eine Million D-Mark an Spenden. Der Start war also dank der Hilfe und des Wohlwollens so vieler geglückt. Der Ruf nach Wiederholung wurde laut, und diesmal waren Wolfgang Sawallisch und seine Frau Mechthild Feuer und Flamme. So fand die nächste Gala am 23. Juni 1987 statt. Elke von Pückler hatte die Idee, die Gala durch Zwischenmoderationen aufzulockern. Intendant Sawallisch stimmte freudig zu. Kein Wunder: Der Moderator sollte Vicco von Bülow sein. Die Gala hat heute noch Kult-Status, derart herausragend ergänzten sich Dirigent und »Loriot«. Die Liste der Interpreten las sich wie ein Who-is-Who der Opernwelt: Brigitte Faßbänder, Katja Ricciarelli, Cheryl Studer, Julia Varady, Wladimir Atlantow, Dietrich Fischer-Dieskau, Peter Hofmann, Leo Nucci, Juan Pons, Eduardo Villá

Mechthild und Wolfgang Sawallisch haben größte Verdienste um die Marianne Strauß Stiftung.

und Bernd Weikl. Mechthild Sawallisch betreute die Künstler, die dem Ruf nach München gefolgt waren. Die Marianne Strauß Stiftung verdankt dem Ehepaar Sawallisch unendlich viel. Zumal noch zwei weitere Galas folgten, die letzte am 13. Dezember 1992, dem Tag des Abschieds von Sawallisch von der Bayerischen Staatsoper. Es sollte auch der letzte Auftritt von Dietrich Fischer-Dieskau in der Staatsoper sei. Bundespräsident von Weizsäcker war mit seiner Gemahlin Sawallisch zu Ehren gekommen, wieder war es ein glanzvoller Abend. Dann folgten Konzerte mit Sawallisch und dem vorzüglichen Symphonieorchester des Bayerischen Rundfunks, deren Reinerlös zugunsten der Stiftung ging. In der Summe haben diese Galas und Konzerte die Grundlage für die heutige Tätigkeit der Stiftung gelegt.

Von Anfang an war es für uns wichtig, die eingehenden Spenden ohne einen Abzug für Verwaltung 1:1 für die Hilfe einzusetzen. Elke von Pückler und ich sind seit fast einem Vierteljahrhundert für die Stiftung tätig, selbstverständlich ohne jede Vergütung. Jährlich 500 000 Euro wendet die Stiftung für unverschuldet in Not geratene, in Bayern ansässige Menschen auf. Der spontane Gedanke am Tag der Beisetzung meiner Mutter, ihren Namen und ihr Werk fortleben zu lassen, hat reiche Früchte getragen. Die Marianne Strauß Stiftung zählt heute zu den größten ihrer Art.

Der Körper muss parieren

Wir Kinder mussten leider sehen, dass unser Vater nach Mutters Tod mit großen gesundheitlichen Problemen zu kämpfen hatte. Mama hatte ihn immer wieder davor gewarnt. Später, bei der Autopsie im Herbst 1988, stellten die Ärzte fest, dass er wohl Anfang 1985 einen sogenannten stillen Herzinfarkt gehabt haben musste. Der tiefe Schmerz über den Tod seiner Frau war sicherlich ein Auslöser. Hinzu aber kam, dass er zu lange Raubbau mit seiner Gesundheit getrieben hatte. Ständig befahl er seinem Körper zu parieren, mutete ihm jedoch gleichzeitig viel zu viel zu. Mutter meinte einmal uns Kindern gegenüber, dass er seinen Körper als Maschine mit dem Kopf als Steuereinheit betrachte. Nun aber hatte der Körper aufgehört zu gehorchen. Diagnostiziert wurde eine »Blockade des Ilio-Sakral-Gelenks« im Hüftbereich, was ihm vor allem nachts große Schmerzen bereitete. Zeitweise konnte Vater kaum noch gehen. Über die Gründe war er sich im Klaren: zu viel Arbeit bei zu wenig Schlaf, übermäßiges Essen und Trinken bei minimaler Bewegung. Plötzlich merkte er auch, dass es mit den üblichen Hilfsmitteln wie ein oder zwei Fastentagen, mal schnell in die Sauna gehen oder mit einem ruhigeren Wochenende bei etwas mehr Schlaf nicht mehr getan war. Sein Zustand verschlechterte sich zusehends.

Die heißgeliebte Fliegerei konnte ihn von alledem noch ablenken. Dank seiner außergewöhnlichen Fähigkeit, abschalten und sich blitzschnell lernend selbst komplexestes Wissen aneignen zu können, erwarb er in kürzester Zeit die Zulassung für das Fliegen von Düsenjets. So gerne ich mit den von ihm gesteuerten Turboprop-Maschinen geflogen war: Diese Antriebstechnik war doch etwas ganz anderes, fast ein wenig erhaben. Ein Anlass, das neue Fluggerät, eine strahlgetriebene Cessna Citation I, zu testen, sollte sich schnell finden. Vater hatte seit längerem eine Israel-Reise geplant, zu der er mich einlud. Ich sehe ihn noch, wie er sich trotz aller Gesundheitsprobleme ins Cockpit zwängte und danach plötzlich wie erlöst strahlte. Das Fliegen wirkte auf ihn immer schon wie ein Jungbrunnen. Über den Wolken konnte er alles Belastende verdrängen. Während eines Flugs gab es weder politische Gespräche noch sonst eine Ablenkung. Er war ein höchst disziplinierter Pilot und während einer Reise ausschließlich der Fliegerei verpflichtet. So starteten wir am 27. Februar 1985 Richtung Tel Aviv, mit an Bord waren Dr. Wolfgang Piller als Leiter des Büros des Ministerpräsidenten, Godel Rosenberg als Pressesprecher der CSU sowie Wilfried Scharnagl. Am Flughafen »Ben Gurion« dann ein unerwarteter Empfang: Ezer Weizman, der spätere israelische Staatspräsident, war zum Empfang aufs Rollfeld gekommen. Kaum waren die Turbinen ausgestellt, klopfte Weizman, selbst Flieger, vor laufenden Kameras ans Cockpitfenster. Die Bilder dieses Freundschaftsbeweises gingen damals um die Welt. Papa, zunächst völlig überrascht, freute sich hellauf über diese ungewöhnliche Geste.

In der Knesset

Ein vielversprechender Auftakt für eine Reise, in deren Vorfeld es viel Wirbel gegeben hatte. Mein Vater war für deutsche Waffenlieferungen an Saudi-Arabien eingetreten, sofern diese israelische Sicherheitsbelange nicht beeinträchtigten. Er stellte die simple Frage, weshalb von Engländern an die Saudis gelieferte Waffen keine Gefahr für Israel darstellten, wogegen Lieferungen desselben Geräts aus Deutschland plötzlich zum Sicherheitsrisiko werden sollten.

In diesem Zusammenhang ist mir ein Treffen unserer Delegation mit Abgeordneten des israelischen Parlaments, der Knesset, bis heute unvergesslich. Die Stimmung war eisig. Das Gespräch wogte hin und her. Jedes Argument diente dazu, Franz Josef Strauß eine antiisraelische Haltung zu unterstellen. So hieß es, allein das C der CSU sei ein Affront gegenüber Juden, weil es Andersgläubige ausgrenze. Mein Vater erwiderte, das C stehe für das christliche Menschenbild, das ja dem jüdischen entspreche, keinesfalls sei die CSU eine von den Kirchen gesteuerte Religionspartei, die sich gegen andere Konfessionen oder Atheisten wende. Staunend saß

Godel Rosenberg mit dabei, damals bereits langjähriger Presse-sprecher der CSU. Mitten in der hitzigen Debatte bat Wilfried Scharnagl ihn, doch auf seinen jüdischen Glauben hinzuweisen. Rosenberg tat dies und wies darauf hin, schon seit geraumer Zeit für die CSU zu arbeiten. Und keinesfalls sei er nur als Vorzeige-Jude zu dieser Israel-Reise aufgebrochen.

Rosenbergs Auftritt zeigte zunächst deutliche Wirkung bei den sich Knesset-Parlamentariern. Dennoch griffen einige von ihnen meinen Vater weiter an. Deutsche Rüstungsgüter und deren Lie-ferung an Saudi-Arabien seien moralisch anders zu sehen als Waf-fen britischer Herkunft. Das griff er sofort auf und bewies einmal mehr sein scharf geschliffenes Argumentieren: Es habe bei der Aufstellung der Bundeswehr starken Widerstand gegeben. Die Deutschen hätten das Recht, Waffen zu tragen, verwirkt. Dennoch habe man die Bundeswehr gegründet, nicht zum Selbstzweck oder als alte Wehrmacht mit neuem Namen, sondern um in der Mitte Europas kein Vakuum entstehen zu lassen. Ohne Bundes-wehr und das NATO-Bündnis, dessen untrennbarer Bestandteil sie sei, würde die Macht der Sowjetunion sich auf nahezu ganz Europa und damit auch den Mittelmeerraum erstrecken. Dabei würde aber auch Israel deutlich schlechter dastehen, da die paläs-tinensischen Kräfte dann vor einem ganz anderen Hintergrund agieren könnten. Schon deshalb könne aus israelischer Sicht die Existenz der Bundeswehr moralisch nicht verwerflich sein.

Vater legte nach: Im Verteidigungsfall sei damit zu rechnen, dass Bundeswehrsoldaten auf die ehemaligen Opfer Hitlers schössen, auf Russen, Rumänen, Bulgaren, Polen und zudem noch auf deut-sche Landsleute aus der DDR. Ob denn das moralisch verwerflich sei, fragte er in die Runde. Die Stimmung begann sich zu drehen. Dennoch begann ein Abgeordneter, Willy Brandt als den wahren Freund Israels zu preisen. Auch hier kam die Replik postwendend: Ob denn dem Abgeordneten bekannt sei, dass beim Jom-Kippur-

Krieg 1973 eben dieser Willy Brandt den Amerikanern verwehrt habe, die Luftwaffenstützpunkte der Amerikaner in Deutschland, speziell Bremerhaven, für Waffenlieferungen an die ums Überleben kämpfenden Israelis zu nutzen? Die Amerikaner hätten dann mithilfe des portugiesischen Diktators Salazar einen Umweg über die Insel Santa Maria auf den Azoren gefunden.

Dann bemerkte ich, wie mein Vater allmählich ungehalten wurde. Er werde jetzt einmal aus dem Nähkästchen plaudern. Illegal und unter Gefährdung seiner Existenz, doch unter Duldung von Bundeskanzler Adenauer habe er als Bundesverteidigungsminister stillschweigend diejenigen Waffen an Israel geliefert, die im Sechs-Tage-Krieg wesentlich zum Sieg beigetragen hätten. Denn Moshe Dayan, damals Generalstabchef der israelischen Armee, war mit in Deutschland »entwendeten« Hubschraubern hinter den ägyptischen Linien gelandet. Ich will nicht sagen, dass mein Vater in dieser denkwürdigen Debatte alle Zweifler für sich gewonnen hat, einige aber hatten von da an ein gewandeltes Strauß-Bild. Abends in der deutschen Botschaft ging es weiter. Einige Vertreter des Goethe-Instituts, krawattenlos und mit Ziegenbart, hielten es für angebracht, Wilfried Scharnagl über die Art zu belehren, wie Franz Josef Strauß in Israel aufzutreten hätte. Das hätten sie besser nicht tun sollen. Scharnagl war in voller Fahrt und zitierte dabei den im Bundestag geäußerten Satz meines Vaters: »Sie reden dauernd über die toten Juden, ich helfe lieber den lebenden.« Nach kurzer Zeit zogen sich die Herrschaften zurück, das hatten sie nicht erwartet. Ihnen waren schlicht die Argumente ausgegangen.

Klare Worte, konkrete Vorschläge

Am nächsten Tag folgten weitere Gespräche, mit Ministerpräsident Schimon Peres, Verteidigungsminister Jitzchak Rabin und

Zwei, die sich verstehen: Mein Vater im Gespräch mit Jerusalems Bürgermeister Teddy Kollek.

dem Jerusalemer Bürgermeister Teddy Kollek. Ich beobachtete, wie Peres meinen Vater danach zur Seite nahm, um mit ihm die Interna der israelischen Sicherheitslage zu besprechen. Voller Neugierde fragte ich meinen Vater nach dem Inhalt des Tête-à-Tête. Die Antwort war lediglich ein spitzbübisches Lächeln. Peres konnte sich auf ihn verlassen.

Am Abend kam es dann zu einer Diskussion, die mir in lebhafter Erinnerung geblieben ist. Anwesend waren unter anderem auf israelischer Seite Ezer Weizman, der damals Minister für die Beziehungen zu den arabischen Staaten war. An diesem Abend begann ich zu begreifen, warum die Spitzenpolitiker aus aller Welt nach Franz Josef Strauß als Gesprächspartner verlangten. Sein Vorzug war es, Sachverhalte scharf und klar zu analysieren und diese Analyse schonungslos darzulegen. So sezierte er Israels politisches Credo, das Überleben des Staates dauerhaft nur auf siegreiche militärische Aktionen zu stützen. »Die arabische Welt kann hundert Kriege verlieren und wird dennoch überleben. Israel darf nicht einen verlieren. Sonst wird man von der Landkarte verschwinden.« Dann ging er ins Detail und nannte zur Problembewältigung Wege und Ziele für den politischen Alltag in Israel. Mir wurde dabei klar, dass Diplomatie dann schwierig wird, wenn man generell gut klingende Ziele in konkrete Taten umsetzen muss. Seinerzeit taten sich Willy Brandt und auch Hans-Dietrich Genscher dabei deutlich leichter. Sie postulierten Ziele, die jedermann gerne unterschreiben konnte: Friede, Gerechtigkeit, Gewaltlosigkeit. Zur Umsetzung all dessen konkrete Maßnahmen zu nennen, die wehtun konnten, wie etwa Grenzziehungen, dies wurde vornehm verschwiegen.

Mein Vater kam zu dem Schluss, dass Israel nicht dauerhaft den Weg der Gewalt gehen könne. Und er sprach Klartext: Rückzug aus der Westbank, Ende der Besatzungs- und Siedlungspolitik. Im Gegenzug jedoch müssten die Israelis militärisch unterfütterte, belastbare Garantien erhalten. Die Runde ging spät nachts in gutem Einvernehmen auseinander. Rabin, der wie der bereits verstorbene Dayan, wie Weizman und Peres diesen Weg gehen wollte, fiel 1995 einem Attentat zum Opfer. Israel setzt seither auf die Karte der Härte, die sich immer mehr als untauglich erweist.

Leib und Seele

Nach der Rückkehr aus Israel kam Papa zu der Einsicht, dass er nun endlich etwas für seine Gesundheit tun müsse. Eine Kur wurde dringend anempfohlen. Seine Wahl fiel auf das Johannesbad in Bad Füssing. So ließ er die Regierungsgeschäfte ruhen und buchte zunächst eine zweiwöchige Kur. Er bewohnte ein kleines Appartement und nutzte die große Bäderabteilung vor und nach den üblichen Öffnungszeiten. Tagsüber war er in Behandlung oder zog sich in sein Appartement zurück. Als ich ihn eines Tages besuchte, kam gleichzeitig sein Fliegerkamerad Franz Hofmann vorbei, damals amtierender Bürgermeister im unterfränkischen Knetzgau. Die Freundschaft zu meinem Vater kam ihm nicht ungelegen in seinem ständigen Bestreben, Knetzgau zu einem beachtlichen Wirtschaftszentrum auszubauen. Über die Grenzen Unterfrankens hinaus bekannt wurde er später durch Bohrungen nach Tiefenwasser bester Qualität. Nach beinahe hundert Bohrungen sagte der Gemeinderat: »Bürgermeister, du bist ein verdienter Mann, aber da hast du dich einfach verrannt.« Daraufhin zahlte Hofmann die letzten Bohrungen aus eigener Tasche. Schließlich stieß man doch auf bestes Wasser mit der Folge, dass sich ein internationaler Getränkekonzern in Knetzgau niederließ und der Gemeinde zu Wohl und weiterem Ansehen verhalf. Mein Vater hatte Hofmann mehrfach angeboten, in den Landtag zu wechseln. Der Weg zum Staatssekretär stünde dann offen. Hofmann aber war mit Leib und Seele Kommunalpolitiker. Nach seinem Tode wurde in Knetzgau die bisherige Frankenlandhalle nach ihm benannt.

In Bad Füssing traf Hofmann meinen Vater in dessen Appartement an, wie dieser mit gequältem Gesichtsausdruck vor einem Glas Pfälzer Kurwein saß. Es war jene Sorte Weines, den es bei Helmut Kohl immer gab. Er war literweise und ohne größere Spätfolgen trinkbar. Papa hielt den Tropfen dennoch für ungenießbar. Franz Hofmann sah die große Not und fuhr zurück ins Frankenland. Anderntags kam er wieder, seinen großen Kombi bis unters Dach voll beladen mit Sechserpackungen Bocksbeutel. Für meinen Vater war das natürlich viel zu viel, aber er hatte endlich seinen Silvaner und seinen Riesling – Weine, die er neben den italienischen Tropfen sehr mochte. Damit erschien ihm die Kur um ein Vielfaches erträglicher. Nebenbei erlebte er zu seiner

Überraschung, dass Bayern, auch wenn der Ministerpräsident zur Kur in Niederbayern weilte, nicht gleich von der Bahn abkam. So verlängerte er die Kur auf drei Wochen. Wir Kinder wunderten und freuten uns letztlich über seine Entscheidung. Denn wir wussten, dass er sich bis dahin stets für unabkömmlich gehalten hatte. Lediglich in den Sechzigerjahren war er einmal auf Kur gewesen. Meiner Mutter war dies seinerzeit in guter Erinnerung geblieben, da Papas Weinrechnung deutlich höher ausgefallen war als die Kosten für den Kuraufenthalt.

Nach Ende der Füssinger Kur hatten Vater und wir Grund zu größter Freude: Er kam stolze 13 Kilo leichter nach München zurück. Sofort begann er sich für neue, modischere Anzüge zu interessieren und kam anschließend wirklich flott daher. Was jedoch weitaus wichtiger war: Der Kuraufenthalt hatte ihn physisch und psychisch wieder aufgebaut. Vater war wie ausgewechselt und voller Tatendrang. Obendrein waren meine Geschwister und ich freudig überrascht, dass er die Rolle unserer Mutter übernahm und zum Herz der Familie wurde.

Voller Tatendrang frönte Papa wieder einer seiner Leidenschaften, dem Planen von Reisen.

In Bulgarien

Im Sommer 1985 sollte Bulgarien Ziel einer Reise zusammen mit meinem Vater werden. Im August fuhren wir mit PKWs durch Bulgarien, das Ziel war Istanbul. Vorher sollte es zu einem Gespräch mit dem stellvertrenden bulgarischen Ministerpräsidenten Andrej Lukanov kommen. Lukanov war alles andere als ein schlecht gekleideter Betonkopf stalinistischer Prägung, eher ein Typ à la Michail Gorbatschow, entspannt auftretend mit perfektem Englisch. Vater sah, dass Lukanov eine Figur des Übergangs

war. Tatsächlich war er 1990 maßgeblich am Umbruch beteiligt. Dass der bis dahin amtierende kommunistische Staatschef
Todor Schiwkow einen solchen Mann geholt und aufgebaut
hatte, ließ den kommenden Wandel erkennen. Der weltgewandte
Lukanov lud uns auf eine bulgarische Staatsjacht zu einem Törn
auf dem Schwarzen Meer ein. Zum größten Vergnügen der Gastgeber traten dann an Bord mein Vater und Karl Dersch gegeneinander zu einem Wettessen mit Chili-Schoten an. Vater brachte es
mit tränenden Augen bis zur siebten Schote, Dersch verdrückte
unglaubliche 15 und ihm war nichts anzusehen. Sein Trick war, die
Schoten im Ganzen zu schlucken. Unter Lukanovs Führung
besichtigten wir dann noch die Altstadt von Varna, als Karl Dersch

Max und ich in Varna

plötzlich einen knallroten Kopf bekam. Die Chili-Schoten taten ihre Wirkung. Wir sahen ihn nur noch rennen.

In Sofia angekommen begleiteten wir Papa zu einem offiziellen Mittagessen mit Staatschef Schiwkow und Lukanov. Ich habe Ostblock-Potentaten wie Nicolae Ceaucescu und Erich Honecker erlebt. Der Bulgare aber erschien mir am menschlichsten, was natürlich die Härte seines Regimes nicht vergessen lassen konnte. Ceaucescu kam mir wie ein Schakal mit seinem unsteten Blick vor, der einem auswich. Honecker hingegen war von offenem Wesen, was in Widerspruch zu seinem hölzernen Auftreten stand. Todor Schiwkow also saß nun am Tisch wie ein alter Leitwolf und überließ Lukanov die Gesprächsführung. Lukanov parlierte und diskutierte mit meinem Vater, Schiwkow hingegen wachte lauernden Auges über die Situation. Von ihm war wenig, aber durchaus Humorvolles zu hören. Vize Lukanov wurde dann tatsächlich der Mann des Übergangs. Die Früchte seiner Arbeit konnte er jedoch nicht mehr ernten: Unbekannte erschossen ihn 1996 in Sofia auf offener Straße.

Andrej Lukanov (l.) im Gespräch mit meinem Vater und Karl Dersch

Eine weitere Reise sollte uns zu Ostern 1988 nochmals nach Bulgarien führen. Vater hatte mit Karl Dersch vereinbart, den Mönchen des bulgarischen Rila-Klosters, das als Nationalheiligtum selbst den Kommunismus überstand, zu deren Unterstützung einen Mercedes-Transporter zu schenken. Ich sollte ihn überführen. Nach einer Übernachtung in Budapest erreichten wir dann das Kloster. Man hatte den prächtigen Bau, heute zum UNESCO-Weltkulturerbe zählend, gerade renoviert. Die Farbe an Böden, Fensterstöcken und Wänden war noch nicht trocken. Wir übergaben das Fahrzeug unter Beisein der üblichen Offiziellen auf bulgarischer Seite, Geheimdienstler inklusive.

Ostern in Bulgarien

Am katholischen Ostersonntag wohnten wir der Messe bei. Die Klosterkirche war brechend voll, der in Bulgarisch gehaltenen Messe konnte ich nicht folgen. So sah ich mich um und entdeckte einen Seitenaltar, auf dem eine Menge Brote und Würste lagen. Ich dachte an den bayerischen Brauch, in der Osternacht Speisen weihen zu lassen, und mir fiel ein, dass uns unsere Tante Maria ihr selbstgebackenes, köstliches Osterbrot mitgegeben hatte. Spontan kam mir der Gedanke, das Brot weihen zu lassen, ich holte es und legte es am Altar nieder. Dabei sah ich allerdings noch andere Dinge: Socken, Unterhosen, gar ein Hemd. Ich überlegte: heiliges Brot, das geht in Ordnung. Aber heilige Unterhosen? Schnell wurde mir klar, dass nach dem Kalender der Ostkirche nicht Ostern, sondern Palmsonntag gefeiert wurde und die Gaben am Altar Geschenke für die Mönche waren. Das Brot wieder wegzunehmen, wäre ein Affront gewesen, andererseits auf Tante Marias Osterbrot zu verzichten, ein wahrlich großer Verlust. Die Rettung brachte der uns begleitende Valentin Argirov, Bulgare und Arzt meines Vaters. Er hatte größere Mengen Osterbrots dabei, sodass wir per Austausch wieder zu unserem Brot kamen. Selten hat Tante Marias Backwerk so gut geschmeckt.

Nach der Messe wünschte mein Vater den Abt des Klosters in einem Nebenraum alleine zu sprechen. Er bat mich, die Vertreter des Geheimdienstes irgendwie davon abzuhalten, ihnen zu folgen. So schloss ich die Türe hinter ihnen und stellte mich in den Türstock, der Geheimdienstmann mir gegenüber. Ich blickte ihn um Verständnis heischend an. Er verstand offenbar und blieb eine geschlagene halbe Stunde vor mir stehen. Nachdem das Gespräch beendet war, stieg Stolz in mir auf: Ich hatte dem berüchtigten bulgarischen Geheimdienst ein wenig die Stirn geboten. Jahre später schwand mein Stolz. Nach Ende des Kommunismus in Bulgarien tauchte nämlich eine Niederschrift des Gesprächs auf. Daraus ging hervor, dass auch der Abt beim Geheimdienst gewesen war.

Washington

Bei allen Reisen war seit dem Tod meiner Mutter mindestens ein Kind dabei, um sich um die persönlichen Belange meines Vaters zu kümmern. Im Juli 1985 begleitete ich ihn zur 2. Konferenz der IDU-Vorsitzenden nach Washington. Die 1983 unter anderem von Margaret Thatcher, Jacques Chirac, Helmut Kohl und Franz Josef Strauß gegründete Internationale Demokratische Union (IDU) ist eine Arbeitsgemeinschaft von heute 45 konservativen und christdemokratischen Parteien. Mein Vater nutzte die Konferenz für eine Vielzahl von Gesprächen im Foyer. Auf seinen Wunsch hin saß ich im Plenum und verfolgte die Debatte. Er trug mir auf, ihn für den Fall, dass Südafrika Thema würde, sofort zu holen. Das Land am Kap lag ihm sehr am Herzen. Südafrika sollte seiner Meinung

Nach dem Besuch des Soldatenfriedhofs Arlington (v.r.n.l.: Gerold Tandler, Jonny Klein, Papa, Wilfried Scharnagl)

nach nicht das gleiche Schicksal erleiden wie Rhodesien. Das Nachbarland war damals den Extremisten ausgeliefert worden und Margaret Thatcher als Vertreterin der ehemaligen Kolonialmacht England hatte das auch noch betrieben. Das sollte sich in Südafrika nicht wiederholen. Das Thema kam in Washington aber nicht auf die Tagesordnung. Mein Vater wirkte lieber im Stillen. In Südafrika setzte er sich 1988 für Mandela ein, was er mir gleich nach der Landung berichtet hat. Es schien ihm menschlich und politisch der richtige Weg.

Höhepunkt der Tagung sollte der Empfang im Weißen Haus bei US-Präsident Ronald Reagan sein, den ich sehr verehrte. Voller Vorfreude fieberte ich dem Ereignis entgegen. Es kam jedoch anders: Reagan musste sich einer Operation unterziehen und sein Stellvertreter George Bush empfing die Delegationen. Als er meinen Vater sah, setzte er behände über die Absperrung und umarmte ihn herzlich. Zum eigentlichen Gespräch mit Bush durften nur die Parteiführer. Ich wollte wie vorgegeben zurückbleiben, als Papa mich leise instruierte:

»Nichts da, du gehst mit und setzt dich ganz hinten rein. Wenn dich einer fragt, sagst du einfach ›Finland‹. Von denen ist eh keiner da. Das wissen aber die Türsteher nicht.«

Und so geschah es: »Finland« und ich war im Allerheiligsten. Um den Konferenztisch saßen die politischen Schwergewichte Thatcher, Bush, Chirac und mein Papa. Dahinter in gebührendem Abstand zwei Stuhlreihen für die kleineren Dienstränge. Von dort aus verfolgte ich die Konferenz. Bush und Thatcher saßen am Kopfende einander gegenüber, die anderen dazwischen. Man plauderte über dies und das. Jedenfalls vernahm ich nichts, was auf mich besonderen Eindruck gemacht hätte. Plötzlich jedoch schlug Margaret Thatcher auf den Tisch und rief zur Ordnung: Draußen stehe die Presse, die Öffentlichkeit erwarte, dass man hier ernsthaft verhandle. Den Medien könne man ja schlecht die gerade stattfindende Plauderei referieren. Sie schlage vor, zu verlautbaren, das Thema internationaler Terrorismus sei Gegenstand der Konferenz gewesen. Allfälliges Kopfnicken. Mein Vater nahm Thatcher beim Wort und hielt spontan ein einführendes Statement. Zu seiner Verwunderung jedoch wurde daraus nicht der Auftakt für eine rege Diskussion. Es sollte bereits das Schlusswort sein. Die Eiserne Lady wollte das Thema nicht diskutieren, sondern eine Sprachregelung gegenüber der Presse finden. Und diese hatte mein Vater ungewollt geliefert. So trat man vor die Presse. Papa gab dann vor dem Weißen Haus noch eine Reihe ausführlicher Interviews. Nach dem letzten mussten wir feststellen, dass wir allein vor dem Weißen Haus standen. Vater nahm's gelassen: Wir fuhren mit dem Taxi ins Hotel.

216

Der 70. Geburtstag

Es gehörte seit jeher zur Tradition der Familie Strauß, zu gegebenem Anlass Feste angemessen zu feiern. 1985 war Vaters Jubeljahr, auch wenn uns alle Trauer um den Tod der Ehefrau und Mutter nach wie vor begleitete: Der 70. Geburtstag stand an. Runde Geburtstage waren stets ein schöner Anlass für gelungene Feste gewesen. Meine Erinnerung an einen solch großen Geburtstag reicht bis ins Jahr 1965 zurück. Wir verbrachten gerade unbeschwerte Zeiten in Rott am Inn. Eines Tages läutete es an der Haustüre. Mein Vater war leger in kurzen Hosen im Haus unterwegs. Bevor noch jemand dazwischen gehen konnte, hatte ich als vierjähriger Knirps die Türe geöffnet. Erschrocken prallte ich zurück: Ein Mann in Uniform stand da. Schnell wurde ich zur Seite genommen. Dann kam Papa an die Türe. In diesem Moment erklang laut festliche Militärmusik. Obwohl er als Bundesverteidigungsminister schon seit drei Jahren außer Amtes war, hatte ihn »seine« Bundeswehr an seinem 50. Geburtstag nicht vergessen. Da man offiziell nicht gratulieren durfte, war das Musikkorps eben eher zufällig vorbeigekommen und spielte ihm ohne große Reden und Zeremonien einfach auf.

Der 60. schließlich wurde an vielen Orten gefeiert. In München, im Wahlkreis Weilheim und vor allem in Rottach-Egern, wo ihm zu Ehren der traditionsreiche Bayerische Zapfenstreich neu einstudiert und bei einer Feierstunde der Gebirgsschützen gespielt wurde. Jetzt aber nahte der 70. Geburtstag und die Vorbereitungen dazu begannen anzulaufen. Den Vorreiter machte der Bayerische Rundfunk. Man hatte es offensichtlich gut gemeint und beabsichtigte die Produktion einer Fernseh-Gala. Aus Termingründen blieb nur ein Termin im Juli und so wurden wir kurzfristig ins Münchner Cuvilliés-Theater gebeten, wo die Sendung aufgezeichnet werden sollte. Volksschauspieler Walter Sedlmayr,

60. Geburtstag in Rottach. Als Riesen-Geburtstagskarte habe ich eine Karikatur gezeichnet.

auf den wir uns eingedenk seiner Reden zur Starkbierzeit im Salvatorkeller gefreut hatten, hielt eine recht merkwürdige, eher weniger geglückte, düstere Rede. Er sprach in Anspielung auf meinen Vater vom alten Jäger, und mitunter hörte sich alles wie ein Nachruf an.

Dann ging es auf September zu. Jetzt entfaltete sich Tag für Tag der Plan der Feierlichkeiten. Bei dieser Gelegenheit erinnere ich mich gerne an ein Wort Herbert Wehners, der zum 60. meines Vaters seiner Art gemäß anzumerken hatte: »Der Strauß hat keine Geburtstage, sondern Geburtswochen.« Im Vorfeld dieses runden Geburtstags hatte er nun die Ehrenbürgerwürde von Regensburg und von Rott am Inn erhalten. Es waren seltsamerweise jene beiden Orte, die an seinen letzten Tagen eine besondere Rolle spielen sollten.

Ronald Reagan gratuliert

Der Festreigen begann am 5. September, einen Tag vor seinem Geburtstag. Aus der Hand von Landtagspräsident Franz Heubl erhielt er die goldene Landtags-Medaille. Dann übergab ihm Altbundespräsident Karl Carstens die Festschrift zum 70. Geburtstag. Herausgeber waren neben ihm Altministerpräsident Alfons Goppel, Henry Kissinger und Golo Mann. US-Präsident Ronald Reagan schrieb zum Geleit unter anderem: »Ich fühle mich von Franz Josef Strauß inspiriert und bin sicher, dass alle Amerikaner, die ihn kennen und schätzen gelernt haben, diese meine Gefühle teilen. Wir freuen uns auf viele weitere Jahre enger Zusammenarbeit mit einem der treuesten Freunde Amerikas.«
Zu den weiteren Autoren zählten Bundespräsident Richard von Weizsäcker, Bundeskanzler Helmut Kohl, der ehemalige italienische Staatspräsident Alessandro Pertini, der damalige israelische Ministerpräsident Shimon Peres und sein ägyptischer Kollege Präsident Mubarak. Österreichs Bruno Kreisky fehlte ebenso wenig wie Helmut Schmidt. Eine lange Liste klangvoller Namen, allesamt persönliche wie politische Weggefährten, schloss sich an. Ich sehe heute noch das Strahlen meines Vaters, als er die Festschrift entgegennahm. Für ihn war dies eine Auszeichnung von allergrößtem Wert. Ähnlich war es ihm bei der Überreichung der Ehrendoktorwürde der Münchner Ludwig-Maximilians-Universität gegangen. Er, der sich mit Haut und Haar dem politischen Betrieb verschrieben hatte, zeigte darüber in ruhigen Momenten so etwas wie Bedauern. Vater sprach dann davon, dass er deshalb dem ursprünglich angestrebten akademischen Betrieb, dabei insbesondere der Lehr- und Forschungstätigkeit, habe entsagen müssen. Die Ehrendoktorwürde »meiner Alma Mater«, wie er die LMU stets zuneigungsvoll nannte, erschien ihm auch als eine Art Weihe. Für ihn zeigten diese Ehrungen, dass seine Leistungen als

weit über den tagespolitischen Rahmen hinausragend honoriert wurden. Er war voller Stolz.

Am Vorabend des Geburtstages zelebrierte Kardinal Friedrich Wetter, zusammen mit dem evangelischen Landesbischof Johannes Hanselmann Autor der Festschrift, in Rott am Inn eine Messe. Uns ging diese Feier sehr nahe. Selten habe ich Vater derart tief bewegt gesehen. Wir kehrten nach München zurück, wo noch am selben Abend auf dem Odeonsplatz die Bundeswehr ihm zu Ehren mit einer Serenade aufwartete, gefolgt von einem Empfang im Antiquarium der Residenz. Tags darauf, am 6. September, dem eigentlichen Geburtstag, begann in der Residenz die Gratulationscour. Den Auftakt machte Bundespräsident Richard von Weizsäcker, der Vater zunächst alleine traf, bevor dann im Kaiserhof der Residenz die Gebirgsschützen zum Ehrenappell antraten. Die Liste der Gratulanten war lang. Alle waren gekommen, um ihn zu feiern und mit ihm seinen Jubeltag zu begehen. Abends fuhren wir nach Rosenheim in den Nußdorfer Hof seines besten Freundes Josef März. Dort gab Papa ein festliches Geburtstagsessen für Familie und Freunde.

Es ging bis spät in die Nacht. Der nächste Tag indes sprengte all unsere Vorstellungen.

Aus vollem Herzen

Schauplatz war der Odeonsplatz. Der Präsident des bayerischen Musikbundes, der legendäre Landtagsabgeordnete Karl Kling aus dem schwäbischen Krumbach, hatte ein Geburtstagskonzert arrangiert – aber nicht irgendeines. Dazu muss man wissen, dass mein Vater in seiner Regierungszeit die Unterstützung der Musikbewegung in Bayern, die Förderung des Brauchtums und die Hilfen für die all dies tragenden Vereine forciert hatte. Davon profi-

Bei Kaiserwetter vor der Feldherrnhalle. Wir genießen die Gabe der Musiker.

tierten unter anderem auch die Gebirgsschützen, die ihm als Kultur- und Traditionsträger sehr am Herzen lagen. Er wollte nicht, dass die Schützen zu einem bloßen Heimatabend-Gag verkommen. Um den Brauch in Gänze zu erhalten, setzte mein Vater die Wiederbewaffnung der bayerischen Gebirgsschützen-Kompanien durch. Dabei handelte es sich übrigens um die »98er K«, eine militärisch überholte Waffe. Vater setzte sich dafür ein, dass der Gedanke des Eintretens für die Heimat, für die ureigene Kultur im Sinne einer seriösen Brauchtumspflege erhalten blieb. Seither dürfen alle Gebirgsschützen Waffen tragen, müssen aber regelmäßig zum Übungsschießen und das Gerät ansonsten sicher wegsperren. Vater war damals, ohne dass dies die Öffentlichkeit so deutlich wahrgenommen hatte, insgeheim zu Bayerns oberstem Brauchtumsbewahrer geworden. Zusammen mit dem Erhalt von

Literatur und Theater bayerischer Wesensart war ihm die Förderung der Volksmusik – also nicht der unerträgliche Schmalz des Volkstümelnden – bis hin zum Erhalt der Trachtenkultur – also nicht des Landhaus-Dirndls und des Raiffeisensmokings – eine Herzensangelegenheit.

Das war also der Hintergrund für das Dankeschön der Gebirgsschützen, Trachtler und Musikanten, das seinen ungeahnten Ausdruck in jenem fabelhaften Konzert auf dem Münchner Odeonsplatz fand. An diesem 7. September 1985 passte dann einfach alles: Die Landeshauptstadt erstrahlte in Kaiserwetter bei einem weiß-blauen Himmel, der wie gemalt aussah. Vor der Feldherrnhalle hatte man eine große Tribüne errichtet. Papa und wir Geschwister saßen vorne, dahinter die stolze Zahl von Ehrengästen und Würdenträgern und um uns herum Tausende von Menschen. Inmitten des Szenariums waren etwa dreieinhalbtausend Musikanten versammelt und begannen ihm zu Ehren das wahrscheinlich größte Platzkonzert zu geben, das München je erlebt hatte. Das Programm reichte von Volksmusik über Märsche bis hin zu Opern-Transkriptionen. Allein zu sehen, wie die vielen Musikanten dirigiert wurden, unter anderem von einer Ordensschwester, war bereits ein Schauspiel für sich. Das Konzert gelang prächtig. Vater war sichtlich bewegt. Natürlich war all das nicht vergleichbar mit dem präzisen Spiel eines Bläserensembles der Wiener Symphoniker. Aber es kam aus vollem Herzen.

Dieses Konzert wurde zum emotionalen Höhepunkt seines 70. Geburtstages. Ich konnte mich damals des Eindrucks nicht erwehren, als begänne mit diesem gewaltigen, fast schon überirdischen Spiel jetzt die barock-prinzregentenhafte Phase seiner Regierungszeit in Bayern. Er hatte die Herzen der Menschen gewonnen und wurde als Landesvater von einer ungeheuren öffentlichen Sympathie getragen. Es schien, als fiele eine goldene, milde Abendsonne auf die letzten Jahre seiner Ministerpräsidentschaft.

IX
Neue Perspektiven
(1986)

Das Jahr 1986 begann für mich in der Gewissheit, dass eine Katastrophe heraufziehen würde. Ich hatte mich 1985 am Münchner Lokalfernsehsender tv weiß-blau beteiligt. Das war für einen damals 24-Jährigen eine zu große Sache. Es wurde unterstellt, das Ganze sei eine Kommandoaktion der CSU und ich nur die vorgeschobene Marionette, doch das war, heute kann ich es wirklich sagen, dummes Zeug, mein Vater wusste davon nichts und hatte später nur Probleme damit. Die Unterstellung, man habe damit der »roten« Münchner Presse ein Gegengewicht schaffen wollen, ist falsch, die Verleger von SZ und AZ, die so viel Schmutz hatten verbreiten lassen, haben sich dann später zu meiner Freude selber versenkt, um es salopp auszudrücken, angesichts des Verkaufs der *Süddeutschen Zeitung* und des Niedergangs der *Abendzeitung*, das Lokalfernsehen hatte daran keinen Anteil, auch wenn es sich heute durchgesetzt hat.

tv weiß-blau

Ich hatte, nach meiner Ausbildung zum Werbekaufmann und der Bundeswehr, über meine Mutter davon erfahren, dass nun lokales Fernsehen möglich und in den USA wie auch anderswo ein großer Erfolg wäre. Ein ehemaliger Referent der CSU-Landesleitung, zu dem meine Mutter Verbindung hatte, war 1984 an sie mit diesem Gedanken herangetreten. Zu mehr kam es nicht, denn

224

kurz darauf starb meine Mutter. Ich hielt die Idee »Lokal-TV« für gut, hatte aber im Umfeld meines Vaters nur Unternehmer kennengelernt, die Außergewöhnliches geleistet und erreicht hatten. Für mich stand Unternehmertum für Erfolg und große Taten. Erst später erfuhr ich dann, dass einige von denen, die ich für unternehmerische Götter mit unendlichen Mitteln hielt, vor Gefahren nicht gefeit waren und den Untergang des Geschaffenen erleben mussten.

Das, was man hat, einen großen Namen, muss man auch erwerben. Diese Erkenntnis hatte ich nicht verinnerlicht. Recht naiv hatte ich gleich die ersten Stufen des Unternehmerdaseins überspringen und ein großes Rad bewegen wollen.

Der Zusammenbruch des Senders kam im Mai 1986 und ohne gewaltige Hilfe, hier sind mit größtem Dank insbesondere Claus Hardt und Leo Kirch zu nennen, hätte es mich aus der Kurve getragen und es wäre nicht bei einem Donnerwetter geblieben. Meinen Vater beschäftigte damals aber ein ganz anderes Thema sehr intensiv, sodass ich Glück hatte, dass er abgelenkt war von den Meldungen, die über mich hereinkamen.

Tschernobyl

Der Kern des Atomkraftwerks nahe der ukrainischen Stadt Tschernobyl war durchgebrannt. Man hatte einen unvorbereiteten Test mit schlecht geschultem Personal durchgeführt, es sollte geprüft werden, ob die Notstromversorgung auch dann laufe, wenn der Reaktor außerplanmäßig herabgefahren und zugleich die externe Stromversorgung vom Netz gekappt worden wären. Das Ergebnis war der GAU, die Katastrophe war da. Es geschah am 26. April 1986, die sowjetische Führung meldete erst am 29. April, dass eine Katastrophe passiert und zwei Menschen zu Tode gekommen seien, da waren schon Hunderte tot und Abertausende verstrahlt. Im Westen waren völlig ungewöhnliche Strahlungsergebnisse aufgefallen, aber die Wahrheit kam erst scheibchenweise ans Licht. Dies führte zu ausgesprochen aufgeregten Reaktionen in Deutschland, stärker als anderswo.

Als ob sie verantwortlich für die erhöhte Strahlenbelastung sei, wurden die deutsche Politik und zuvorderst der für Atomstrom stehende Franz Josef Strauß für die aus der Strahlenbelastung folgende Gefährdung verantwortlich gemacht. Er bemühte sich nun, ohne Scheuklappen auf wissenschaftlichem Weg herauszufinden, ob es sich bei dem Unfall um ein Phänomen handelte, das aufgrund menschlichen oder auch technischen Versagens passiert war, oder ob man mit der Situation konfrontiert war, dass sich die Atomtechnik an sich als nicht beherrschbar erwiesen hatte.

Mir gegenüber führte er einmal aus, dass die Wissenschaft Mitte der Fünfzigerjahre, als er Atomminister war, ihm dargelegt hatte, dass die Atomenergie, deren Nutzung damals gerade von der Linken als der Königsweg zu Wohlergehen und Wohlstand der breiten Massen gesehen wurde, anders als von den irdischen Heilsversprechen gegenüber eher skeptischen Konservativen, ein Zwischenschritt sei. Die Atomenergie braucht Uran als Brennstoff, das ebenso wenig unendlich vorhanden ist wie Öl. Das Ziel sei die Kernfusion gewesen, für die man nur Wasserstoff benötige, welcher unendlich vorhanden sei. Man glaubte damals laut meinem Vater, dass man die Kernfusion wissenschaftlich bis in die Neunzigerjahre des letzten Jahrhunderts beherrschen würde, ab 2010 dann auch industriell nutzen könne. Sein Resümee war, dass die Wissenschaft diese Zusagen nicht halten konnte.

Nun galt es die andere Seite der Medaille zu prüfen, die Frage, ob die Kernenergie sicher sei oder ob man hier wissenschaftlich einen nicht beherrschbaren Bereich einräumen müsse. Ich habe erlebt, dass ihm die Klärung dieser Frage ein ernstes Anliegen war. Verschärft wurde die Situation dadurch, dass meine Schwester mit ihrer Tochter Michaela schwanger war, die dann im Dezember 1986 zur Welt kommen sollte. Nach der Reaktorkastastrophe bestand die Angst, dass die Lebensmittel kontaminiert seien, insbesondere Milch, weshalb öffentlich gefordert wurde, die staatlichen Milchpulvervorräte, die ja aus der Zeit vor der Katastrophe stammten, freizugeben. So beschäftigten und belasteten die Folgen von Tschernobyl meinen Vater sehr. Er behielt klaren Kopf und berief eine Konferenz mit 21 Professoren und Sachverständigen aus dem In- und Ausland ein. Das Ergebnis war, dass die Kernenergie beherrschbar und alternativlos sei. In einer Regierungserklärung sagte er:

»Ein Zurück zu fossilen Energieträgern wäre ein Verbrechen an der Menschheit und an der Umwelt, weil Luft und Atmosphäre zunehmend vergiftet und wertvolle Ressourcen verschwendet würden. Das Kohlendioxyd … führt zu einer laufenden Veränderung der Atmosphäre mit einem Gefährdungspotential, das alle anderen Gefährdungspotentiale bei weitem übersteigt – Stichwort Treibhauseffekt.«

Ferner folgerte er, dass es zur Wiederaufbereitung in Deutschland, geplant war Wackersdorf, keine ernsthafte Alternative gäbe; das heutige Lagern oder Karren der Stäbe quer durch Europa läge ganz und gar nicht auf seiner Linie. Heute höre ich im Radio regelmäßig eine hysterische Dauerberichterstattung auf allen Kanälen über Blockaden von für Atomtransporte vorgesehenen Gleisen. »Der Castor hat Lüchow-Dannenberg erreicht, starke Verbände der Atomgegner erwarten ihn auf der Linie Lüchow-Dannenberg – und halten ihre Position gegen starke Polizeiverbände« – das klingt doch arg nach Kriegsberichterstattung. Die Nachfolge der Kernkraft ist ungelöst, kann man in diesem Stadium auf sie verzichten?

227

Die neue Staatskanzlei

1986 spitzte sich auch die Auseinandersetzung zwischen der Landeshauptstadt München und dem Freistaat Bayern um die neue Staatskanzlei zu. Mein Vater meinte zu mir: »Bis die einmal gebaut ist, bin ich längst nicht mehr Ministerpräsident. Aber ich bestehe darauf: Die Staatlichkeit Bayerns muss sich in dem Bauwerk widerspiegeln und es muss Schluss damit sein, dass täglich eine Unzahl von Fahrern damit beschäftigt ist, die Akten zwischen den Standorten der Staatskanzlei hin- und herzufahren.« Diese waren zum einen die Prinzregentenstraße 6 in München, dazu Außenstellen in der Reitmorstraße und auch im Prinz-Carl-Palais.

Zu seiner Überraschung hatte mein Vater bei einem Fototermin für die Bundestagswahl 1980 festgestellt, dass dort nicht nur Repräsentationsräume waren, sondern Berge von Akten bearbeitet wurden, die Briefe an ihn beinhalteten. Das waren keine Briefe aus dem gewöhnlichen Geschäftsgang. Sie verdanken ihr Werden einem Missverständnis: Am Ende einer Livediskussion musste er dringend zum Flughafen, um noch nach München fliegen zu können. Er glaubte die Kameras ausgeschaltet und sagte dem fragehungrigen Publikum zu, alle schriftlichen Fragen selbst zu beantworten. Die Sendung war zwar zu Ende, der Ton lief aber noch weiter, als der Abspann lief. So hörte die ganze Nation, dass Strauß selbst antworten würde, wenn man ihm nach München, Adresse Staatskanzlei, schriebe. Das Ergebnis war eine Flut von Briefen. Sofort setzte er sich nach dem Fototermin hin, um die Briefe zu beantworten, und die Referenten hatten ihre liebe Mühe, ihm vorzurechnen, dass es völlig aussichtslos war, auch nur einen nennenswerten Teil der Briefe abzuarbeiten.

Was blieb, war einmal mehr die Gewissheit, dass die Staatskanzlei aus den Nähten platzte. In der Prinzregentenstraße hatte man schon Toiletten zu kleinen Arbeitszimmern ausgebaut, die neue Staatskanzlei musste her. Da bot es sich an, das geplante Haus der bayerischen Geschichte zu integrieren. Bereits 1961 hatte Wilhelm Hoegner beantragt, den Südflügel des Armeemuseums für das Haus der Bayerischen Geschichte zu nutzen, 1982 gliederte mein Vater es der Staatskanzlei an. Nach dem Tode meines Vaters sank die Wertschätzung für das Haus, das ehemalige Armeemuseum wurde Standort der Staatskanzlei, das Haus der Bayerischen Geschichte kam nach Augsburg und wurde 1998 dem Wissenschaftsministerium angegliedert.

Die architektonischen Details haben meinen Vater meiner Erinnerung nach nicht interessiert. Wenn ich heute die Staatskanzlei sehe, bin ich der Meinung, dass sie vom Hofgarten her gesehen ein gelungener Bau ist, von der Straßenseite her aber ein Trutzbau gegen imaginäre Wellen, der Einfall, dass große Fenster die Transparenz des Staates darstellen sollen, mag zwar bei Wettbewerben gut ankommen, hat aber mit der Realität nichts zu tun. Das zu Zeiten meines Vater noch bestehende Gleichgewicht zwischen den Ministerien mit selbstbewussten Ministern und der Staatskanzlei besteht nicht mehr, die Staatskanzlei ist eine Überbehörde geworden.

Die Staatskanzlei liegt am Franz-Josef-Strauß-Ring 1 in München. Nach dem Tode meines Vaters war schnell eine Diskussion zu der Frage aufgekommen, welche Straße man nach ihm benennen solle. Am 4. Oktober 1989 fasste der Stadtrat den Beschluss, den Teil des Karl-Scharnagl-Rings umzubenennen, an dem die Staatskanzlei liegt. Es ist ein recht kurzes Stück, was wiederum damit begründet wurde, es sei Firmen nicht zuzumuten, den Briefbogen neu drucken lassen zu müssen. Kurz darauf wurden in Deutschland alle Postleitzahlen geändert, da es seit der Wiedervereinigung Orte in Ost und West gab, die dieselbe Postleitzahl hatten. Sämtliche deutsche Firmen mussten ihre Briefbögen neu drucken lassen.

55 plus x

Es gab aufregende Wahlkämpfe im politischen Leben meines Vaters. Der Landtagswahlkampf 1986 in Bayern gehörte nicht dazu. Alles plätscherte nur so dahin. Von der SPD im Land kam nichts. 1978 hatte man noch zum Amtsantritt verkündet, Strauß sei weder fachlich noch charakterlich für das Amt geeignet, 1986 wagte das ernsthaft niemand mehr zu behaupten. Bundespolitisch schlug auch nichts Negatives durch, er langweilte sich beinahe. Es war aber für seine Umgebung auch nicht zu übersehen, dass er nicht mehr der FJS von 1978 war, er war 71 Jahre alt und manches hatte sich eingeschliffen, war zur Gewohnheit geworden. Umso erfüllender war für ihn, dass er bei jeder Wahlveranstaltung von Jubel nur so getragen wurde. Durch die tragische familiäre Situation war der für die meisten allmächtige Ministerpräsident Franz Josef Strauß dem Volk ganz nahe gekommen. Vater hatte damals die später legendär gewordene Formel für CSU-Landtagswahl-Ergebnisse ausgegeben: »55 plus x.« Es wurden dann 55,8 Prozent.
Mein Vater mochte keine protokollarischen Routinetermine, Antrittsbesuche von Konsuln, Verabschiedung derselben, Urkundenübergaben, es gab viele Termine, die stattfinden sollten, aber den Rahmen seines Kalenders sprengten. Bei seinem Amtsantritt lagen mehr als 1000 Terminanfragen und -gesuche vor, von denen er manche gerne, andere ungerne und viele nicht möglich machte. Was ihm aber Freude bereitete, waren Besuche ausländischer Gäste, die internationalen Flair und politischen Wind in die Landeshauptstadt brachten. Selbst im extremen Termindruck des

Wahlkampfs 1980 hatte er spontan dem Gesprächswunsch dreier US-Gouverneure stattgegeben, geplant waren 30 Minuten, es wurden aber zwei Stunden. Der Leiter seines Büros Dr. Wilhelm Knittel begleitete die Gäste nach dem Termin an die Pforte der Staatskanzlei und hörte die drei immer wieder fassungslos wiederholen: »he is very dynamic, he is very dynamic!« Mein Vater wollte natürlich einen internen Stimmungsbericht aus den USA hören, die vor Präsidentenwahlen standen, zudem war es ihm – wie das Fliegen – ein kleiner Urlaub vom Alltagsgeschäft in München.

Die Landeshauptstadt hatte den Rang der inoffiziellen zweiten Hauptstadt. Es war meinem Vater zu verdanken, dass Staatsgäste nach ihrem Besuch in der Bundeshauptstadt oft das politische Gespräch mit ihm suchten und einen Abstecher nach München machten. Ich erinnere mich an den Besuch des spanischen Königspaares 1985. Die Hoheiten schienen sich beim abendlichen Empfang in der Residenz sehr wohl zu fühlen, auch mein Vater war bester Laune. Die Protokollbeamten wiesen ihn gegen 23 Uhr darauf hin, dass es nun Zeit sei, die Tafel aufzuheben, da die Gäste sich zurückziehen wollten. Etwas gegen die protokollarische Regel fragte mein Papa sein Gegenüber, ob dem so sei. Der spanische König erklärte sehr zur Freude von Papa, ihm gefiele es hier gut und er bleibe deshalb gerne noch da. Laut Protokoll aber darf niemand solche Empfänge vor dem Hauptgast und dem Gastgeber verlassen. Weit nach Mitternacht zog sich das Königspaar zurück und mein Vater freute sich über den außergewöhnlichen Abend.

Die ungeschriebenen protokollarischen Gesetze waren für ihn nie ein Korsett. So hatte er quer durch die politischen Lager die Lacher auf seiner Seite, als er bei seinem Amtsantritt als Bundesratspräsident die ihm vom Protokoll erteilten schriftlichen Anweisungen zu Beginn seiner Antrittsrede laut vorlas: »Gehen

Mit Hua Guofeng am Tegernsee,
zwischen beiden Wolfgang Gröbl

Sie jetzt langsam nach vorne …«. Um formal Protokollarisches
hatte er sich die Jahre zuvor schon nicht gekümmert, als unser
Münchner Haus zum Treffpunkt führender Politiker aus aller
Welt wurde. So empfing mein Vater den chinesischen Parteichef
und Ministerpräsidenten Hua Guofeng als Nachfolger Maos im
Juli 1979 zu einem inoffiziellen Gespräch im Haus in Sendling.
Papa war in Sorge, dass Bonn dieses Treffen stören könnte.
Immerhin war der damalige Kanzleramtsminister Hans-Jürgen
Wischnewski unter Helmut Schmidt nach München geeilt, um
an dem Gespräch teilzunehmen. Allerdings hatte Vater dafür
gesorgt, die Fahrt nach Sendling etwas länger zu gestalten. Man
konnte damals vom Flughafen aus über den Mittleren Ring zu
unserem Haus kommen. Wenn man von der Autobahn kommend
links abbog, war man schnell da, wenn man rechts abbog, dauerte es deutlich länger, dafür konnte man die Olympiabauten sehen.
Wischnewski bog rechts ab.

Er sollte später allerdings nochmal Opfer von FJS werden. Mein Vater hatte 1984 Togo besucht, ich war dabei und erinnere mich daran, dass entlang der Straßen Kinder standen, die T-Shirts mit dem Konterfei von FJS trugen. Als kurz darauf Wischnewski nach Togo kam, fand man, dass er Strauß doch recht ähnlich sehe, so kamen die Hemden zu seiner Ehre nochmals zum Einsatz, an allen Straßen standen Kinder mit dem FJS-T-Shirt.

Wischnewskis Fahrt vom Flughafen zu uns war also etwas länger als unbedingt nötig. Nun war für meinen Vater ausreichend Zeit, um sich ungestört mit seinem hohen chinesischen Gast auszutauschen. Da er befürchtete, dass mitgelauscht würde, saß er mit seinem Gast in unserem Wohnzimmer. Um Gemütlichkeit aufkommen zu lassen, wurde der Kamin entzündet. Kurze Zeit später bekam ich den Auftrag, den Herren Tee nachzureichen. Wie groß war mein Entsetzen beim Servieren, als ich den hohen chi-

Landeanflug auf Lomé (Togo)

233

nesischen Gast sowie meinen Vater nicht mehr sah: Man hatte bei der Inbetriebnahme des Kamins vergessen, die Abzugklappe zu öffnen. Stoisch ertrugen die beiden ihr Dasein in der »Räucherkammer«.

Ein Jahr später waren der frühere US-Außenminister Henry Kissinger und seine Frau Nancy Gäste in Sendling. Es war die Zeit des Bundestagswahlkampfes. Mein Vater wusste natürlich, dass Kissinger ein enger Freund von Bundeskanzler Helmut Schmidt war, und wunderte sich deshalb nicht, dass sich der Gast aus Washington erkennbar zurückhielt. Stattdessen gab es Aufregung in der Küche. Unsere Haushälterin Käthi vermisste nach dem Abservieren des Kaffee-Geschirrs einen silbernen Löffel. Sie suchte überall und fand ihn nicht. Als es zum Abschied ging, fasste Kissingers Frau in ihre Handtasche und holte den Löffel hervor. Es sei eine gute Übung von ihr, als Andenken von jedem Essen einen Kaffeelöffel mitzunehmen, erklärte sie, sagte freundlichst »danke« und schob ihn wieder in die Tasche.

In der langen Liste der offiziellen Staatsvisiten in München war sicherlich der Besuch des englischen Thronfolgers Prinz Charles und seiner damaligen Gattin Prinzessin Diana 1986 der Höhepunkt des öffentlichen Interesses. Damals sah ich sie nur aus der Entfernung, ein Jahr später sollte ich in Toulouse die Gelegenheit zur persönlichen Begrüßung erhalten. Charles fragte mich, was ich denn so mache, und ich versuchte den Eindruck zu erwecken, dass ich mit meiner Tätigkeit im Lokalfernsehen, das eine wirtschaftliche Katastrophe war, höchst zufrieden sei. Charles sah mich an und meinte nur: »I hope, you get your money back!« Ich glaube, dass der Mann unterschätzt wird. Bei der Fahrt zum Schloss Nymphenburg aber demonstrierte das englische Protokoll Ellenbogenstärke gegenüber den protokollarischen Gepflogenheiten auf bayerischer Seite. Es stellte sich nämlich die Frage, wer denn in welchem Wagen sitzen und ob es möglicherweise eine gemeinsame Fahrt in einem Fahrzeug geben könne. Die Briten hatten ihre eigenen Gefährte mitgebracht. Allen Ernstes war von englischen Protokollbeamten als Regel zu hören: »Sieger und Besiegte sitzen nicht in einem Auto!« Meine Schwester Monika, die den Besuch des englischen Prinzenpaares als offizielle Begleitung meines Vaters miterlebte, war fassungslos. Von diesem Geplänkel hinter den Kulissen bekam mein Vater nichts mit und Monika unterhielt sich ausgezeichnet mit Diana.

Monika

Kurz nach dem Tod unserer Mutter hatte Papa meine Schwester gebeten, bei offiziellen Anlässen künftig an seiner Seite zu sein. Die Rolle der Landesmutter konnte Monika selbstverständlich nicht übernehmen, aber sie war zur großen Freude der Bürger Bayerns und des stolzen Papas eine strahlende Landestochter. Für diese Aufgabe hatte sie ihr Französisch- und Spanisch-Studium, das sie nach ihrer Lehre zur Hotelkauffrau begonnen hatte, aufgegeben. Diese Entscheidung fiel ihr nicht leicht, aber sie wollte Papa unterstützen. Beim Besuch des spanischen Königspaares parlierte sie mit den hohen Gästen zu deren freudiger Überraschung in bestem Spanisch. Monika war auch bei den vielen Landkreis-Besuchen an Vaters Seite und kannte zum Schluss wirklich jeden Bürgermeister, Landrat, Landtags- und Bundestagsabgeordneten.

Auf diese Weise lernte sie die Landespolitik kennen, allerdings ausschließlich von der Sonnenseite her. Erst 1990, nach ihrer Kandidatur für den Gemeinderat von Vaterstetten im Kreis Ebersberg, ergaben sich alltagsnahe Einblicke in die Kommunalpolitik. Mir fiel auf, dass sie einige Zeit nach Vaters Tod mit Posten auf fast

Wiesn 1986: Monika mit Papa in der Festkutsche (r. Landesschützen-hauptmann Andreas Stadler)

allen Ebenen regelrecht bedrängt wurde. Andere mussten sich dafür verrauchte Nebenzimmer als Startrampe suchen und sich in jahrelanger Kleinarbeit hochdienen. Mein Vater kannte die Niederungen der Parteiarbeit von Anfang an. Er war mit dem Fußvolk der Partei gesessen, hatte mit ihm gestritten und getrunken. Er hat mir einmal erzählt, dass er am Abend des Todes seines Vaters eine geplante Veranstaltung abgehalten habe: »Wir waren wie besoffen damals von dem unbändigen Willen, das Land wieder aufzubauen.« Er hatte die Partei gefühlt.
Diese elementare Erfahrung hat Monika nicht gemacht. Die Partei ist auf sie zugekommen. Edmund Stoiber wurde ihr Ziehvater. Wenn Franz Josef Strauß gefragt worden wäre, welches seiner drei Kinder in die Politik gehen sollte, dann – und ich bin mir sehr sicher – hätte er gesagt: »Gar keines!« Ihm war klar, dass man von

Max begleitete Papa auf viele Reisen in arabische Länder.

einem Politiker aus dem Hause Strauß von Anfang an Außergewöhnliches erwarten würde. Zudem lehnte er es ab, die Politik als
Sinekure zu sehen. Als mein Bruder Max ins Gespräch für einen
Landtagswahlkreis kam, war er strikt dagegen: Max hatte damals
kein Studium und noch keinen Beruf. Im Landtag wäre er so
zwangsläufig ein von diesem Posten abhängiger Hinterbänkler
geworden. Das war für meinen Vater der falsche Aufbau. Ich habe
nach einigen Gehversuchen in der Schülerunion nie versucht, ein
politisches Amt zu bekleiden. Wir Brüder wären wohl von vorne-
herein gescheitert, weil wir sicher eine politische Laufbahn auf
Vaters Feldern wie Verteidigung, Sicherheit, Äußeres oder Finanzen begonnen hätten. Monika kam über die soziale und schul-
politische Schiene, also eher von der Seite.
Im Verlauf ihrer politischen Karriere konnte sie zu ihrer Überra-

schung feststellen, dass sie Bataillone in Franken stehen hatte. Das war auch Vaters Vorarbeit zu verdanken, etwa als er 1988 ein spektakuläres Zeichen setzte. Er erinnerte sich stets seiner fränkischen Wurzeln. Zur Empörung der Münchner hatte er einen Tabubruch begangen. Er war als bayerischer Ministerpräsident der Eröffnung des Oktoberfestes ferngeblieben und hatte nicht die erste Maß Wies'n-Bier entgegengenommen. Er hatte am gleichen Tag und zur gleichen Uhrzeit im oberfränkischen Lichtenfels den größten Korbmarkt der Welt eröffnet und dabei auch noch die sogenannte Korbstadtkönigin gekrönt. Dazu kam sein Einsatz für das fränkische Fünfseenland, das eine für die Franken höchst angenehme Nebenwirkung des Rhein-Main-Donau-Kanals ist, manchmal dort sogar für den Hauptzweck gehalten wird.

Die neue Frau

Monikas damalige Rolle als perfekte »Landestochter« warf natürlich immer wieder die Frage auf, welchen Weg das Privatleben von Franz Josef Strauß nehmen würde und ob es dabei denn wieder eine Frau dauerhaft an seiner Seite geben könne. Eine Antwort darauf sollte es bald geben. Während der Schwierigkeiten mit dem privaten lokalen Fernsehsender »tv weiß-blau« holte ich einen Freund zu Hilfe, den Münchner Rechtsanwalt Hermann Mayer, der während seines Referendariats als Hilfskraft zur Bearbeitung von Reden und zur Beantwortung von Briefen in der CSU-Landesleitung gearbeitet hatte. Mayer war gerade als Anwalt zugelassen worden und sollte in Geschäftsführerfunktion den Sender wirtschaftlich auf Kurs bringen. Zum Verwaltungspersonal zählte damals auch die 39-jährige Renate Piller, die Mayer als Assistentin der Geschäftsleitung übernahm. Im November 1986 lud er zur Feier anlässlich der Einweihung seiner neuen Kanzleiräume. Seine Assistentin hatte den Empfang organisiert und kümmerte sich um die Gäste. Es war eine illustre Runde aus Anwälten, Fernsehleuten, Mandanten, Freunden und Bekannten. Plötzlich sah ich zu später Stunde in den Räumen die Begleitbeamten meines Vaters. Ich war überrascht. Dann tauchte mein Vater auf. Er hatte mich gesucht und herausfinden lassen, wo ich war. Hermann Mayer bat Vater in sein neues Arbeitszimmer. Dort wurde dann Franz Josef Strauß auf die wesentlich jüngere Frau aufmerksam und zeigte erkennbar Interesse an ihr. Anderntags war er bereits im Besitz ihrer Telefonnummer. Renate Piller hatte zu diesem Zeitpunkt allen Grund zu fragen, was denn nun los sei. Sie war 39, er 71, sie Assistentin der Geschäftsführung eines lokalen TV-Senders, er bayerischer Ministerpräsident und politisches Urgestein dieser Republik. Wie dem auch sei: Die Initiative ging von ihm aus, er hatte Gefallen an Renate Piller gefunden. Meine Geschwister und ich waren uns schon seit geraumer Zeit darüber im Klaren, dass wir ihm den erlittenen Verlust nicht ausgleichen konnten. Es ist auch ein Unterschied, ob die Kinder oder die Ehefrau mit einem sprechen. Nur dachten wir nicht an eine 39 Jahre alte junge Frau, und schon gar nicht an Frau Piller aus Wien, die im Sender den Ruf hatte, ihre Interessen nach Kräften zu wahren. Sie teilte die Belegschaft in Freund und Feind und danach wurde dann gehandelt.

Wir erinnerten uns an unsere Mutter. Eine ihrer wichtigsten Funktionen war ja, Vater zum Beispiel in seiner Arbeitswut einzubremsen, mäßigend auf ihn einzuwirken, ihn auf diskrete Weise zu beschützen. Was Renate Piller betraf, so war uns klar: Die junge Frau wollte etwas erleben. Und so kam es auch. Vater wollte gegenüber seiner jungen Lebensgefährtin keine Schwäche zeigen. Er fühlte sich wohl im dritten Frühling. Man ging aus, zeigte sich bei Abendessen, auf Veranstaltungen und Einladungen. Vater schonte sich nicht. Dabei bleibt wichtig festzuhalten, dass seine junge Lebensgefährtin durchaus auf seine Gesundheit achtete. Aber es gab keine Ruhepausen mehr. Er wollte das so. Ich hatte meine Vorbehalte gegenüber dieser Verbindung, Max stellte sich völlig dagegen und Monika versuchte zu vermitteln. In einem aber waren wir uns einig: Er übernahm sich.

X
Der Kreis schließt sich
(1987)

So sehr sich mein Vater nunmehr mit dem Amt des bayerischen Ministerpräsidenten identifiziert hatte, so reizvoll war für ihn nach wie vor die bundespolitische Bühne. Auch bei den Bundestagswahlen am 25. Januar 1987 kam erneut die Frage hoch: Geht Franz Josef Strauß nach Bonn oder nicht? Ein Indiz für ein nochmaliges Engagement war seine Kandidatur im angestammten Wahlkreis Weilheim-Schongau. Die Wahlfeier der CSU fand diesmal in der Gastronomie des Münchner Olympiastadions statt. Helmut Kohl war mit dem Ergebnis sehr zufrieden, die Union hatte 44,1 Prozent geholt, die FDP 9,1 Prozent. Bei der Bundestagswahl 1980 hatte mein Vater 44,5 Prozent erzielt und die FDP 10,6. Das Ergebnis war nahezu identisch, aber die Bewertung eine völlig andere. Der Fortbestand der Koalition war gesichert. Für meinen Vater bedeutete dies jedoch das definitive Ende aller Gedanken an ein Amt in Bonn. In Bayern hatte er getan, was zu tun war. All die großen Themen wie Industrieansiedelung, Verkehrsinfrastruktur, Wirtschafts- oder Beschäftigungspolitik waren angeschoben oder erledigt. Nun also war mit diesem Wahlergebnis seine letzte Chance auf eine wichtige bundespolitische Funktion dahin. Vater saß in der Runde mit Gerold Tandler, Edmund Stoiber, Wilfried Scharnagl und anderen. Ich bemerkte, wie seine Verärgerung über das Ergebnis wuchs. In seinem nachfolgenden Fernsehauftritt im Rahmen der Runde der Parteivorsitzenden, den eigentlich weder er noch seine Umgebung wollten, schlug die Verärgerung über das Ergebnis durch, das konnte man sehen.

Zudem baute sich eine neue Front auf: Die FDP hatte beschlossen, zur Bedingung für die Fortsetzung der Koalition zu machen, dass der Airbus keine weiteren öffentlichen Mittel mehr erhielt.

Airbus

Mit keinem Einzelprojekt wird der Name meines Vaters mehr verknüpft als mit dem Airbus. Was hatte er hier zu kämpfen, was musste er sich anhören!

Eigentlich war er zu Beginn des großen Projekts, ein europäisches Verkehrsflugzeug zu bauen, schon aus dem Rennen: Als 1970 ein Aufsichtsratsvorsitzender für Airbus Deutschland gesucht wurde, war gerade die SPD an die Regierung gekommen. So erschien es wenig aussichtsreich, gerade den schärfsten Gegner der neuen Regierung zum Aufsichtsratsvorsitzenden einer Firma zu machen, die vom Wohlwollen der Bundesregierung wie keine andere abhängig sein würde. So gab es heftigen Widerstand selbst aus dem Vorstand. Der Weg, Strauß zum Aufsichtsratsvorsitzenden zu machen, führte ausgerechnet über Herbert Wehner. Dem war das Problem von Sepp Hort, einem alten Weggefährten meines Vaters, der bei MBB führend tätig war, vorgelegt worden. Wehner interessierte der Airbus nicht, aber er sah die Möglichkeit, FJS in gewisser Weise an die Regierung zu binden, in der Karl Schiller Wirtschaftsminister geblieben war, beide konnten gut miteinander, Schiller hatte mit ihm zusammen 1967 die ersten Airbus-Verträge für Deutschland in Paris unterzeichnet. Schiller war mit Klaus von Dohnany, dessen höchst positive Rolle als Befürworter des Airbus einer Erwähnung bedarf, damals alleine auf weiter Flur, Helmut Schmidt und Heinz Koschnick sollten später dazu stoßen.

Die Anfänge des Airbus. Rolf Siebert (l.) und Ludwig Bölkow präsentieren ein Modell.

Die Anfänge waren beschwerlich, stets fehlte Geld. Bei uns zu Hause fanden oft Besprechungen zum Thema Airbus statt, Ludwig Bölkow war ein gern gesehener Gast, ebenso Rolf Siebert, der Geschäftsführer. Zunächst gab es nur den Plan, ein europäisches Verkehrsflugzeug für 300 Passagiere zu bauen, den A-300. Dann aber kamen ständig neue Forderungen und Gegebenheiten auf meinen Vater zu. Der Gegner war die amerikanische Luftfahrtindustrie, hauptsächlich Boeing. Dieser Gegner kämpfte mit härtesten Bandagen, besonders als Airbus sich daranmachte, den amerikanischen Markt zu erobern. 1977 kamen von Eastern Airlines die ersten Bestellungen, die Amerikaner aktivierten die hohe Politik gegen die Europäer. Sie hatten dem neuen Airbus keine gleichwertigen Flugzeuge entgegenzusetzen. Ihre Hoffnung beruhte darauf, dass der Airbus mit einer Einfuhrumsatzsteuer belegt würde, was die Kalkulation schwer belastet hätte. Mein Vater sprach Walter Mondale, den damaligen Vizepräsidenten

244

darauf an, dass die NATO ja US-Kampfflugzeuge erwerbe, für die keine solche Steuer erhoben werde. Er wisse nicht, ob man das aufrechterhalten könne, wenn die Amerikaner gleich das erste kleine Geschäft der Europäer derart belasteten. Man glaubte Strauß, der den Starfighter gekauft hatte und Finanzminister gewesen war, dass er hier gewaltige Dinge in der Hinterhand hatte, die gesetzliche Steuer fiel nicht an. Dass mein Vater mit niemandem aus der NATO gesprochen hatte, wurde erst lange später entdeckt. Er hatte geblufft.

Wider das US-Monopol

Zugute kam Airbus auch, dass die Amerikaner das Projekt schlicht unterschätzt hatten, vielleicht wäre es beim A-300 geblieben, wenn sie die Wartung übernommen und so das Nischenkonzept gefördert hätten. So aber musste Airbus eine Flotte unterschiedlicher Größen anbieten, um den Amerikanern gleichziehen zu können. Die amerikanischen Airline-Chefs hatten erkannt, dass sich mit dem Airbus Geld sparen ließ. So empfing mein Vater 1984 den Chef von PAN-AM zu einem Abendessen im Käfer. Es hieß allerdings, er verhandle nur deswegen mit Airbus, um bei Boeing die Preise zu drücken. Nach dem Abendessen wurden die Airbus-Flugzeuge bestellt. Das führte dann dazu, dass Boeing selbst einmal ungewollt zum Airbus-Verkäufer an PAN-AM wurde. Kuweit-Airways hatte drei A-310 gekauft, und um die Linie wieder Airbus-frei zu machen, übernahm Boeing die Flugzeuge, um sie dann billig an PAN-AM weiterzureichen, wo man das Monopol verloren hatte. Die Amerikaner waren Airbus technisch so haushoch unterlegen wie wirtschaftlich überlegen. Zum einen wurden viele Entwicklungskosten über Militärhaushalte finanziert, zum anderen hatten sie mit der Boeing 747 ein Monopol in der höchsten Kategorie: Das Flugzeug kostete die Käufer bis zu 130 Millionen Dollar, 30 Prozent davon waren Reingewinn. Dieser Gewinn wurde größtenteils in die Preissubvention der Modelle gesteckt, die mit Airbus in direkter Konkurrenz standen. Es musste ein Großraum-Airbus her, das wurde dann der A-340.

Mein Vater kämpfte ständig für neue Gelder aus Bonn und Paris. Der Öffentlichkeit gegenüber wurde das insbesondere vom *Spiegel* so dargestellt, dass Strauß einem Wahn aufsitze, der den Steuerzahler teuer zu stehen komme. »Jedes Flugzeug ein Millionengrab« war 1977 zu lesen, und als ob das nicht schon reichte, legte man 1986 mit dem Tausendfachen nach: »Der Airbus – das Milliardengrab« lautete die Überschrift. Der Airbus galt wie die Steinkohle als ein Dauersubventionsempfänger. Die FDP erklärte, aussteigen zu wollen. Der Abgeordnete des Stimmkreises, in dem wir wohnten, Erich Riedl, wurde vom FDP-Vorsitzenden Bangemann gebeten, FJS die schlechte Nachricht zu überbringen. So kam Riedl eines Samstagmorgens zu uns nach Hause, mein Vater hatte ihn zum Frühstück geladen.

Riedl beschloss, nicht lange herumzureden, sondern den Grund seines Terminwunsches auf den Tisch zu legen. Papa hörte sich alles an und meinte lapidar, es sei ja schön, dass die FDP das auch schon gemerkt habe: Der Airbus gehöre in die Hände der privaten Wirtschaft, der Staat müsse sich zurückziehen. Riedl fiel ein Stein vom Herzen, er hatte einen Wutausbruch erwartet. So gut hat ihm wohl selten ein Frühstück geschmeckt.

Die Airbus-Privatisierung

Riedl wurde Koordinator für Luft- und Raumfahrt im Range eines Staatssekretärs im Wirtschaftsministerium Bangemanns.

Im Cockpit eines Airbus: Staunen und Freude über das Erreichte

Der hatte auf die Meldung, Strauß werde sein Luftfahrtimperium aufgeben, fassungslos reagiert: »Damit verliert Strauß sein Schwert«, gemeint war die in Bayern geballte Luft- und Raumfahrtindustrie.

Meinem Vater war es aber ernst. Nun begann die Suche nach Interessenten. Riedl suchte die ersten Adressen der Republik auf und stieß auf Interesse. Verschiedene Konstellationen kamen in Frage. Wer aber hätte die Kraft, das Projekt zum Erfolg zu führen? Auch sein Freund Karl Diehl kam im Zuge der Planung einer »bayerischen Lösung« ins Spiel. Mein Vater meinte aber zu mir: »Ich habe Angst, dass der Airbus Diehl umwirft, wenn er in Turbulenzen gerät.«

Die bayerische Lösung kam nicht in Frage. Da kam ihm ein Zufall zu Hilfe. Er hatte sich immer wieder für die Belange von Daimler-Benz eingesetzt, als Gegenleistung hatte er Daimler das Versprechen abgerungen, die nächste Autofabrik in Bayern zu errichten. Sein Ärger war maßlos, als er dann der Zeitung entnahm, Daimler werde das nächste Werk in Rastatt bauen. Edzart Reuter persönlich eilte nach München, um ihm die Entscheidung zu erläutern: Der Vortrag war brillant, die Gründe für Rastatt stachen. Dann kam der Angriff: »Die Sache hat aber ihren Preis: ihr steigt bei Airbus ein!« Reuter, der noch kurz zuvor von unüberschaubaren Risiken gesprochen hatte, sagte zu, sich des Airbus anzunehmen.

Airbus ist heute eine einzigartige Erfolgsgeschichte, die mein Vater vorhergesehen hatte. Mit dem A-340, für den er so gekämpft hat, kam die Wende, Airbus ist heute auf Augenhöhe mit Boeing. Die staatlichen Darlehen wurden zurückbezahlt, die Unterschrift dafür leistete Wolfgang Piller, der zur DASA gewechselt war. In Toulouse tagen Aufsichtsrat und Vorstand jeweils im »Salle Franz-Josef-Strauss«, im Eingang des Airbus-Gebäudes steht eine FJS-Büste.

Osterurlaub auf Sizilien

Für Spitzenmanager und Politiker herrschten im Deutschland der Achtzigerjahre immer noch unsichere Zeiten, denn ab Mitte des Jahrzehnts begann die damals dritte Generation der Roten-Armee-Fraktion (RAF) eine Blutspur durchs Land zu ziehen. 1985 waren bei München der MTU-Manager Dr. Ernst Zimmermann in seinem Haus erschossen worden, ein Jahr später der Siemens-Manager Karl Heinz Beckurts und sein Fahrer Eckhard Groppler während der Fahrt nach München durch einen Bombenanschlag getötet und im gleichen Jahr der Diplomat Gerold von Braunmühl auf offener Straße in Bonn regelrecht hingerichtet worden. Auch in Italien wusste man nicht, ob die Terroristen der Roten Brigaden nicht doch wieder zuschlagen würden. Und genau jetzt entschloss sich unser Vater nach langer Zeit wieder einmal dazu, eine Ostertour zu unternehmen. Ziel sollte diesmal Taormina an der Ostküste Siziliens sein. Ich freute mich, ihn zu begleiten, nur wir beide waren unterwegs. Zu unserer Überraschung erhielten wir ab Neapel Polizeischutz. Wir waren bis dahin bei den vielen Autoreisen meist ohne den üblichen Tross aus Polizeibeamten unterwegs gewesen. Das Unwohlsein ob einer möglichen Gefahr hatten wir dabei immer schnell verdrängt. Die Sicherheitsspezialisten hatten die RAF-Strategie bis ins kleinste Detail analysiert. Danach war es den Terroristen sehr wichtig, sowohl einen Anschlag sorgfältig vorzubereiten als auch selber mit dem Leben davonzukommen. Die zu regelmäßigen Zeiten stattfindenden und über die immer gleichen Strecken führenden Fahrten, etwa jene am Dienstagvormittag zur Kabinettssitzung, wurden genauestens abgesichert und kontrolliert. Unsere Nachbarn mussten deshalb jahrelang viel aushalten. Oft war es so, dass mein Vater mit großem Polizeischutz heimkam und eine halbe Stunde später mit dem Fahrrad ohne jede Begleitung zur Entspannung eine Runde drehte. Und tatsächlich waren wir auf den großen Autotouren durch Europas Süden zu keinem Zeitpunkt gefährdet.

Zwei Polizeifahrzeuge mit je vier Carabinieri sowie zwei Motorradstreifen, das Ganze mit Blaulicht und Sirene, nahmen uns in die Mitte. Eines Morgens in Taormina wurde ich im Hotel an die Rezeption gerufen. Ein höchst akkurat gekleideter Herr stellte sich als Avocato, also Rechtsanwalt vor und bat, meinen Vater sprechen zu dürfen. Papa bat ihn zu sich und lud ihn auf einen Kaffee ein. Der Avocato richtete meinem Vater die besten Grüße der örtlichen Wirtschaft aus. Dann deutete er auf die Polizisten und meinte, die bräuchte es hier nicht. »Auf Sie passen meine Mandanten auf.« Stand formvollendet auf und empfahl sich. Wir blieben bis über Ostern auf Sizilien, Renate Piller und Barbara und Karl Dersch waren mit meiner damaligen Freundin dazugekommen und folgten danach einer Einladung nach Rom.

Getöse im Vatikan

Dort feierte der Chef der Glaubenskongregation der katholischen Kirche, Joseph Kardinal Ratzinger, seinen 60. Geburtstag. Mein Vater kannte den späteren Papst Benedikt XVI. gut, Ratzinger war in seiner Münchner Zeit gern mit ihm zu einem Gedankenaustausch zusammengetroffen, auch in unserem Hause. Papa hatte nun den guten Einfall, eine Abordnung der bayerischen Gebirgsschützen im Vatikan aufmarschieren und ein Ständchen für ihren Landsmann spielen zu lassen.

Es war ein großes Schauspiel, das selbst die verwöhnten Römer überraschte, als da auf einmal die Gebirgsschützen in ihren

1981 im Münchner Rathaus: Kardinal Ratzinger erfreut OB Erich Kiesl und Papa mit einer Tischrede.

Vatikan Ostern 1987: Johannes Paul II. lauscht dem Spiel der Kapellen.

prächtigen Trachten und mit klingendem Spiel in den Vatikan einzogen. Ihre Waffen mussten sie aufgrund des strengen Verbots im Kirchenstaat und in Italien allerdings zu Hause lassen. Im Vatikan war dann die große bayerische Delegation samt Hunderten von Gebirgsschützen zu einer Papst-Audienz versammelt. Das Bild werde ich nie vergessen, wie der Papst auf meinen Vater zuging und ihn umarmte. So standen sie eine gute Minute lang da und unterhielten sich Kopf an Kopf flüsternd. Beim anschließenden Empfang kam es zu einem Gedankenaustausch. In seinen Memoiren hat mein Vater dann veröffentlicht, dass er den Heiligen Vater auf Gorbatschow angesprochen habe, Johannes Paul II. war skeptischer als mein Vater. Die beiden kannten sich, denn es war nicht ihre erste Begegnung. Mein Vater hatte mit Johannes Paul II. kurz nach dessen Antritt über das heikle Thema der Anpassung der Bistumsgrenzen in Deutschland konferiert. Die DDR hatte zur Bestätigung ihrer Souveränität darauf gedrängt und konnte bereits mit einer positiven Reaktion des Vatikans rechnen. Der Papst versicherte ihm: »Herr Strauß, ich bin Pole und weiß, was eine geteilte Heimat ist.« Und so blieb es bis zur Wiedervereinigung bei der Grenzziehung, die auf die innerdeutsche Grenze keine Rücksicht nahm.

Es waren zwei Archetypen, die sich einfach mochten. Anschließend spielten die Gebirgsschützen auf, legten sich getragen von der Papstbegegnung richtig ins Zeug mit der Folge, dass Ratzinger den Papst darauf hinweisen musste, derartige Lärmentwicklung gehöre zur bayerischen Art zu feiern. Man hinterließ einen bleibenden Eindruck.

Voller Tatendrang

Anderntags verabschiedete mein Vater die Gebirgsschützen in Rom und entwickelte danach eine verdächtige Eile. Er raste zusammen mit dem Ehepaar Dersch und Renate Piller Richtung München los. Es wurde ein Husarenritt zurück über den Brenner bis zum Flughafen München-Riem. Jetzt kam der Grund auf: Papa hatte den lausbübischen Ehrgeiz, die Gebirgsschützen nicht nur in Rom zu verabschieden, sondern in München wieder begrüßen zu können. Und zur freudigen Überraschung aller schaffte er es. Unabhängig davon war jedoch eine Tradition begründet worden. Die Idee meines Vaters, die Gebirgsschützen als Personifizierung der Verbundenheit mit den ranghöchsten Bayern im Vatikan anzusehen, war ab sofort unumstößliche Realität. Der damalige Joseph Kardinal Ratzinger wurde ungefragt, aber auch unwidersprochen als Kurienkardinal zum Ehrenoffizier der Tegernseer Gebirgsschützenkompanie ernannt. Das hat dazu geführt, dass die Schützen – bei allem gebührenden Respekt – nun einen leibhaftigen Papst zu den Ihren zählen dürfen.

Vater war in diesem Moment voller Freude und selig, dass sein Coup geklappt hatte. Überhaupt machte er in diesem Jahr den Eindruck, als lägen all die Belastungen der Vergangenheit hinter ihm. Er hatte Südafrika besucht, er war zu einem Gegenbesuch der Partei- und Regierungsspitze in China. Ich entsinne mich noch, wie er aus Peking zurück- und dann nach Hause kam, wo er sich ausruhen sollte. Eine Stunde später stand er gestiefelt und gespornt in der Tür. Er mache jetzt eine kleine Autotour Richtung Süden, ich solle aber meiner Schwester nichts sagen, die würde sonst nur schimpfen. Dazu muss man wissen, dass Monika den fürsorglichen Part in Fragen seiner Gesundheit von meiner Mutter übernommen hatte. Auch sie versuchte ihn in seinem Tatendrang zu bremsen. Jetzt aber waren für ihn die Anstrengungen der gerade eben beendeten Chinareise wie verflogen und er machte sich bestens gelaunt zu einem Trip in sein geliebtes Südtirol auf.

Die Reise nach Moskau

Am zweiten Weihnachtsfeiertag 1987 fuhren mein Vater, Max und ich vormittags nach Rott am Inn ans Grab der Mutter. Dann trafen wir uns im sogenannten Prälatenstock, dem ersten Stock des ehemaligen Klosters, in dem meine Tante Renate Albrecht, allseits seit ihrer Kindheit »Schnecki« genannt, mit ihrer Familie wohnte. Dort wurde mein Vater von seinem Büroleiter Gerd Amtstätter angerufen. Nach dem Gespräch eröffnete er mir in fast würdevoller Ruhe, es liege nun die Einladung nach Moskau vor, bereits übermorgen gehe es los. Ich fragte: »Gorbatschow?«, er bejahte und sagte, der Termin bei ihm sei fest zugesagt, offiziell komme die Einladung von der Außenwirtschaftskommission des Ministerrats der UdSSR, man könne sich aber auf das Wort der Sowjets verlassen. Zugleich erzählte er mir, er habe schon mehrfach offizielle Einladungen nach Moskau erhalten, meist zu kulturellen Begebenheiten und ohne Zusage eines Termins beim ersten Mann des Staates, dies habe ihn aber nicht interessiert, für ihn sei ein Gespräch mit dem Generalsekretär stets das ausschlaggebende Kriterium einer politischen Reise nach Moskau gewesen.

Nun stellte sich die Frage, wer mit von der Partie sein sollte, als Familienbegleiter war ich vorgesehen, was mich unglaublich freute.

Bereits damals bewegten meinen Vater wohl Gedanken, wer als sein Nachfolger einmal in Frage kommen könnte. Es war für ihn noch nicht an der Zeit, einen gewissen Vertrauten zu benennen oder gar aufzubauen, die Mitnahme nur einer Person hätte dies bedeutet. Er war stolz, nicht nur über einen Kandidaten zu verfügen, sondern auf ein, wie er es nannte, »Wurzelgeflecht« von möglichen Nachfolgern blicken zu können. Für die Presse hätte die Tatsache, dass einer der potenziellen Nachfolger kein Ticket nach Moskau bekommen hätte, wohl eine Bedeutung für die Gewichtung der Nachfolger gehabt. So war es für ihn selbstverständlich, dass Tandler, Stoiber und Waigel ihn begleiten sollten. Als er später in Moskau dann auf seine Delegation zu sprechen kam, meinte er scherzhaft, von afrikanischen Potentaten habe er gelernt, dass man mögliche Nachfolger bei Auslandsreisen stets mit sich nehmen müsse, dann könnten sie zu Hause keinen Umsturz ins Werk setzen. Die drei nahmen es mit fröhlicher Gelassenheit, war ihnen damit doch zugleich auch offiziell Nachfolgestatus eingeräumt worden.

Wir trafen am 28. Dezember 1987 mittags am Münchner Flughafen Riem ein. Dort stand eine Cessna Citation II des Coburger Flugunternehmers Heinrich Then. Sie war größer als die Cessna Citation I, die mein Vater gewöhnlich flog, hatte mehr Platz und auch eine größere Reichweite, wenngleich ein ununterbrochener

Flug nach Moskau diese ausschöpfte. Mit Then stand ihm auch ein alter Haudegen als Copilot zur Verfügung. Dass er als Inhaber der Maschine als Copilot tätig wurde, stört Then nicht, er kannte meinen Vater noch als Flugschüler, beide verbanden die Leidenschaft fürs Fliegen und viele gemeinsame Flugerlebnisse. Weitere Mitglieder der Delegation waren Gert Amtstätter und Wilfried Scharnagl, der längst über seine Rolle als Chefredakteur des *Bayernkurier* hinausgewachsen und zum engen persönlichen Freund geworden war.

Problematischer Anflug

So starteten wir bei gutem Wetter in München-Riem Richtung Moskau. Während des Flugs wurden die Uhren an Bord um zwei Stunden vorgestellt, da wir gegen die Zeit flogen. Es herrschte beste Laune. Ich saß, wie Gert Amtstätter, mit dem Rücken zum Cockpit und konnte so die Gespräche vorne im Cockpit ebenso wie hinten aus der Runde Waigel, Tandler, Stoiber, Scharnagl verfolgen. Im Laufe des Fluges entwickelte sich die Stimmungslage in höchst unterschiedlicher Weise. Theo Waigel, der auf der hinteren Sitzbank am Fenster saß, war allerbester Laune und gab diverse Anekdoten über politische Ereignisse zum Besten, vorzugsweise solche unter Beteiligung schwäbischer Politiker. Sein präzises Gedächtnis, sein komödiantisches Talent und seine Fähigkeiten, andere Personen zu imitieren, machten es für alle Zuhörer zur Freude, ihm zu folgen. Anders sah die Lage im Cockpit aus. Während des Anflugs auf Moskau bestätigten sich die schlechten Wettermeldungen. In Moskau schneite es ununterbrochen, der Flughafen Sheremetjevo drohte wegen des Schneetreibens geschlossen zu werden. Dazu kamen Unstimmigkeiten mit dem Tower. Wird international die vom Flugzeug einzuhaltende Flughöhe in englischen Fuß durch-

Papa im Cockpit beim Anflug auf Moskau und gleich danach bei der Begrüßung vor der Maschine

gegeben, so gaben die Russen ihre Weisungen in Metern durch. Sämtliche Instrumente an Bord zeigten nur »Feet« an, sodass die Höhen von den Piloten stets umgerechnet werden mussten. Dies geschah in unterschiedlicher Weise, mein Vater rechnete im Kopf, Then mit einem Rechenschieber, der ihm wohl schon lange gute Dienste geleistet hatte, im fahlen Licht des Cockpits sich jedoch als unhandlich erwies. Die dann gefundenen Werte mussten in das System eingegeben werden. Zu allem Überfluss wechselten die Russen laufend ohne erkennbaren Grund die einzuhaltende Anflughöhe, mal waren es 3500 Meter, dann wieder 4000, dann wieder 3700. Über- oder unterschritt das Flugzeug die eingegebene Höhe, so ertönte eine gellende Sirene, was die Stimmung nicht gerade verbesserte. So begann der Landeanflug, wir sanken Meter um Meter. Das russische Anflugsystem war auch nicht gerade das neueste, statt einer Mehrpunktpeilung gab es nur einen einzigen Strahl, auf dem man gleichsam aufsetzen musste, um auf ihm herabzugleiten. Verließ man ihn, erklang die Sirene.

Der Flughafen musste nun in unmittelbarer Sichtweite sein, der Scheibenwischer raste in höchster Einstellung, die Piloten diskutierten heftig und gereizt, von hinten erklang Gelächter, die Politikerrunde wusste nichts von der aktuellen Situation. Gerade als Then ernsthaft auf mögliche Ausweichflughäfen zu sprechen kam, sahen wir in steilem Winkel abwärts die beleuchtete Landebahn des Flughafens Sheremetjevo I. Then riet dringend, noch eine Runde zu drehen, um Höhe zu verlieren, mein Vater lehnte ab, da er Angst hatte, das Wolkenfenster würde sich wieder schließen. So senkte das Flugzeug seine Nase und es begann ein steiler Landeanflug. Dass eine Landung am Beginn der Landepiste nicht möglich sein würde, war sofort klar gewesen, nun aber sahen wir, dass wir bestenfalls das Ende erreichen würden. Meinen Vater störte das nicht, er hatte sich bereits vor dem Flug darüber versichert, dass die Landebahn neben dem offiziellen auch einen weiteren Teil hatte, den die Russen für ihre Militärtransporter benötigten. Auf diesem Teil landeten wir dann, er war nicht geräumt und das Fahrwerk musste einiges aushalten.

Jeder andere Pilot wäre nach diesem Erlebnis wohl erst einmal in sich versunken, mein Vater war bester Laune und voller Tatendrang. Am Flughafen hatte man nicht mehr geglaubt, dass wir landen würden, auch deshalb war auf weiteres Räumen verzichtet worden. Die Begrüßung war respektvoll und von Herzen kommend, es lag in der Luft, dass dies kein gewöhnlicher Besuch werden würde.

Gespräche in Moskau

Gleich nach Ankunft fuhren wir direkt zu einem Gespräch mit Eduard Schewardnadse, der uns durch große Offenheit überraschte. Es wurde deutlich, dass die Sowjets Zweifel am Sinn ihrer Rüstung bekommen hatten. Konventionell konnten sie sich in Afghanistan trotz größter Härte, Kriegsverbrechen inklusive, nicht durchsetzen, durch die Reaktorkatastrophe von Tschernobyl hatten sie gesehen, dass ein Atomkrieg nicht geführt werden konnte. Wir bemerkten eine große Nachdenklichkeit auf sowjetischer Seite. Die deutschen Medien hatten erwartet, dass mein Vater das Thema des deutschen Piloten Matthias Rust ansprechen würde, der die sowjetische Flugabwehr mit einem waghalsigen Flug nach Moskau und einer Landung auf dem Roten Platz brüskiert hatte. Das war ein sensibles Thema, das mein Vater dadurch umging, indem er nur sagte: »Das Thema Rust spreche ich nicht an, ich vertraue der hiesigen Gerichtsbarkeit.« Freundliche Gesichter auf russischer Seite. Nachdenklich fuhr mein Vater ins Hotel. Dort freuten wir uns auf das Abendessen, leider gab es keinen Wein, da dank Gorbatschow zu später Stunde kein Alkohol mehr ausgeschenkt werden durfte. Der aus der Botschaft besorgte Mosel war warm, es sollte halt nicht sein.

Mein Vater führte diverse Gespräche, wir besuchten auch das Raumfahrtzentrum nahe Moskau. Während eines Termins nahmen sich Then und ich eine Auszeit. Wir wollten Geschenke besorgen. Then kam auf den Gedanken, doch gleich bei den KGB-Mitarbeitern mitzufahren, die uns ohnehin folgen würden. Schon saßen wir in einem Auto und fuhren in einen Devisenladen, wo wir allerdings nichts fanden. Einer der Männer wandte sich an uns: Ob er uns vertrauen könne? Natürlich. Darauf erklärte er uns, dass man in Moskau abends die Scheibenwischer mit in die Wohnung nehmen müsse, er habe es einmal vergessen, jetzt seien sie weg und er habe in dem Laden welche gesehen. Ob wir die kaufen könnten, er bezahle auch gerne. Das kam nicht in Frage, Then verteilte Scheibenwischer an alle »Begleiter«, die welche wollten, das war sein Dank dafür, dass wir so schnell zum Ziel gekommen waren.

Dann kam das Gespräch mit Gorbatschow. Wir fuhren in den Kreml, dort allerdings war für mich vor dem Allerheiligsten Endstation. Gorbatschow zog kleine Runden vor. Das Gespräch dauerte mit dreieinhalb Stunden länger als erwartet und bestätigte meinen Vater in der Einschätzung, die er dem Papst gegenüber bereits geäußert hatte: Es stand eine große Entwicklung bevor, tektonische Verschiebungen.

Am Abend des 29. Dezember hielt er unter dem frischen Eindruck des Gesprächs mit Gorbatschow eine Rede auf den offiziellen Gastgeber Wladimir Kamenzew. Ich kann sie im Wortlaut wiedergeben, da ich sie mitgeschnitten habe:

»Ich möchte Ihnen herzlich danken für Ihre Einladung, der wir unseren Besuch in Moskau zu verdanken haben, einen in meinem langen politischen Leben sehr bemerkenswerten, hochinteressanten, informativen und angenehmen Tag. Ihre Hoffnung, dass wir viele neue, interessante Eindrücke hatten, ist in vollem Umfang berechtigt.

Der Herr Generalsekretär hat heute zu einem Gespräch von ungewöhnlich langer Dauer empfangen. Es war ein offener, erfrischender Gedankenaustausch, der aber weder durch ideologische Prinzipien noch durch irgendwelche Vorurteile getrübt war. Er hat uns mit den Worten empfangen: ›Die Tatsache, dass Sie eingeladen sind, der Besuch, das Gespräch, sind bereits ein Bestandteil einer neuen Politik.‹ Ich gehöre nicht zu denjenigen, die in ihre Begriffe Perestroika und Glasnost westlichen Inhalt hineinlegen und damit Vorstellungen verbinden, die nicht den Realitäten entsprechen. Ich übertreibe nicht, es ist nicht die Höflichkeit des Gastes, wenn ich sage, dass durch die Bemühungen der heutigen sowjetischen Führung in Europa ein neues Bild der Sowjetunion gezeichnet wird, ohne dass damit eine falsche Illusion verbunden wird.

Die Bedeutung des Abkommens von Washington liegt nicht so sehr in der Tatsache, dass in ihm drei Prozent des nuklearen Potenzials beseitigt werden, sondern dass damit ein Anfang gemacht wurde, dem dann weitere Schritte, die uns heute der

Herr Generalsekretär im Einzelnen erläutert hat, folgen werden. Wissenschaftliche Entdeckungen, technische Entwicklungen, industrielle Anwendung haben völlig neuartige gesellschaftliche Konsequenzen ausgelöst, bei Ihnen, nehme ich an, doch auch bei uns. Man muss bei allen Entwicklungen einen langen historischen Atem haben und darf nicht hektisch kurzatmig sensationelle Änderungen erwarten. Ich bin überzeugt, dass wir heute an der Schwelle einer neuen Zeit stehen. In dieser neuen Zeit haben zwischen den Industrievölkern der Welt der einen oder anderen Gesellschaftsordnung Krieg und Revolutionen keinen Platz mehr. Oder, wenn ich mit der Terminologie der römischen Götterwelt spreche, dann gehört die Zukunft nicht mehr Mars, sondern Merkur. Mars, der Gott des Krieges, geht in den Hintergrund, Merkur, der Gott der Techniker und Kaufleute, tritt in den Vordergrund, allerdings haben die alten Griechen auch gesagt, dass Merkur auch der Gott der Diebe sei, das gehört aber nicht hierher.

Sie haben in Ihren Ausführungen der wirtschaftlichen Zusammenarbeit dominierenden Raum zugestanden. Wenn wir auf beiden Seiten, der eine gegenüber dem anderen, der andere gegenüber dem einen, Vertrauen haben, keine Furcht mehr haben, ganz gleich, ob die berechtigt war oder nicht berechtigt war, dann bricht wirklich ein neues Zeitalter an. Die Spannung der Konfrontation macht Platz der Entspannung der Kooperation. In diesem Sinne haben wir uns heute Vormittag unterhalten, in dem Sinne darf ich Sie auch bitten, meine Versicherung entgegenzunehmen, dass wir mit unserer Wirtschaft in Bayern als Bestandteil der Bundesrepublik Deutschland ehrlich diese Politik unterstützen werden (…)«

Mit dem Satz: »Bayern ist nicht Deutschland, aber wer Bayern nicht gesehen hat, hat Deutschland nicht gesehen« lud er den Gastgeber am Ende seiner Rede nach Bayern ein.

Am Tag nach dem Gespräch mit Michail Gorbatschow hatte die

Protokoll-Abteilung des Kremls einen Ballettabend im Bolschoi-Theater vorgesehen. Ballett war aber genau das, was mein Vater am allerwenigsten interessierte. Stattdessen wurde der deutsche Botschafter gebeten, er möge doch den Russen eine Gegeneinladung aussprechen und den Moskau-Besuch von Franz Josef Strauß mit einem politischen Abend enden lassen. So kam es. Unter anderem wurde Champagner von Veuve Clicquot gereicht. Ich saß neben dem Dolmetscher von Gorbatschow und konnte es mir nicht verkneifen, darauf hinzuweisen, dass Veuve Clicquot vor der russischen Revolution Lieferant des Adels war und die Firma durch den Wegfall dieser Kundschaft beinahe ruiniert worden wäre. Daraufhin meinte er, die Franzosen würden längst wieder nach Russland liefern. Er habe sich bereits eine schöne Kiste für den morgigen Silvesterabend gesichert. Ich fragte ihn, ob er denn viele Gäste erwarte. Der Dolmetscher antwortete: »Das ist nur für meine Frau und für mich.«

Das letzte Silvester

Am anderen Tag flogen wir bei bestem Wetter von Moskau ab. Vater war wieder Chefpilot. Nach der Ankunft in München fuhr er zum Bayerischen Rundfunk, wo seine Neujahrsansprache aufgezeichnet wurde. Später wurde herumgemäkelt, die Rede, die von dem frischen Eindruck seines Besuchs bei Gorbatschow geprägt war, sei blind-euphorisch bezüglich der Veränderungen in der Sowjetunion gewesen. Franz Josef Strauß sei diesem Gorbatschow ordentlich auf den Leim gegangen. Derart unkritisch wie Strauß seien ja nicht einmal die Linken. Dabei wurden aber die Feinheiten der Rede übersehen. Er hatte seine Zweifel daran, dass man das System reformieren könne, ohne es zu gefährden, fein formuliert: »Gorbatschow will Reformen, die dem Land nützen, glaubt aber, dies durchführen zu können, ohne das System aufzugeben.« In Moskau war er Gorbatschow gegenüber deutlicher gewesen, indem er formuliert hatte, dessen Reformen kämen dem Versuch gleich, Schneebälle rösten zu wollen. In München angekommen wusste er, dass man von nun an nur ruhig zusehen konnte und den Russen die Gewissheit geben musste, dass sie nicht von außen unter Druck gesetzt würden. »Panta rhei«, die Dinge sind im Fluss, dieser Satz Heraklits war der erste des Gesprächs mit Gorbatschow, nun würde er sich beweisen. Für den Historiker Strauß war klar, dass eine geschichtliche Zäsur anstand.

Ich war währenddessen nach Kreuth gefahren, weil dort abends in den »Bad-Stuben« in der Tradition der Silvestereinladungen meiner Eltern der Jahreswechsel im Freundeskreis gefeiert werden sollte. Zum Kreis der Gäste stieß Luggi Waldleitner: Luggi war wegen seines hochbetagten Schwiegervaters nie gekommen, diesmal aber hatte er ein feines Gespür dafür, dass der Abend ein besonderer war. Als alte Freunde kamen Ruth und Leo Kirch, der dann seine politische Seite zeigte: Geschickt brachte er meinen Vater dazu, ein historisches Privatissimum abzuhalten, fragte nach, gab Stichworte, stachelte an, widersprach. Die beiden waren eine Klasse für sich. Papa war glücklich. Um ihn hatte sich der Freundeskreis vollzählig geschart. Es sollte zum letzten Mal sein.

XI
Nur keine Ruhe
(1988)

Wäre Franz Josef Strauß 1978 aus dem Bundestag ausgeschieden, hätte er mit dem Übergangsgeld von weit über 200 000 D-Mark den Spitzensatz erhalten. Er hat darauf verzichtet. Denn als bayerischer Ministerpräsident stand ihm dieses Geld nicht mehr zu, es verfiel. Zwar hat ihn das seinerzeit auf gut Bayerisch gewurmt. Ihm war aber weitaus wichtiger, Politik zu gestalten. Mit dem späteren Vorwurf, er sei hinter jedem Pfennig her gewesen, konnte mein Vater gut leben. Genau betrachtet, hatte er bis zu seiner letzten Sekunde dem Staat keinen Pfennig Pension gekostet. Dabei war er ab 1948, als er Abgeordneter im Frankfurter Wirtschaftsrat war, dem Vorläufer des Bundestages, 40 Jahre in vielen Staatsämtern auf höchster Ebene tätig. Die Bandbreite reicht vom Kultusbeamten über den Landrat, Bundestagsabgeordneten, Bundesminister bis hin zum Ministerpräsidenten. Er hatte also reichlich Pensionsanspruch angesammelt. Freilich wollte er sich abgesichert sehen und eines Tages die Segnungen staatlicher Altersversorgung in Anspruch nehmen. Wir Kinder dachten schon daran, dass Vater als nunmehr 73-Jähriger aufhören und tatsächlich in Pension gehen könnte. Dafür hatten sich Gründe politischer Natur ergeben. Ein zentraler Punkt war der Streit um die Steuerbefreiung bei Flugbenzin.

Meinem Vater ging es dabei um die Steuerbefreiung der kleinen Leute, die in vereinseigenen Maschinen ihrer Fliegerclubs unterwegs waren und sich für ihr Hobby beinahe alles vom Mund absparen mussten. Doch die Auseinandersetzung nahm eine ganz andere Richtung. Daraus wurde eine regelrechte Neid-Debatte mit Vorwürfen gegenüber meinem Vater, er würde sich für die Steuerfreiheit von Millionären einsetzen. Papa hatte Helmut Kohl verpflichtet, die Angelegenheit als bundesgesetzliche Regelung in Bonn durchzusetzen, was dieser dann auch tat. Im Lande Bayern schloss sich ausgerechnet die CSU-Landtagsfraktion der Neuregelung nicht an. Es gab ein starkes Votum dagegen. Alles hatte den Anschein, als würde mein Vater wegen dieser vergleichsweise geringfügigen Angelegenheit alles hinschmeißen. Wir hielten es für möglich, dass der Gedanke in ihm Platz greifen könnte, die Memoiren fertig zu schreiben, auf Rundreisen zu gehen und Vorträge zu halten. Es kamen von ihm auf einmal Äußerungen wie der Staat habe auch ihm gegenüber Verpflichtungen wie etwa eine Pensionszahlung, und: »Weshalb muss ich eigentlich immer den Karren ziehen?« Von Rücktritt sprach er dabei nicht. Aber alles klang danach, als habe er sich Gedanken darüber gemacht, was denn sei, wenn er jetzt aufhöre. Tatsächlich hatte er bereits im Herbst 1987 mit den Arbeiten an seinen Memoiren begonnen.

Nur keine Ruhe

Ein Glücksfall war für meinen Vater, dass Wilfried Scharnagl die Redaktion der Arbeiten übernahm. Der Verlag hatte zudem den Münchner Historiker Michael Stürmer als wissenschaftlichen Mitarbeiter hinzugezogen. Viele Sitzungen folgten und die Abschrift der dabei mitgeschnittenen Tonbänder umfasste 1200 Seiten. Man ging chronologisch von der Kindheit bis in die Neuzeit vor. Die Arbeit an den Memoiren verfing sich jedoch immer wieder in einzelnen historischen Nebenthemen und unerheblichen Details, wodurch viel Zeit verloren ging. Ironie des Schicksals: Die nächste Sitzung für die Memoirenarbeit sollte am 3. Ok-

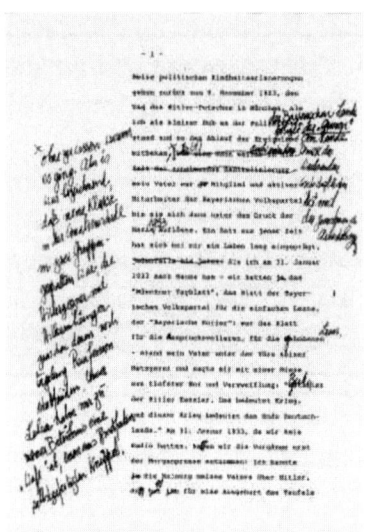

Handschriftliche Bearbeitung
der diktierten Texte: der Beginn
der »Erinnerungen«

tober 1988 stattfinden. Mein Vater hatte sich für diesen Termin
die umfängliche Bearbeitung der *Spiegel*-Affäre vorgenommen.
Aber es sollte Vaters Todestag werden. Seine posthum veröffent-
lichten Memoiren geben daher nur einen Teil seines politischen
Lebenswerks wieder.

Sein Gedanke, sich zurückzuziehen, wurde noch unterstützt
durch Rufe von den Hinterbänken der CSU-Landtagsfraktion,
die Summe seiner Nachteile sei größer als die Summe seiner Vor-
teile. Dazu kamen die für ihn ausgesprochen unerfreulichen Auseinandersetzungen um die Wiederaufbereitungsanlage (WAA)
im oberpfälzischen Wackersdorf. Mein Vater überlegte sogar,
Strafmaßnahmen gegenüber dem Land Salzburg zu ergreifen, das
sich gegen den WAA-Bau als Bedrohung für das Staatsgebiet
gewandt hatte. So drohte er, die Rechte des Flughafens Salzburg
für den Überflug von Bad Reichenhall und Freilassing aufzuheben. Insgesamt befand er sich in einer politisch wie privat für ihn
unguten Situation.

266

Europa!

Im Sommer 1988 machten wir Urlaub in unserem Ferienhaus in Südfrankreich. Eines schönen Abends saßen wir auf der Terrasse, als er mich unvermittelt und zu meiner völligen Überraschung fragte: »Was hältst du davon, wenn ich nach Brüssel gehe?« Er hege Überlegungen, dem amtierenden EU-Kommissionspräsidenten Jacques Delors nachzufolgen. Diesen hatte er am 19. Mai 1988 in der Bayerischen Vertretung in Bonn getroffen, wo die deutschen Ministerpräsidenten zu einer Konferenz zum Thema Subsidiarität in Europa zusammengetroffen waren. Der Gedanke, nun auf europäischer Ebene große Politik machen zu können, schien ihn ergriffen zu haben. Erst später wurde mir klar, dass dies für meinen Vater die Lösung vieler Probleme bedeutet hätte. Zwar hatte er in diesem Jahr nach dem Grummeln in der CSU-Fraktion schnell erklärt, er werde 1990 noch einmal kandidieren, um dann 1994 aufzuhören. Aber das war eher ein Beitrag, um keine Diskussion aufkommen zu lassen, als eine endgültige Planung. In Bayern hatte er zehn Jahre gewirkt, die großen Herausforderungen waren abgearbeitet, die kleinen interessierten ihn immer

Die Familie im
Sommerurlaub

267

weniger. In Brüssel dagegen wäre vieles anders gewesen, er sah, dass die europäische Vision unter Delors Gestalt annahm. Auch seine private Situation hätte er besser regeln können, was auch immer er da geplant haben mochte, mit mir sprach er dieses Thema nicht an. Im klatsch- und tratschsüchtigen München wäre das für meinen Vater zu einer Belastung geworden, in Brüssel hätte es keine Rolle gespielt. Papa hatte ja beim Wiener Opernball erlebt, wie sich die Medien auf ihn stürzten. Wenn er eins nicht wollte, dann bei jeder Gelegenheit Stoff für die Klatschkolumnen liefern. Zu mir sagte er einmal, die Leute dürften alles über ihn sagen, nur eines nicht: dass er nett sei, »alles, bloß nicht nett!«, das war ihm zu harmlos, auf die Presse übertragen: alles, bloß kein Klatsch.

Das angebotene Amt in Europa hätte für ihn außerdem die Erfüllung eines lange gehegten Traums bedeutet, seine europäische Vision hatte er schon in den Sechzigerjahren entwickelt, sie ging in Richtung einer Föderation mit Frankreich mit durchaus staatlicher Ausprägung, die mit Kompetenzverlusten der Mitgliedsstaaten einhergehen musste. Später dann entstand unter ihm die Forderung nach dem politischen Subsidiaritätsprinzip.

Im August 1988 häuften sich bei ihm gesundheitliche Probleme, jedes einzelne beherrschbar, in der Summe aber kritisch. Vater hatte in diesem Sommer nicht wie sonst die Ferien dazu benutzt, viel zu schwimmen, spazieren zu gehen und zu entspannen. Schwester Monika hatte ihm in diesem Urlaub in deutlicher Form seinen Lebenswandel und den Umgang mit seiner Gesundheit vorgeworfen. Sie konnte diese Fragen klarer ansprechen als ich, der ich hier eher den Kopf einzog. Sie forderte ihn auf, nun doch endlich eine Kur zu machen, abzunehmen und seinen Körper wieder zu stabilisieren. Monika hatte allen Grund für diese Vorhaltungen. Vater war in Südfrankreich abends ständig mit seiner Begleitung unterwegs – hier ein Abendessen, dort ein Empfang. Bei einem dieser Abendessen, in Grimaud, zog er sich eine Fischvergiftung zu, die sich dramatisch entwickelte. Meine Schwester organisierte den Rückflug nach München, wo er dann ärztlich behandelt wurde. Hätte er sich anschließend direkt in die geforderte Kur begeben, wäre vermutlich alles anders verlaufen. Aber noch einmal setzte sich der Kopf gegen den Körper durch und er nahm eine Einladung zum Varna-Forum nach Bulgarien wahr, wo er einen Vortrag halten sollte. Er setzte sich wieder hinter den Steuerknüppel eines Flugzeugs. Auf dem Rückflug passierte dann die oben geschilderte Beinahe-Katastrophe, als in 9000 Meter Höhe plötzlich die Druckkabine der Maschine nicht mehr funktionierte und er die Maschine mit einem vorgeschriebenen Manöver mustergültig in sauerstoffhaltige Regionen brachte. Doch bedeutete das eine extreme Belastung für seinen Kreislauf und auch für seine Psyche, da man nur um Haaresbreite dem sicheren Tod entgangen war. Dieses Ereignis hatte bei ihm sichtbare Spuren hinterlassen. Es gibt Filmaufnahmen aus dieser Zeit, wo seine geröteten Wangen auffallen. Jeder Mediziner diagnostiziert angesichts dessen sofort Herzprobleme. In diesen Tagen rief er dann noch meine Schwester an und meinte, ihre Vorhaltung mit der Kur sei gar nicht so falsch gewesen. Der Anruf war ungewöhnlich.

Der Vorhang senkt sich

Vater war angeschlagen. Zu allem Überfluss brachte der *Spiegel* auch noch eine kleine Personalie über einen CSU-Landtagsabgeordneten, dem er einen Posten bei MBB zugeschanzt hätte. Wir waren beim von uns sogenannten »Flughafen-Italiener« an der Grenze zu Neubiberg gewesen, ein Lokal, das er sehr schätzte. Ich fuhr nach Hause, er saß auf dem Beifahrersitz. Papa regte sich mir gegenüber sehr darüber auf, meinte, er sei es nun leid, ständig für

269

etwas zur Verantwortung gezogen zu werden, wofür er nichts könne. Max Streibl in seiner Funktion als bayerischer Finanzminister sei der MBB-Aufsichtsratsvorsitzende, er habe den mit ihm befreundeten Abgeordneten mit einem Posten bedient. Es würde ihm jetzt reichen und er werde nicht nur intern, sondern auch in der Öffentlichkeit erklären, dass er keine Lust habe, sich für Streibls Nepotismus hinzustellen. Er sagte zu mir wörtlich: »Jetzt räume ich auf!« Dieser Satz war Richtung Streibl gemünzt.

Anderntags flog ich in die USA. Ich sah ihn noch morgens, schaute in seinen Terminkalender, der wie immer übervoll war, an diesem Tag sollte er zur Aufsichtsratssitzung der Lufthansa nach Frankfurt fliegen. Die Verabschiedung war nicht, wie sonst, besonders herzlich. »Na, dann flieg halt. Ich wünsch dir alles Gute.« Der Hintergrund für seinen – auf gut Bayerisch – »Grant« war, dass ich mit meiner Freundin in ungeklärten Beziehungsverhältnissen unterwegs war sowie mein Engagement im strudelnden Privatsender »tv weiß-blau«. Privat und beruflich nichts Gescheites – das passte ihm nicht und entsprach nicht seinen Vorstellungen eines geordneten Lebensaufbaus.

In den USA angekommen rief ich zu Hause an und erreichte unsere Haushälterin Käthi, die Papa wegen meines Anrufs vom Mittagsschlaf wecken wollte. Ich bat sie, ihn schlafen zu lassen, da ich mich ja bald wieder melden würde. Zwei Tage später rief meine Freundin ihren Vater an und während sie mit ihm sprach, brach sie in Tränen aus. Ich solle schnell zu Hause anrufen. Ihr Vater habe in den Nachrichten gehört, es sei irgendetwas mit Franz Josef Strauß, ein Zusammenbruch. Nach inhaltlich erfolglosen Anrufen zu Hause und in der Staatskanzlei hatte ich dann endlich Kontakt mit dem Krankenhaus der Barmherzigen Brüder in Regensburg, wo Vater eingeliefert worden war. Es war der 3. Oktober 1988 und ich wusste nicht, was mit Papa geschehen war, ein Schlaganfall, ein Herzinfarkt? In der Klinik in Regensburg erreichte ich dann endlich Gerold Tandler. Dort hatten sich die schlimmsten Befürchtungen bewahrheitet. Er wollte mich schonen und sagte: »Versäumen Sie keine Minute und schauen Sie, dass Sie schleunigst zurück nach Bayern kommen.« Stand es so schlimm? Glücklicherweise klappte die Flugbuchung in kürzester Zeit. Ich wollte dann in der Regensburger Klinik hinterlassen, dass ich auf dem schnellsten Weg zurück nach München war. Dort sagte man mir, es sei niemand mehr da. Ich erreichte danach weder meine Schwester noch meinen Bruder. Ich stand, wie man so sagt, völlig im Regen. So rief ich Hermann Mayer an, um ihm mitzuteilen, wann ich wo landen würde, er möge das weiterleiten an meine Geschwister.

Mayer sagte dann am Telefon: »Mein Beileid.«

Ich: »Wieso Beileid?«

Er sagte betroffen: »Ja weißt du denn nicht?«

Und erst ab diesem Zeitpunkt begriff ich, dass Papa nicht mehr war. Und Hermann, dass er ungewollt der Überbringer der endgültigen Nachricht war. Selten war ich so hilflos wie im Flugzeug nach München, zu allem Überfluss saß eine Reihe vor uns eine Familie mit einem Kleinkind, das andauernd brüllte. Die Zeitungen an Bord hatten nur ein Thema: Was ist mit Strauß, was ist, wenn er nicht mehr ist? Nur für die erste Frage hatte ich eine Antwort, die ich aber nicht wahrhaben wollte. Nach Ankunft in Frankfurt war dann ein Transfer nach München organisiert worden, da man eine Konfrontation mit den Medien verhindern wollte. In München-Riem fuhr ich über das bekannte Osttor, das meinem Vater so oft als Gate für seine Missionen in die Welt gedient hatte, zurück in die Stadt und in unser Haus.

Der Abschied

Die Vorbereitungen für Requiem und Staatsakt am 7. Oktober 1988 liefen bereits auf Hochtouren. Wir Geschwister waren in alles einbezogen. Uns blieb keine Sekunde zum Nachdenken. Da war das Sterbebild herauszusuchen. In diesem Moment wurden meine Verzweiflung und all mein Schmerz von dem Anliegen bestimmt, bloß kein so trauriges Bild wie beim Tod meiner Mutter zu wählen. Es ist schon merkwürdig, was einen in solchen Momenten umtreibt. Damals hatte man in der Bestürzung über das jähe Ende von Marianne Strauß das ernsteste Foto, das es nur gab, als Sterbebild gewählt. Für meinen Vater wollte ich das verhindern. Noch heute wundere ich mich, wie beherrscht ich bei all diesen Vorbereitungen für den Abschied von unserem Vater blieb.

Rott am Inn: Familie und Freunde nehmen Abschied.

Einerseits strömte alle Welt in der Mitteilung des Mitgefühls auf uns ein und vermochte uns von dem tiefen Schmerz eine Zeit lang abzulenken. Andererseits tat jede kleinste Erinnerung an ihn unendlich weh, plötzlich war auch die mühsam verheilte Wunde des Todes der Mutter wieder offen. Bei alledem war der Form zu genügen. Welcher Spruch war für das Sterbebild zu wählen? »Deine Augen schauen geradeaus, Deine Blicke richten sich nach vorn« aus den Sprüchen haben wir dann genommen, es ergänzte »dankbar rückwärts, mutig vorwärts, gläubig aufwärts«, sein Lebensmotto.

Um 13 Uhr begann das große Requiem, das von Kardinal Friedrich Wetter zelebriert wurde, der den Heimgegangenen würdigte: »Unser heimgegangener Ministerpräsident wusste, dass er seine Talente nicht aus sich selbst besaß, sondern dass sie ihm gegeben, anvertraut waren, die Macht seines Wortes, seiner Ausstrahlung, seiner Durchsetzungskraft. Die Macht ist bei ihm nicht abgeglitten in die Anonymität. Wie viel Macht und Autorität wird heute dadurch verdorben, dass sie kollektiv und anonym ausgeübt wird! Dieser Versuchung ist Ministerpräsident Strauß nicht erlegen, weil er sich ganz persönlich vor Gott verantwortlich wusste. Was wahrhaft groß ist, entscheidet sich nicht am Beifall der Menge, sondern vor Gott, vor dem ›jeder von uns Rechenschaft über sich selbst ablegen wird‹ (Röm 14,12). Die Entscheidungen fallen vor Gott, von dem es im Magnifikat heißt: ›Die Mächtigen stürzt er vom Thron und erhöht die Niedrigen‹ (Lk 1,52). Darum wusste Franz Josef Strauß, und darum hat er bei aller Größe sein Knie vor Gott gebeugt, aber nur vor ihm.«

Wie bei meiner Mutter auch dirigierte Wolfgang Sawallisch das Requiem von Mozart. Dem lauschten Repräsentanten aus aller Herren Länder, Staats- und Ministerpräsidenten, und beteten Außenminister, Emissäre aus der DDR neben Vertretern aus Südafrika. Das Bild am Flughafen Riem hätte meinem Vater gefallen, im Minutentakt landeten Hunderte Maschinen und reihten sich nebeneinander auf, so war sein Abschied auch der letzte Höhepunkt des Flughafens, von dem aus er so oft in die Welt gestartet war. Alle saßen sie nebeneinander in der Kirchenbank. Es war ein großes Fest des Friedens. Mir ist die Fassungslosigkeit der Gäste evangelischen Glaubens aus dem Norden, vor allem von Bundespräsident Richard von Weizsäcker und Nordrhein-Westfalens Ministerpräsident Johannes Rau in Erinnerung, als sie die ausziehenden Ministranten die Bayernhymne laut singen hörten.

Im Anschluss begann der Staatsakt im Herkulessaal der Residenz, wo Wolfgang Sawallisch das Staatsorchester zu Ludwig van Beethovens Coriolan-Ouvertüre dirigierte. Nicht einmal da konnte die *Süddeutsche Zeitung* an sich halten und musste sich darüber verbreiten, warum Sawallisch ausgerechnet den Coriolan-Stoff zum Besten gegeben habe, wo dieser doch ein blutdürstiger römischer Emporkömmling gewesen sei. Sawallisch ging es um nicht mehr und nicht weniger als um Beethoven in höchster Verdichtung, ein Höchstmaß an Trauer, das um die Person von Franz Josef Strauß herrschen sollte. Wir Kinder waren geradezu betäubt von all diesem Trauerzeremoniell.

Besonders war ich auf Helmut Kohl gespannt. Er sprach über seinen alten Weggefährten:

»Franz Josef Strauß war ein streitbarer Demokrat. Er besaß die Fähigkeit, in leidenschaftlicher Auseinandersetzung um den richtigen Weg der Politik zu ringen. Er war einer von denen, die hart agieren, reden, angreifen konnten. Er war auch einer, der in diesen Jahren und Jahrzehnten viele bittere Angriffe und Anfeindungen erfahren hat. Ich weiß, dass er darunter auch gelitten hat. Er zitierte gerne den Athener Staatsmann Solon mit dem Wort, dass es schwer sei, bei großen Unternehmungen allen zu gefallen. Franz Josef Strauß hat, wie kaum ein anderer, diese Erkenntnis erfahren und erleiden müssen. Die Pfeile waren häufig auf ihn

Gemeinsam gaben wir das letzte Geleit (v.l.n.r.: Monika, Michael, ich, Tante Maria, Käthi, Max).

gerichtet, aber er hat sie auch immer wieder auf sich gezogen. In der Zuspitzung suchte er Klärung, diese Haltung war für ihn Voraussetzung verantwortlichen Handelns. Sicher: Franz Josef Strauß hat Polarisierung nicht gescheut, er hat aber ebenso integriert und versöhnt (…). Was Franz Josef Strauß vielleicht am stärksten kennzeichnete und vielleicht zu wenig in der Öffentlichkeit deutlich wurde, das war sein historisches Bewusstsein. Er war ein Mensch, der die Geschichte kannte und der aus der Geschichte lebte. Er war einer, der wusste, dass die Welt von morgen nur gestaltet werden kann, wenn man die Dinge von gestern und heute begreift. Diese gemeinsame Überzeugung war eine wesentliche Grundlage für unsere Gemeinsamkeit im Handeln. Ich erinnere mich dankbar an die Anregungen, die ich in den langen Jahren unseres gemeinsamen Weges von ihm erhalten habe. Dies hat uns mehr verbunden, als mancherlei Diskussion im poli-

275

tischen Alltag zu trennen vermochte. Franz Josef Strauß war ein Mann voller Leidenschaft, ein Urgestein, oft hart und schroff, an dem man sich reiben konnte und musste. Freunde und Gegner haben immer wieder versucht, ihn in ein Schema zu zwängen. Doch keiner dieser Versuche konnte und kann gelingen. Wir wollen diesen Mann als das gelten lassen, was er wirklich war: eine kraftvolle Persönlichkeit mit all ihren Kanten, aber stets von herausragendem Format.«

Bundespräsident Richard von Weizsäcker formulierte treffend: »Keinem Konflikt wich er aus. Er sah im Kampf nicht die gefährliche Verleitung zum Fehlurteil, sondern den besten Weg, um die Geister zu scheiden, die Positionen zu klären, die Verantwortungen zuzuweisen. Wie kaum ein anderer erregte er die Menschen und brachte sie in Bewegung. Niemandem ließ er den Ausweg, gleichgültig zu bleiben. Damit trug er entscheidend zur Anschaulichkeit und Lebendigkeit der Politik bei. Bürger engagieren sich; sie identifizieren sich, für oder gegen ihn, mit der Demokratie, denn mit der Sehnsucht nach der reinen Harmonie ist es nicht getan. Es zeichnet die Demokratie aus, die Menschen nicht zu idealisieren, sondern sie zu nehmen, wie sie sind. Konflikte sind da, also ist es besser, sie auszutragen, als sie zu verdrängen. Zwar ist es die Aufgabe aller, das Fundament des freiheitlichen und sozialen Rechtsstaates gemeinsam zu schützen. Um aber den besten Weg zu notwendigem Wandel und Fortschritt zu finden, bedarf es der Bereitschaft zum Konflikt. Franz Josef Strauß stellte sich den Konflikten, schonungslos gegen sich und andere. Er idealisierte sich auch selbst nicht, sondern nahm und präsentierte sich so, wie er war, ein Mensch in seinen ganz außergewöhnlichen Gaben und seinem Widerspruch.«

Es folgte der große Trauerzug vom Dom über die Ludwigstraße zum Siegestor, etwa ein Kilometer, den Vaters Schwester, unsere Tante Maria, tapfer absolvierte. Ein im Grunde winziges Detail zeigte mir, wie sehr mein Vater von den Menschen geschätzt wurde. Der Polizeibeamte, den mein Vater wegen der unzureichenden Winterbekleidung der Personenschützer vor unserem Haus in den Senkel gestellt hatte, hatte am Siegestor Vorkehrungen getroffen. Ihm war aufgefallen, dass die Lafette mit dem Sarg meines Vaters gegen den Randstein an dem Siegestor-Oval gestoßen wäre. Deshalb ließ er eine kleine Rampe anbringen. Mein Vater verließ München würdig durch das Siegestor, das auf die Stätten seiner Kindheit und Jugend herabblickt, »dem Sieg geweiht, im Krieg zerstört, zum Frieden mahnend« lautet seine Inschrift.

Nach dem Staatsakt in München fuhr der Konvoi mit dem Sarg meines Vaters noch am selben Tag nach Rott am Inn zur Familiengruft. Selbst an diesem Tag war ich noch derart neben mir, dass ich mich nicht darüber wundern konnte, warum wir eine völlig andere Strecke nach Rott fuhren. Es war bekannt geworden, dass die Bevölkerung entlang des Wegs Abschied von Franz Josef Strauß nehmen wollte. Deshalb wurde eine längere Route gewählt und angekündigt. So standen in der Dunkelheit Tausende von Menschen in Trauer, Kerzen und Lichter in der Hand. Die Fahrt wird mir unvergessen bleiben. Am anderen Morgen hielt der aus Rom angereiste Joseph Kardinal Ratzinger den Trauergottesdienst.

Ratzinger fasste seine Bewertung vieler persönlicher Gespräche und des Menschen Franz Josef Strauß in einer Predigt von großer Tiefgründigkeit zusammen:

»Bei der Nachricht von dem plötzlichen Heimgang unseres Bruders Franz Josef Strauß kam mir unwillkürlich der Titel in den Sinn, den André Malraux seinem Gedenkbuch über Charles de Gaulle gegeben hat: ›Eichen, die man fällt‹. Wie eine Eiche ist er vor uns gestanden, kraftvoll, lebendig, unverwüstlich, so schien es, und wie eine Eiche ist er gefällt worden. Aber vielleicht war es doch auch ein gutes Zeichen Gottes, das Er ihm geschenkt hat, so

277

kraftvoll wegzugehen, wie er gewesen war, dass er so ungebeugt in unserem Gedächtnis stehenbleibt, wie wir ihn kannten …

Beim Lesen seiner Reden in diesen Tagen schien es mir, man könne drei Ebenen darin unterscheiden: zuerst diejenige der Inhalte und Ziele, die er immer wieder in dem Dreiklang Freiheit, Gerechtigkeit und Friede umschrieben hat. Friede war das eigentliche Ziel seines Handelns … Dann zeigt sich die zweite Ebene seines Handelns, dessen Struktur er selbst immer wieder in seinen Worten Erfahrung und Vernunft umschrieben hat. Er war kein Mann von jener aufgeblasenen Aufklärerei, die da meint, erst mit uns beginne überhaupt die Vernünftigkeit und die denkt, im Laboratorium der Ideologien ließe sich die chemisch reine bessere Welt produzieren. Er wusste, dass wir in der Geschichte stehen und dass nur wachsen kann, was Wurzeln hat. Deswegen hat er sich gemüht, die Geschichte zu verstehen, in ihr zu unterscheiden, sie zu lieben und zugleich auch zu überwinden, was in ihr zu überwinden ist. Deswegen hat er mit Erfahrung, mit dem Stehen in der Geschichte Vernunft verbunden, die Sachlichkeit des Denkens, die die Wirklichkeit nüchtern sieht. Argumente statt Agitation hieß eines seiner Worte, Schneisen des Realismus und der Vernunft ein anderes. Es ging ihm darum, ohne die Blendung von Vorurteilen oder von einem bloßen guten Willen, der zu träge ist oder auch zu feige, seine Möglichkeiten und seine Wege auszuloten, der Nüchternheit der Vernunft den Weg zu bahnen, beleuchtet durch Erfahrung und beleuchtet – dies ist die dritte Ebene – durch ein Licht, das aus größerer Tiefe kommt. Ihm lag daran, dass Politik auf weltanschaulicher Grundlage stehen muss, dass eine Partei nicht in leerem Pragmatismus voranschreiten darf, noch weniger sich bloß nach herrschenden Meinungen richten darf.

Er war sich des hohen und gefährlichen Anspruchs des Wortes ›christlich‹ im Namen seiner Partei sehr wohl bewusst und hat diese Grenzen auch deutlich unterstrichen. Er hat betont, dass niemand anderem dadurch die Christlichkeit abgesprochen werden solle und dass er selbst nicht in Anspruch nehmen möchte, dass seine Politik als solche einfach christlich zu nennen sei. Nicht von christlicher Politik wollen wir sprechen, sagte er, sondern von Politik aus christlicher Verantwortung, Verantwortung in dem Wissen, dass unsere Vernunft in einer größeren Bindung steht, an das christliche Sittengesetz, wie er sagte. Dass unsere Vernunft nur hell und wach und rein bleibt, wenn sie ihr innerstes Wesen und ihren Grund nicht verliert, der in diesem Sittengesetz ausgesprochen ist, dass sie von ihm her handeln muss und es zerstören, in der Meinung, es besser zu wissen, in Wahrheit die Grundlagen ihrer selbst, die Grundlage der Freiheit zerstört. Deswegen war er unerbittlich in seinem Ringen darum, dass dieser Grund aller Vernunft unangetastet bleibe und darum hat er auch den Widerspruch auf sich genommen, den solches Tun unausweichlich nach sich zieht.

Und damit sind wir nun doch von dem Handelnden zu einem zweiten Aspekt seines Wesens geführt worden: Franz Josef Strauß war nicht nur ein großer Handelnder, er war auch ein Ertragender und er musste weiß Gott viel in seinem Leben ertragen. Begonnen mit der Last des Zweiten Weltkriegs, die vorangegangenen Kampfjahre, politische Unterdrückung hatte er schon bestehen müssen, darin reifte sein politischer Auftrag. Dann war es das schwere Unglück in der Bundeswehr, das seine Eheschließung überschattete, der frühe Tod seiner Frau, der ihn zutiefst getroffen hat, und über Jahre eine Kampagne der Feindseligkeit, die vielfach in blanken Hass umgeschlagen ist und die Grenzen dessen, was politischer Anstand gestatten kann, oft weit überschritten hat. Und ich denke, dies sei daher auch eine Stunde der Gewissenserforschung in unserem Lande, indem wir über die Maßstäbe nachzudenken haben, wie wir miteinander umgehen auch dann, wenn wir gegeneinander stehen und in der uns von neuem klar werden muss, dass es die Situation gibt, in der man um seiner eigenen Ehre und Redlichkeit willen auch den Gegner verteidigen und in Schutz nehmen muss. Ihm ist solches kaum widerfahren und ich habe mich oft gewundert, wie er diese Zeit ertragen konnte und darin standhaft geblieben ist und gereift ist. Und so entsteht hier neu die Frage nach dem Tieferen, das ihn bewegte und trug. Zum einen gewiss die Familie – und ich denke, er hat hier ein wichtiges Zeichen für die Politik in unserem Lande gesetzt, indem er nicht nur von Familie sprach, sondern, was für einen Politiker, der so in der Öffentlichkeit steht, gewiss nicht leicht sein wird, Familie lebte und von ihr auch Halt und Kraft erfahren hat. Aber noch einmal müssen wir sagen, dies allein hätte nicht standhalten können, wenn nicht die Familie, er selbst auf einem tieferen Grund gebaut hätten – auf Gott.«

Richard Stücklen, ein alter Weggefährte meines Vaters, hat nach der Predigt etwas festgehalten, was auch für mich gilt: Die Rede Ratzingers sei in der Sprache, der Tiefe des Sinnes überwältigend gewesen, habe ein Bild des Verstorbenen gegeben, wie er selbst es nicht hätte leisten können. Auf diese Predigt Ratzingers werde ich heute noch immer wieder angesprochen.

Der Kardinal musste danach sofort wieder zurück nach Rom. Wir standen damals auch vor dem Problem, wo wir in dem Ort die Trauergäste bewirten könnten. Man hat dann für den Leichenschmaus ein Zelt aufgebaut.

An diesem Tag hat sich auch in der Nachfolge meines Vaters Entscheidendes getan. Es war ja nicht unwesentlich, wer von den CSU-Spitzen der Familie Strauß in diesem Moment nahe war. Ich hatte Gerold Tandler gebeten, zu uns an den Tisch zu kommen. Doch es stellte sich noch in Rott sehr schnell heraus, dass die Ministerpräsidentschaft auf Max Streibl zulaufen würde, der Parteivorsitz auf Theo Waigel, den ich ja erst in Moskau ein wenig kennengelernt hatte und der sich in den Folgejahren durch politische, charakterliche und menschliche Stärke auszeichnen sollte. Streibl erhob sich und hielt eine Tischrede. Darin erklärte er im Namen der Anwesenden, dass man unverbrüchlich zur Familie Strauß halten würde, die so schwere Zeiten durchmachen müsse. Nur: Von da an hat er dann leider das genaue Gegenteil betrieben. Der Höhepunkt, oder besser: Tiefpunkt war, dass er als neuer Ministerpräsident beim Neujahrsempfang 1989 seinen Amtsvorgänger nicht einmal dem Namen nach erwähnte, ebenso bei einer Feier zum 40. Jahrestag des Grundgesetzes und bei einer Rede auf dem Marienplatz zum ersten Todestag meines Vaters. Später erfuhr ich, dass er 1988 manche Härte meines Vaters ertragen musste, was richtig zu behandeln ihm nicht gelingen sollte. Sein Versuch, Bayern so zu regieren, als sei er der unmittelbare Nachfolger Goppels, als habe es Strauß nie gegeben, scheiterte 1993 dramatisch. Zwei Monate vor seinem Tod, am 3. Oktober 1998, stand er beim Gedenkgottesdienst zum zehnten Todestag meines Vaters hinten in der Kirche, die CSU und die Staatsregierung hatten ihn nach seinem Rücktritt wie einen räudigen Hund vom Hof gejagt. Das hatte er nun auch nicht verdient, wir gingen auf ihn zu und luden ihn zum anschließenden Beisammensein. Er sagte zu, einige Minuten zu kommen, blieb den ganzen restlichen Abend und schwelgte in Erinnerungen an FJS. Mich freute, dass dieses schwierige Kapitel letztlich versöhnlich ausging.

Nach all dem Trubel um die Beisetzung unseres Vaters kamen wir Kinder nach Hause und es begann sich eine unglaubliche Leere breit zu machen. Plötzlich war das Haus still, es ging kein Telefon mehr, nichts mehr. Zuvor agierten Protokollbeamte und Polizei, Planungen wurden hin und her bewegt und man war beschäftigt, alles ins Lot zu bringen. Letztendlich gelang dank der vorzüglichen Mitarbeiter der Staatskanzlei alles. Aber immer mit viel Bewegung, viel Geräusch, hektischem Leben. Und auf einmal war nichts mehr. Stille herrschte. Es begann politisch die Zeit nach FJS, für mich die Zeit nach meinem Vater. Was ich mir damals allerdings nicht vorstellen konnte, war, in welchem Umfang er weiterhin mein Leben bestimmen würde.

XII
Leben und leben lassen

Ich befinde mich in der angenehmen Situation, hier das politische Leben von Franz Josef Strauß nicht bewerten zu müssen, besser als der damalige Kardinal Ratzinger, heute Papst, kann es niemand. Die Würdigungen seiner politischen Weggefährten zeichneten ein schönes und richtiges Bild des Politikers FJS.

Nach dem Tod beider Eltern erfuhren wir aus Reden, Briefen und Artikeln große Wertschätzung und die Bestätigung, dass sie außerordentliche Menschen gewesen waren, zudem sprengten die Reden anlässlich des Todes meines Vaters jede von mir bislang erlebte Dimension. Als Kinder hatten wir beim Tod Adenauers schulfrei bekommen und konnten die Fahrt auf dem Rhein bis zu seiner letzten Ruhestätte mitverfolgen, beim Trauerzug zum Siegestor fielen mir diese schwarz-weißen Bilder wieder ein.

Mir aber war in diesen Tagen bewusst, dass ich nicht wie andere einen politischen Weggefährten verloren hatte, sondern einen Menschen, der für mich und meine Geschwister zunächst einfach Vater war. Diese Rolle hat er umfassend ausgefüllt, auch wenn er in unserer Kindheit wenig da war. Er ist mir aus dieser Zeit als eher streng in Erinnerung, letztlich wurden wir in den ersten Jahren von unserer Mutter erzogen. Die Erziehungsversuche unseres Vaters, die eher punktuell ausfielen, kamen mir oft ein wenig über das Ziel hinausschießend vor, als ob er mit einem Streich alle Probleme auf einmal lösen wollte. Trotz seiner zeitlichen Belastungen kann ich mich an viele gemeinsame Wochen und Tage erinnern, wozu der große Sommerurlaub in Südfrankreich, die großen Kirchenfeste und die gemeinsamen Reisen in besonderer Weise beigetragen haben. Mit Übernahme des Amts des Ministerpräsidenten wurde alles leichter, da sich nun das Geschehen um ihn nicht mehr in Bonn, sondern in München abspielte. Zu jeder Zeit legte er größten Wert darauf, für uns immer erreichbar zu sein. Wir konnten ihn immer sprechen und wenn wir zu ihm kamen, war die Tür offen, egal wer gerade da war, die Familie wurde einfach ins Programm eingebaut. Mit Schrecken hörten wir von den Kindern großer Persönlichkeiten, die Tage oder gar Wochen im voraus formal über die Sekretärin um einen Termin bei ihrem Vater bitten mussten, um ihn sprechen zu können. Bei ihm war das Gegenteil der Fall, wann immer es ging, war einer von uns dabei. Ihm missfiel, dass wir die eigens in sein Büro gelegte Direktleitung nicht nutzten, aber mir war die Vorstellung ein Graus, dass er mit einem Gast in der Besuchersitzgruppe seines Arbeitszimmers sitzen könnte und dann aufgrund meines Anrufs das mausgraue Telefon läutet und den Gesprächsverlauf stört. Das Telefon war ein weiteres Zeichen an uns, immer erreichbar zu sein. Es hätte keinen Zeitpunkt gegeben, an dem wir nicht durch die Türe hätten kommen können, was automatisch dafür sorgte, dass wir ihn nicht zur Unzeit aufsuchten, denn es genügte ja zu wissen, dass er auf einen Hinweis hin sofort erreichbar gewesen wäre.

Der Familienzusammenhalt galt rund um die Uhr und war keine Schauveranstaltung, hinter deren Kulisse die Fetzen flogen und jeder seiner Wege ging. Das galt auch für Einladungen im Freundeskreis, Familie Strauß tauchte immer in großer Besetzung auf. Nach dem Tod meiner Mutter wurde sein Umgang mit uns intensiver, insbesondere die Autofahrten, bei denen man fast rund um die Uhr beisammen war, sind mir in bleibender Erinnerung. Hier lernte ich meinen Vater nochmals in neuen Facetten kennen, zu meiner Freude habe ich einiges gefilmt, was mir bei Durchsicht des Filmmaterials erst kürzlich wieder die damaligen Erlebnisse vor Augen geführt hat. War ich aufgrund meiner musikalischen Interessen viel mit meiner Mutter unterwegs gewesen, in Opernaufführungen und Konzerten, so lernte ich nach 1984 meinen Vater auf den Reisen noch besser kennen.

Besonders gilt das auch für den Christen Franz Josef Strauß. Wir waren nach dem Tod meiner Mutter an den großen Stätten der Christenheit in Jerusalem, Rom, Assisi, Santiago de Compostela und Lourdes. Stets spürte ich die große Ernsthaftigkeit, mit der er betete. Meist hatte er sein lateinisches Missale dabei, sodass er der Messe im Wortlaut folgen konnte, auch wenn er der Landessprache nicht mächtig war. Das christliche Sittengesetz, wie er sich ausdrückte, war für ihn Richtschnur des Handelns, Hitlers Politik bezeichnete er als Folge zynischen Abfalls von diesem.

Weiter in Erinnerung ist mir die große Ernsthaftigkeit, mit der er arbeitete und sich mit Problemen auseinandersetzte. Für ihn war letztlich sein Gewissen der wichtigste Prüfstein, die letzte Instanz. Eines Abends waren wir Kinder mit ihm im Münchner Ristorante La Piazzetta gewesen, als am Nachbartisch zufällig Georg Leber, der ehemalige Verteidigungsminister, saß. »Guten Abend, Herr Ministerpräsident«, »guten Abend, Herr Kollege«. Leber sah immer wieder zu uns herüber, aber mein Vater konzentrierte sich ganz auf das Gespräch mit uns. Nach dem Essen standen wir auf, grüßten den Nachbartisch, gingen, als mein Vater plötzlich umdrehte und Leber fragte: »Herr Kollege, eine Frage hätte ich doch: Was hätten Sie damals gemacht, 1972?«

Es ging um die Frage, ob die Luftwaffe entgegen dem grundgesetzlichen Auftrag ein Sportflugzeug abgeschossen hätte, das sich in unbekannter Absicht der Schlussfeier der Olympischen Spiele näherte, man befürchtete einen weiteren terroristischen Anschlag.

Leber blickte kurz auf die Tischdecke und sagte nur: »Dasselbe wie Sie, Herr Strauß.« Damit hatte er Recht.

So gewaltige politische Szenarien und Drohkulissen er entwickeln konnte, so empfindsam war er im Umgang mit dem Einzelschicksal. Die Zuneigung vieler Bayern ihm gegenüber entspringt seinen unzähligen Versuchen, durch Eingreifen in Verwaltungsabläufe Dummheiten abzustellen, Härten zu mildern oder gar Gnade vor Recht ergehen zu lassen. Wie oft habe ich erlebt, dass er sich mit größtem persönlichem Einsatz um Dinge bemühte, die eigentlich deutlich niedrigeren Ebenen vorbehalten waren, ihn interessierten Einzelschicksale mehr als Statistiken. Seine Ministerin Mathilde Berghofer-Weichner hat dieses Menschenbild treffend zusammengefasst: Wer im anderen das Ebenbild Gottes sieht, geht anders mit ihm um.

Wenn ich in den vergangenen Jahren lesen konnte, der eine oder andere sei Ziehvater eines von uns drei Kindern gewesen, kann ich nur sagen, dass mein Vater seine Rolle so umfassend ausgefüllt hat, dass wir danach keiner Vaterfigur bedurften. Sicherlich hatten wir weniger Zeit zusammen als andere Familien, aber darauf kommt es nicht an. Die Politik war sein Leben und es gab keine Pause von ihr, die Vorstellung, mein Vater wäre den ganzen Tag zu Hause gesessen, um rührend für seine Familie da zu sein, wäre für mich erschreckend. Wir liebten ihn, so wie er war: mitten im Leben, immer da, wo etwas los war. Oft hat er zu mir gesagt: »Für euch machen wir das doch alles!« Wenn er da war, war er intensiv präsent und wir erlebten mit ihm und dank ihm mehr als tausend andere.

Was mir seit seinem Tode besonders fehlt, ist er als Mensch in seiner Zuneigung, Menschlichkeit, Größe, Großzügigkeit, Klugheit und Liberalität.

Gab es nicht auch Dinge, die mich geärgert haben? Doch, die gab es, seine Pedanterie in Kleinigkeiten des Alltags etwa ist mir aus frühen Kindheitstagen in Erinnerung, aber selbst bei intensiver Prüfung fällt mir nichts ein, was notierenswert gewesen wäre, die

Zeit trennt Wichtiges von Unwichtigem. Oft wurde ihm sein Verhältnis zur Macht vorgeworfen, als ob es ungezügelt gewesen wäre. Er sprach mich auch auf das Thema Macht und Ehrgeiz an und sagte, mein Großvater Max Zwicknagl hätte in den Fünfzigerjahren die Chance gehabt, bayerischer Landwirtschaftsminister zu werden, »aber er hatte den Ehrgeiz nicht, den Biss. Ein Politiker muss Ehrgeiz und den Willen zur Macht haben, sonst kann er nichts verwirklichen. Ein gesunder Ehrgeiz gehört dazu.« Mehr als diesen, den aber in aller Leidenschaft, habe ich bei ihm nie verspürt.

Wir Kinder gingen unterschiedliche Wege. Für den Lebenslauf eines jeden von uns dreien wurde jeweils eine Person aus dem Umkreis des Vaters bestimmend. Bei Monika war es neben Gerold Tandler und Mathilde Berghofer-Weichner gerade Edmund Stoiber, der ihre Karriere förderte und sie in die erste Linie der bayerischen Politik brachte. Max' Schicksal wurde durch den erwähnten Herrn Schreiber bestimmt, es gibt niemanden, der der Familie Strauß und insbesondere Max mehr geschadet hat als diese Person. Ich selbst erfuhr starke Unterstützung durch Leo Kirch, niemanden außer meinem Vater respektiere ich mehr als ihn.

Wir Kinder wurden immer wieder von Vorgängen heimgesucht, die mit meinem Vater in Verbindung standen, wo wir geschlagen wurden, um ihn zu treffen, und hatten auch schwere Stunden durchzustehen, letztlich aber ging – wie zu seinen Lebzeiten – alles gut aus, sicher auch deswegen, weil wir gut zusammenhielten und sich kein Vorwurf halten ließ.

Die Welt hat sich seit dem Tod meines Vaters dramatisch verändert. Joseph Ratzinger wurde Papst, Deutschland ist wiedervereinigt, Ungarn, Bulgarien und Rumänien sind Mitglieder der EU und der NATO, Albanien hierfür Anwärter, die Sowjetunion ist in Teile zerbrochen, Russland wiedererstanden, China auf dem Weg zur größten Wirtschaftsmacht, Amerika geht den Weg Roms,

Airbus ist mit Boeing auf Augenhöhe, Mandela wurde Staatspräsident und Gorbatschow sprach auf einer CSU-Versammlung im Münchner Hofbräuhaus. Oftmals werde ich gefragt, was mein Vater wohl zu dem einen oder anderen gesagt hätte. Er hat, eigentlich in jeder Rede, die Welt erklärt, die Reden wurden dadurch lang, aber nie langweilig. Heute fehlt den Menschen eine Persönlichkeit, die die Welt und das, was sie zusammenhält, erklärt. Gerne widerstehe ich hier und anderswo der Versuchung, darauf zu antworten, was er zu bestimmten Problemfeldern gesagt hätte, obwohl ich natürlich oft eine Vorstellung davon habe. Unsere Eltern haben uns kein schriftliches Testament hinterlassen. Ich habe aber viel mit ihnen beiden und später allein mit meinem Vater erlebt und von ihm an konkreten Einschätzungen und Ratschlägen erfahren, sodass mir im Laufe der Zeit bewusst wurde, dass das sein Testament für uns Kinder war.

Dankbar rückwärts, mutig vorwärts,
gläubig aufwärts

Ich möchte als Ergebnis meiner politischen
Arbeit und als Summe meines politischen
Lebens sagen können:

Ich habe vielen Menschen geholfen,
dem Frieden gedient
und meinen Beitrag geleistet, Deutschland
zu erhalten und Bayern auf dem Weg
zum schönsten Land der Welt ein gutes
Stück vorangebracht.

Franz Josef Strauß

Personenregister

Klein, Jonny 25, 215
Kling, Karl 220
Kneissl, Franz 45f.
Knittel, Wilhelm 72, 231
Kohl, Helmut 51, 74, 76, 84, 104, 122,
    124–130, 133, 145–147, 180, 194,
    209, 214, 219, 265, 267, 274
Kollek, Teddy 207
Kollo, René 200
Köppe, Ingrid 146
Koschnick, Heinz 243
Kreisky, Bruno 219
Kubelik, Rafael 165
Kuenheim, Eberhard von 106

Lambsdorff, Otto Graf 179
Leber, Georg 286
Leisler Kiep, Walther 28
Lengl, Siegfried 48, 94, 177f., 194
Lorenz, Peter 30
Lösch, Guntram Graf von 48
Lübke, Heinrich 30
Lukanov, Andrej 210–212

Malraux, André 277
Mandela, Nelson 215, 289
Mann, Golo 219
Mao, Zedong 232
Marais, André 115
März, Josef 135f., 138, 220
Mayer, Hermann 238f., 271
Mielke, Erich 179
Mixa, Franz 46, 165
Mondale, Walter 244
Mozart, Wolfgang Amadeus 166,
    273
Mubarak, Muhammad Husni 219
Müller, Christa 63
Müller, Josef 63
Müller-Armack, Alfred 14

Nannen, Henri 54
Neubauer, Franz 199
Newman, Paul 42
Nucci, Leo 201

Orff, Carl 165

Patané, Giuseppe 200
Payr, Franz 45f.
Payr, Fritz 176
Payr, Lisbeth 29, 176
Peres, Schimon 206–208, 219
Pertini, Allessandro 219
Pfahls, Ludwig-Holger 71–73
Pierson, Jean 143
Piller, Renate 238f., 250, 252
Piller, Wolfgang 68, 72, 142,
    174f., 186, 204
Pius XII. 155
Polt, Gerhard 185
Pons, Juan 201
Prexl, Manfred 40
Prey, Hermann 165
Price, Margaret 200
Priller, Franz 46
Pückler, Elke Gräfin von
    198–202
Pückler, Hermann Graf von 199

Quandt, Herbert 91

Rabin, Jitzchak 206, 208
Rau, Johannes 180, 274
Reagan, Ronald 80, 215, 219
Rebroff, Ivan 162
Redford, Robert 42
Reuter, Edzart 248
Ricciarelli, Katja 201
Riedl, Erich 246f.
Rodensky, Shmuel 162

293

Bildnachweis

Alle Abbildungen aus dem Privatarchiv der Familie Strauß bzw. dem Archiv für Christlich-Soziale Politik der Hanns-Seidel-Stiftung (ACSP), München. In den meisten Fällen handelt es ich um Privataufnahmen, außer:

Josef A. Slominski (S. 9); PUK-press, München (S. 23); Bildarchiv Preußischer Kulturbesitz/Hanns Hubmann (S. 35, 218); Georg Schödl, München (S. 41); W. Moser, Team Work Hotop-Pirner GmbH München (S. 70); EBV-Foto Hansen (S. 78); ZDF-Bildredaktion (S. 85); Franz Christen, Basel (S. 92); Foto Keiner, München (S. 95, 116); Herbert Kolfhaus (S. 103); Rhein-Main-Donau GmbH (S. 104); Heinz Gebhardt, München (S. 120); dpa/picture alliance (S. 131); Werek Pressebildagentur (S. 221, 275); Hanns Reich (S. 232); VFW-Fokker (S. 244); Norbert A. Schmidt, München (S. 247); Michael Schottenhamel (S. 251); Hans-Günther Kaufmann (S. 263); Winfried Rabanus (S. 272); Norbert Zentgraf (S. 283).

Der Verlag konnte in einzelnen Fällen die Inhaber der Rechte nicht zweifelsfrei ausfindig machen. Er bittet, ihm bestehende Ansprüche mitzuteilen.

RAF-Berichte von
Ulf G. Stuberger

Die Akte RAF
Taten und Motive. Täter und Opfer

Dreißig Jahre lang wurden die Texte des Stammheimer RAF-Urteils und die der weiteren Urteile gegen RAF-Mitglieder geheim gehalten. Die Urteile zeigen, dass die Geschichte der RAF noch lange nicht aufgearbeitet ist. Und es wird deutlich, dass langlebige Mythen über die Ziele des »bewaffneten Kampfes« der Terrorgruppe in Wahrheit das Ergebnis einer gezielten politischen Legendenbildung sind.

320 Seiten · ISBN 978-3-7766-2554-7

Die Tage von Stammheim
Als Augenzeuge beim RAF-Prozess

In »Die Tage von Stammheim« schildert Ulf G. Stuberger das wohl spektakulärste Strafverfahren der Bundesrepublik aus persönlicher Sicht mit den Folgen für sein Leben.

320 Seiten · ISBN 978-3-7766-2528-8
Herbig

BUCHVERLAGE
LANGENMÜLLER HERBIG NYMPHENBURGER
WWW.HERBIG.NET